Schmidt / CORNWALL

Special thanks to: Andrea Wilken, Michael Möbius, Anette Ster, Beate Nink, Thomas & Daniela Franke, Angelika Waller, Jürgen Eichendorf, Karin Burs, Iris Hinkel, Alexander Geh, Angelika Waller, Peter & Heather Pierce, Andreas Theophil, Patti & Andy Brooks, Isolde Altendorf, Klaus Stromer, Rainer Pörzgen, Yörn Kneib, Walter & Elke Schmidt, Annette Härtel, Käthe Wenk, Thomas Anders, Judith Müller, Dorothee Comes, Claudia Gabenstatter and a very special thanks to David & Jenny.

Mark Schmidt

CORNWALL

selbst entdecken

Regenbogen Reiseführer Stromer

Autor und Redaktion dieses Reiseführers haben alle veröffentlichten Angaben nach bestem Wissen erstellt. Obwohl die Redaktion die Fakten mit größtmöglicher Sorgfalt überprüft hat, sind inhaltliche Fehler nicht vollständig auszuschließen. Daher besteht auf die Angaben keinerlei Garantie seitens des Verlages oder des Autors – für alle Angaben übernehmen weder der Verlag noch der Autor Gewähr. Dieser Umstand gilt besonders auch für die Preise; denn nach dem Recherchieren vor Ort dauert es einige Zeit, bis ein Reiseführer produziert ist und erscheinen kann. Hinzu kommt die schwer berechenbare Inflation.
Wenn man aber auf die in diesem Buch angegebenen Preise einen Erfahrungswert schlägt, kommt man auch in den folgenden Jahren noch auf das dann herrschende Preisniveau.

4. Auflage 1997

CIP-Kurztitelaufnahme der Deutschen Bibliothek
Schmidt, Mark
Cornwall selbst entdecken / Mark Schmidt
Konstanz, Regenbogen Reiseführer Klaus Stromer 1997
ISBN 3-85862-262-1
NE:GT

Lizenzgeber: Baumann & Stromer AG
Reihenkonzept: Klaus Stromer
Fotos: Mark Schmidt, BTA (Zürich)
Produktion: Hirn & Stromer GmbH, Konstanz
Druck: Druckwerk Radolfzell

Inhalt

Lesertips

Schreiben Sie uns, wenn Sie Preiskorrekturen, Adreßänderungen oder Ergänzungsvorschläge haben! Die Autorin, Margit Last, und der Verlag freuen sich über jede Zuschrift. Wird Ihr »Tip« in der nächsten Ausgabe veröffentlicht, schenken wir Ihnen ein *Freiexemplar*. Achtung: An uns gesandte Bücher mit persönlichen Notizen können wir nicht retournieren.

Adresse:
Regenbogen-Reiseführer
Stichwort »Cornwall«
Münzgasse 3
D-78462 Konstanz

Einstimmung

Cornwall – nur ein kleiner Zipfel des großen, englischen Reiches, im äußersten Südwesten des Landes. Der *Tamar* bildet die Grenze zu Devon, der benachbarten Grafschaft – und zu England selbst, dem es unähnlicher ist als irgendein anderes versprengtes Anhängsel. Ein Zipfel der Kontraste, der Andersartigkeit. Cornwall – subtropisch, mystisch und vor allem keltisch...

Die *Cornishmen* verstehen sich eher keltisch als englisch. Er ist der Nachfahre der eisenzeitlichen Kelten, die sich unter dem Druck der Römer und später der Angelsachsen weit in den Südwesten Englands zurückzogen; Cornwall ist die kleinste der verbliebenen Kelten-Nationen, zu denen Wales, Schottland und auch die Bretagne gehören. So trennen der *Bristol Channel* und der *English Channel* die Gemüter heute weniger als der beschauliche Tamar – und überzeugte Cornishmen gehen denn auch davon aus, daß ihre Welt eigentlich eine Insel sei und nur im äußersten Norden einige wenige Meilen Landverbindung zu den Angelsachsen besitze.

Der Golfstrom bestimmt das Wachsen, Gedeihen und das Leben in Cornwall, eine kaum erwartete subtropische Üppigkeit überfällt den Besucher: Riesenfarne, mit dichten Kletterpflanzen überwucherte Eichen- und Ulmenwälder, Magnolien, Kamelien und Rhododendren – eine kleine cornische Dreieinigkeit – in voller Blüte. Nicht nur die überall angelegten Gärten repräsentieren die botanische Lebensfreude. Subtropische Palmen finden sich beinahe überall, ein Paradies für Botaniker und all jene, die daran einfach nur Freude haben...

Einer der anziehendsten Aspekte einer Cornwallreise ist der *Cornwall Coastal Path,* der 430 Kilometer lange Küstenweg, der die Halbinsel umrundet und so dem Wanderer die vielfältigsten Eindrücke vermittelt. Er führt über die milden und grünen Wiesenlandschaften der Kanalküste, umläuft den rauhen *Lizard,* den südlichsten Punkt Englands, wendet sich dann *Land's End* zu, dem nun westlichen Ende Englands, und verläuft anschließend weiter an der sich zunehmend schroffer gebenden Atlantikküste. Hinter dem »Artus-Dorf« *Tintagel* erwartet den Wanderer dann eine wilde und stark zerklüftete Klippenlandschaft, an der sich der gewaltige Wind des Atlantiks austobt: ein Traum der Farben, der Kontraste und des Lichtes...

Einige Tage auf dem Coastal path können Wunder wirken. Die Ruhe kehrt hier unter dem Geschrei der Möwen in die Seelen zurück – und ein Pub für das verdiente leibliche Wohl findet sich in nahezu jedem Ort.

Bleibt nur das Problem, das zentral in Cornwall gelegene *Bodmin Moor* mit seinen bronzezeitlichen Steinkreisen und Siedlungsresten noch nicht erlebt zu haben. Die granitenen *tors* werden es vielleicht verzeihen – sofern da noch ein Urlaubstag angehängt wird...

Cornwall Übersicht

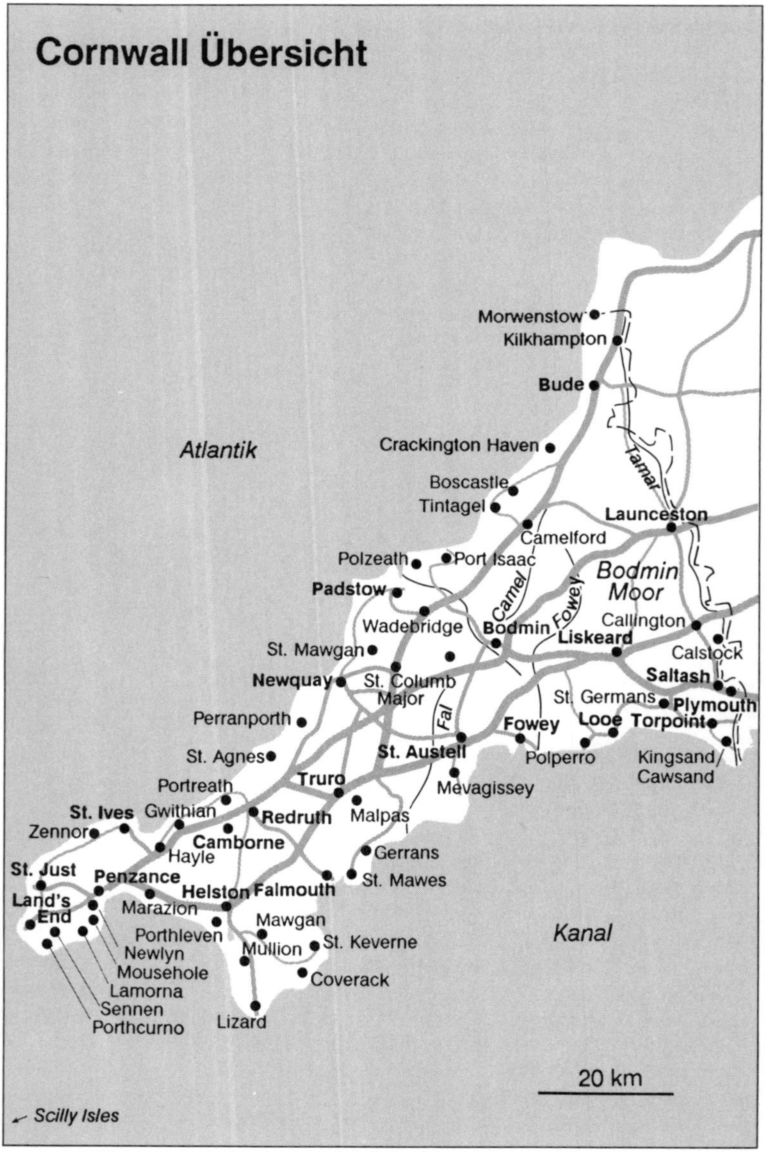

Reisen nach Cornwall

Mit dem eigenen Fahrzeug

Mit der Fähre

Das Gros der Cornwall-Besucher erreicht England über den Kanal, das Auto im Gepäck und die weißen Klippen von Dover im Blick. Gleich mehrere Gesellschaften bieten hier ihre Leistungen an. Für Cornwall interessant sind eigentlich nur die Fährverbindungen nach Dover, Folkestone, Sheerness und Ramsgate sowie Harwich; jeweils entweder von Holland, Belgien, Frankreich und auch von Hamburg aus zu erreichen. Im folgenden nun die gängigsten Verbindungen. Informationen über seltener benutzte Routen wie Portsmouth-Caen oder Plymouth-Roscoff sind in jedem Reisebüro erhältlich; in der Regel bieten die Verbindungen nach Dover den besten Gegenwert.

Entfernungen zum Beispiel nach Dünkirchen (liegt zwischen Oostende und Calais) betragen: Amsterdam 345 km, Hamburg 743 km, Düsseldorf 382 km, Frankfurt 578 km, München 969 km und Genf 842 km. Von Ramsgate oder Dover nach London sind es etwa 130 km.

■ **Calais-Dover:** Fahrzeit etwa 75 Minuten, unzählige Verbindungen rund um die Uhr. Zwei Gesellschaften, *Sealink* und *P & O*, die Tarife weichen nur geringfügig ab.

Preise: Passagiere 65 DM, Kinder (4–14 Jahre) 40 DM, darunter frei. PKW inkl. 2 Personen je nach Saison 185–415 DM, Motorräder inkl. 2 Personen 115–165 DM, Wohnwagen bis 6 Meter Länge 75–175 DM, jeder weitere angefangene Meter 25– 40 DM, Fahrräder frei. Bei gleichzeitiger Buchung von Hin- und Rückfahrt ca. 10–15 % Rabatt.

Saisonstruktur: *Low* von etwa Ende Oktober bis Mitte März, am 25. Dezember keine Verbindung; *High-Season* von Juli bis Ende August; in der übrigen Zeit gelten die Preise der *Mid-Season*, ebenfalls bei den Nachtverbindungen in der Hochsaison.

Auf dieser Strecke verkehren auch die Luftkissenboote, die »Flugzeit« beträgt etwa 35 Minuten, »Flugpreise«: Fußpassagiere 68 DM, Kinder (4–14 Jahre) 42 DM, darunter frei. PKW je nach Saison (bis 5,5 m Länge) inkl. Fahrer 153–390 DM, mit 2 Personen 196–433 DM, mit 5 Personen 209–470 DM, Motorrad inkl. 2 Personen 121–173 DM. Auch hier bei Buchung von Hin- und Rückfahrt ca. 10–15 % Rabatt.

■ **Dünkirchen-Ramsgate:** oftmals sehr günstige Verbindungen mit der *Sally Lines*, da sich die Saisongrenzen mit den etablierten Gesellschaften nicht immer decken – die günstigen D- und E-Tarife zum Beispiel sind bis auf Juli und August ständig erhältlich, wenn auch zu teilweise unkomfortablen Abfahrtszeiten.

Fahrzeit 2,5 Stunden, bis zu 5 Verbindungen täglich. Preise nach Saison: Passagiere 60 DM, Kinder 40 DM. PKW mit 1 Person 115–280 DM, mit 2 Personen 145–310 DM, mit bis zu 5 Personen 160–325 DM; Motorräder mit Fahrer 50–70 DM. Hier liegen die Tarife für die gleichzeitige Buchung von Hin- und Rückfahrt nur etwa 5 % unter den Ein-Weg-Preisen.

■ **Vlissingen-Sheerness:** die noble Verbindung auf dem »Luxusliner«, zwei Abfahrten täglich, die Fahrzeit beträgt etwa 7 Stunden tagsüber und 9 Stunden nachts. Preise: Passagiere 106 DM, Jugendliche (14–17 Jahre) 80 DM, Kinder (4–13 Jahre) 64 DM. PKW 110–228 DM, je nach Tageszeit und Saison, Motorräder 43–88 DM. Kabinenbetten 25–70 DM, komplette Luxuskabinen für 4 Personen 142–236 DM. Günstige Minitarife für Auto und fünf Insassen, ab 280 DM; unten im Schiffsbauch gibt es kostenlose Liegen, zu sechst in sauberen Schlafkabinen mit Toiletten und Waschgelegenheit.

■ **Hoek van Holland-Harwich:** täglich zwei Abfahrten, Fahrzeit etwa 7 Stunden. Preise: Passagiere 95–98 DM. PKW bis 6 m Länge 95–229 DM, je nach Abfahrtszeit und Saison, Motorräder 65–100 DM.

■ **Hamburg-Harwich** mit *Scandinavian Seaways:* einmal täglich. Preise: je nach Saison Passagiere 84–215 DM in 4-Bett-Kabinen, im Liegesessel (nur in der Hochsaison: Juli/August) 191–205 DM, Kinder (5–15 Jahre) 50 %, wenn jünger frei. PKW je nach Saison 50–117 DM, Motorräder 40– 79 DM.

Le Shuttle

Seit 1994 steht der *Chunnel* nun individuell reisenden Motoristen zur Verfügung. Wenn die Röhre nicht mal wieder gebrannt hat, werden die PKW dazu auf Waggons verladen und in Windeseile durch den Tunnel gezogen. Die Überfahrt dauert nur 35 Minuten, das Be- und Entladen jeweils nur 8 Minuten. Befahren wird die 40-Kilometer-Röhre täglich mit mindestens einer Abfahrt pro Stunde.

Die Preise gelten jeweils für das komplette Fahrzeug und sind nicht nach Personen gestaffelt: je nach Saison 285–405 DM, Motorräder 105–155 DM. Die gleichzeitige Buchung von Hin- und Rückfahrt kostet exakt das Doppelte; interessant ist der 5-Tage-Kurztrip im September/Oktober bei 415 DM für PKW und 170 DM für Motorräder.

Von Kent nach Cornwall

Für die Weiterfahrt Richtung Cornwall bieten sich zwei Möglichkeiten an: zum einen die kilometermäßig längere Strecke über die Autobahn; der M 20 nach *London,* dort auf die Ringautobahn M 25, später südwestlich von London auf die M 3 nach *Basingstoke* und ab dort auf der gut ausgebauten A 30 und später der A 303 nach *Horniton,* bereits kurz vor *Exeter.* Ab dort entweder über die A 30 nach *Launceston* oder über die A 38 Richtung *Plymouth* und *Saltash.*

Die andere und landschaftlich reizvollere Verbindung führt an der Küste entlang: zunächst A 259 Richtung *Hastings,* dann auf die A 27 über *Brighton* und *Portsmouth* nach *Southampton.* Die A 31 führt dann Richtung *Exeter,* wobei sie nachher in die A 35 übergeht. Ab Exeter dann wie oben beschrieben.

Beide Wege sind zeitmäßig in etwa gleich lang; wenn die M 25 frei ist (und das ist sie selten), ist die obere Verbindung unter Umständen streßfreier; die Küstenstraße bietet jedoch auf alle Fälle landschaftlich schönere Kontraste.

Busse und Bahn

Verschiedene Busgesellschaften bieten ihre verbindenden Dienste nach London an, im Norden Deutschlands zum Beispiel *Transline;* je nach Abfahrtsort liegt der Preis bis London zwischen 210 und 240 DM – dies retour und Fährpreise natürlich jeweils inklusive. Verbindungen zweimal wöchentlich, dienstags und freitags. Zu buchen sind die Passagen in jedem Reisebüro, dort auch Informationen über andere Gesellschaften, die ab Süddeutschland zu ähnlichen Tarifen anbieten.

Die **Bahnfahrt** in der 2. Klasse dagegen kostet je nach Heimatbahnhof bis zum Doppelten und darüber – ein echter Scherz, auch wenn Spezialtickets wie *Twen Tours* den Tarif wiederum um etwa 30 Prozent ermäßigen. Das beliebte »Interrail Ticket« lohnt sich für einen reinen Cornwall-Aufenthalt ebenfalls kaum, da die bestehenden Bahnstrecken auf der Halbinsel recht begrenzt sind. Dazu müssen im eigenen Land 50 Prozent des Bahnpreises berappt werden – die gesamte Idee ist also, wenn überhaupt, nur für Grenzanwohner nach Holland, Belgien oder Frankreich bedenkenswert.

■ **Transline Partner:** z.B. Winkelmann-Reisen, Schulstraße 2, 29308 Winsen/Aller, Tel. 05143/80 28.

■ **Deutsche Touring GmbH,** Europabus, Arnulfstraße 3, 80335 München, Tel. 089/59 18 24.

Mit dem Flieger

Alle Wege nach Cornwall führen über London, meistens über Heathrow. Billigflug-Reisebüros bieten Verbindungen von Frankfurt, Düsseldorf, Berlin und Zürich schon unter 400 DM an. Je nach Saison und Art des Reisebüros können sogar Tickets ab 260 DM erstanden werden. In der Relation zum Preis einer Bahnfahrt unschlagbar. Einige Adressen von erfahrungsgemäß günstigen Reisebüros:

■ **Low Budget Tours,** Isenbergstr. 12–14, 45130 Essen, Tel. 0201/77 60 41.

■ **Nouvelles Frontieres,** Schillerstr. 44, 60313 Frankfurt am Main, Tel. 069/29 04 61.

■ **Globetrotter Club & Travel Service,** Rennweg 35, CH-8001 Zürich, Tel. 01/211 77 80.

London für Durchreisende

Der Cornwall-Flieger oder -Bahnfahrer wird in den meisten Fällen nicht umhinkommen, in dieser Stadt zu übernachten. Daher an dieser Stelle einige Empfehlungen, die vielleicht auch zu einem längeren Verweilen einladen.

Viele der preiswerten Hotels und Hostels befinden sich im oder um Earl's Court – es lohnt sich, mit der Suche nach einem Plätzchen für die Nacht hier zu beginnen. Der U-Bahnhof *Earl's Court* liegt auf dem Weg vom Flughafen *Heathrow* ins Zentrum.

Komprimierte Informationen zu London finden sich im »London A-Z«, für 1,70 £ erhältlich an jedem Kiosk. Weitergehende Informationen zur britischen Hauptstadt bietet dagegen der ebenfalls im Regenbogen-Verlag erschienene Band »London selbst entdecken«.

Vom lieben Reisegeld: Gerade auch in London schwanken die Wechselkurse zwischen den Banken und vor allem den *money changers* erheblich. An den U-Bahnhöfen Earl's Court und Kensington scharen sich die kleinen »Geld-Teufel« – sie kassieren zum Teil bis zu 10 % (!) Gebühren. Auch im Vergleich zu den Kursen der Banken lohnt sich die Mitnahme des *Postsparbuches,* vorzulegen in den Postämtern der Flughäfen *Heathrow* und *Gatwick,* sowie am *Trafalgar Square.* Schweizer Postsparkonten-Inhaber können dagegen an nahezu jedem Postamt Großbritanniens und Irlands Bares erhalten, also auch in London. Das Postamt am *Trafalgar Square* ist geöffnet: Mo–Sa 9–20 Uhr.

■ **Informationen:** u.a. im Tourist Information Centre, Victoria Station Forecourt, SW 1, Tel. 071/734 34 50. Geöffnet ganzjährig Mo–Sa 8–19 Uhr, So bis 17 Uhr.

Unterkunft

■ **Youth Hostel,** Earl's Court, 38 Bolton Gardens, Tel. 071/373 70 83 (131 Betten), oder im Holland House, Holland Park, Kensington, Tel. 937 07 48 (168 Betten). Beide sind ganzjährig geöffnet und kosten ab 11 £. Im Sommer ist Reservierung angesagt, die Hostels vermitteln aber auch an andere Jugendherbergen in London. U-Bahn: Earl's Court. Daneben gibt es noch sechs andere anerkannte Jugendherbergen innerhalb der Grenzen der Stadt.

■ **Pax Christi Hostel,** Westminster Cathedral School, Bessborough Place, U-Bahn: Pimlico. Nur im Sommer vom 26. Juli bis zum 21. August. Preiswerte Übernachtung für 8 £ im Schlafsaal.

■ **Maranton House Hotel,** 14 Barkston Street, Earl's Court, Telefon 373 57 82. Jugendherbergsähnliche Unterkunft, Betten in Schlafsälen 13 £. Privatzimmer ab 29 £.

■ **Saint Simeon,** 38 Harrington Road, South Kensington, Tel. 370 47 08. Auch hier kleine Schlafsäle mit 3 bis 5 Betten, ebenfalls 13 £; eigene Zimmer ab 21 £. Die Preise sind nur grob veranschlagt, denn bei dem osteuropäischen Unikum von Hotelwirt ist alles möglich, Handeln simple Pflicht.

■ **Fieldcourt House,** 32 Courtfield Gardens, Tel. 373 01 53. Sehr auf Ordnung bedachtes Hostel, trotzdem zum Wohlfühlen, Preise gestaffelt nach Bettenanzahl im Zimmer, 13–19 £, eigene Zimmer ab 23 £. Günstige Wochenpreise.

■ **Hotel Ravna Gora,** 29 Holland Park Avenue, Tel. 727 77 25. Hübsche Villa direkt neben dem Holland Park, Doppelzimmer 20 £, mit eigenem Bad 26 £ pro Person.

■ **The Holland Park Hotel,** 6 Ladbroke Terrace, Tel. 792 02 16. Sehr ruhige Lage in einer Seitenstraße der Holland Park Avenue, einige Zimmer eher nachlässig eingerichtet – manche jedoch mit hochwertigem, antikem Mobiliar bestückt. Der Clou ist allerdings der lauschige, geschützte Garten hinter dem Haus; von der großen, gemütlichen Gästelounge fällt der Blick darauf. Preise zwischen 22 und 29 £, Einzelzimmer 34–43 £. U-Bahnstation: Notting Hill Gate.

■ Edles im **The Abbey Court,** 29 Pembridge Gardens, Telefon 221 75 18. Schmuckes Kleinod der gehobenen Klasse, sehr ruhige Lage, vollendet gestaltete Zimmer mit Himmelbetten und weichen Stoffen der *Laura Ashley Collection.* Kürzlich wurde ein kleiner Wintergarten angebaut. Doppelzimmer 80–105 £, Einzelzimmer 92 £. U-Bahnstation: Notting Hill Gate.

■ **The Hampshire,** Leicester Square, Telefon 839 93 99. Eines der renommiertesten alten Häuser in London in bester Lage. Jeder erdenkliche Luxus in Edelholz, antikem Mobiliar und feinen, gewählten Stoffen. Doppelzimmer 119–380 £, Einzelzimmer 195 £.

Von London nach Cornwall

■ **Mit dem eigenem Auto:** Wie bereits beschrieben, über die M 3, die im Londoner Vorort *Richmond* als normale Straße beginnt, nach *Basingstoke,* die A 30/A 303 nach *Horniton,* von dort über Exeter nach Cornwall.

■ **Busse:** mehrmals täglich in etwas über 6 Stunden nach Truro, Newquay und Penzance ab Victoria Coach Station, Buckingham Palace Road für 28 £ pro Weg, Ermäßigungen an vielen Tagen auf bis zu 35 £ return. Informationen unter Tel. 071/730 02 02.

■ **Bahn:** täglich mehrere Verbindungen ab Paddington Station in ebenfalls etwa 6 Stunden nach Penzance, u.a. über Plymouth und Truro. Einfach 51 £, beide Wege zum erstaunlichen Spartarif von 49 £, allerdings nicht auf allen Zügen. Fahrräder schlagen mit 3 £ zu Buche.

■ **Flug:** nach Newquay und Plymouth mehrmals täglich für 110 £ pro Weg, Spartarife verbilligen den Preis auf 145 oder sogar 120 £ return. Buchungen in Deutschland oder der Schweiz verschlingen wesentlich höhere Kosten. Die Isles of Scilly werden Mo, Mi und Fr angeflogen, pro Weg 151 £, keine Spartarife.

Information und Reservation: Brymon Airways, Tel. 071/476 50 00. Oder in Newquay: Tel. 0637/86 05 51.

Einreise-bestimmungen

Staatsangehörige der BRD, der Schweiz und Österreichs können mit ihrem Reisepaß bis zu 6 Monaten in England verweilen, sich vergnügen oder auch arbeiten gehen, falls ihnen danach ist. Die inoffizielle Auferthaltsgenehmigung kann problemlos verlängert werden.

Die Einreise mit der Fähre birgt einige Eigenarten auf den ersten Blick. Das Abfertigungssystem des englischen Zolls besteht aus »einer roten und einer grünen Seite«: Die rote Spur ist für die Einreisewilligen, die bereits wissen, daß sie etwas zu verzollen haben; sie können es hier deklarieren. Der grüne Weg steht denen offen, die guten Gewissens nichts zu melden haben – falls bei Stichproben dann doch etwas gefunden wird, entwickelt sich die Situation »britisch-peinlich«. Diese Regelung gilt sowohl für Fußpassiere als auch für Motorisierte.

Autofahrer bekommen noch auf der Fähre eine Broschüre ausgehändigt, in der die Waren gekennzeichnet sind, die es anzumelden gilt. Ein mitgelieferter Sticker wird dann von innen an die Windschutzscheibe geklebt – rot oder grün...

Wird eine Reise von mehr als 6 (!) Monaten mit dem eigenen Auto geplant, kann es beim Zoll eventuell Schwierigkeiten geben. Staatsfremde Fahrzeuge dürfen nämlich nur bis zu 6 Monaten unangemeldet am britischen Linksverkehr teilnehmen. Bestehen solche Absichten, ist es vielleicht ratsam, sich erst später offiziell zu überlegen, die Reise auszudehnen...

Kontinentale Tierfreunde müssen sich von ihrem Hund, Wellensittich, Kaninchen, Hamster und Schildkröte für die Zeit ihres Aufenthaltes trennen: Tiere müssen generell eine sechsmonatige Quarantäne über sich ergehen lassen, Vögel nur eine für 35 Tage – eine auf den ersten Blick unbarmherzige Welt, in der es aber aufgrund der Insellage und der rigorosen Bestimmungen keine Tollwut *(rabies)* gibt.

Reisen in Cornwall

Cornwall ist ein Reiseziel mit einer bunten und unglaublich vielseitigen Palette an Angeboten. Den zahlreichen, und sich trotzdem auf den 430 Kilometern Länge weit verteilenden, Küstenwanderern ist in diesem Reiseführer ein eigenes Kapitel gewidmet.

Die meisten der Wandersleute nehmen nur Tagesetappen wahr, erlauben sich den einen oder anderen Wandertag. Neben dem Küstenweg locken aber noch andere *trails:* kürzere Wanderwege, von Ort zu Ort, von Kirche zu Kirche oder Pub zu Pub; durch Markierungen an Bäumen, Steinen oder Hauswänden ohne Schwierigkeiten zu begehen. Der *Tinner's Way* bei St. Just, auf den Spuren der Zinntransporte aus der Bronzezeit; der *Saints'Way,* der die Halbinsel von Padstow nach Fowey bei der Taille packt. Oder es zieht den Wanderer doch einfach nur in den weiten und rauhen Flächen des *Bodmin Moores....*

Steinkreise aus der Bronzezeit, die *Quoits* und *Menhirs,* verführen den Besucher, vor allem im Moor und in Penwith, der Halbinsel um Land's End. Kleine Fischerdörfer aus den *Middle Ages* in ihren sanft geschwungenen Buchten schaffen den lieblichen Kontrast dazu. Bei Regenwetter bieten Museen und Galerien mannigfaltige Abwechslung. Freizeitparks und tropische Schwimmbäder mit Palmen und Strandbar geben ihr Bestes, um den Besucher zu verwöhnen.

Ebenso, wenn nicht noch umfangreicher ist das Angebot für sportliche Aktivitäten: Wassersport wie Tauchen, Surfen und Segeln, auch für Ungeübte in Kursen erlernbar; Golfplätze findet man im ganzen Land, und Fahrräder sind in allen größeren Städten zu leihen.

Nach all der aktiven Freizeitgestaltung ein Wort zu einer oftmals benachteiligten Gruppe der Reisewelle: den Behinderten. Obwohl Cornwall natürlich schon erwandert, erfahren und vielleicht auch erritten werden will, sollten sich auch Behinderte nicht von einer Reise auf diese subtropische Halbinsel abbringen lassen. England ist eines der geeignetsten Reiseländer für Behinderte, das Bewußtsein seiner Bewohner für die Probleme dieser Bevölkerungsgruppe stark ausgeprägt. Die meisten der in dem Führer beschriebenen Landsitze und zu besichtigenden Anwesen besitzen spezielle Zufahrtsmöglichkeiten für Rollstühle. Auch Restaurants sind oftmals auf die rollenden Gäste eingestellt, und wo die Infrastruktur nicht bereits vorhanden ist, läßt man sich etwas einfallen und ist schnell mit Lösungen zur Hand.

Klima und Reisezeiten

Folgt man den engen Straßen Cornwalls nach St. Mawes, nach Falmouth oder Penzance, so fühlt man sich leicht in Gegenden versetzt, die südlich der Alpen seit jeher Sonnenanbeter und Yachtfreunde anziehen. Cornwall ist die Riviera Englands, die warme und sonnige Erholung des kühlen Nordens.

Der Golfstrom macht's möglich. Wenn der Rest des englischen Mutterlandes in seinen tiefen Winterschlaf versinkt, der Schnee oder Regen fällt und der Nebel sich mehr und mehr verdichtet – scheint in Cornwall die Sonne. Nicht täglich und nicht in mediterraner Intensität, doch warm genug, um auch noch an einem schönen »Wintertag« im Dezember zu ausgedehnten »Pullover-Spaziergängen« zu verführen.

Das Klima ist ausgesprochen mild. Im besagten Winter erreichen die Temperaturen nur sehr selten den Gefrierpunkt. Die Durchschnittstemperatur liegt in Südwest-Cornwall um 5–8° Celsius – eine für England rekordverdächtige Angelegenheit. Im Sommer steigen die Temperaturen auf etwa 25 bis 28 Grad, nun nicht mehr mit den mediterranen Gefilden zu vergleichen, die sich in diesen Monaten vor Hitze und Trockenheit in so manchen Jahren nicht retten können. Cornwall ist auch dann eine Erholung: Sanft belebende Winde wehen über den Atlantik und bestreichen die hohe Klippenlandschaft.

Besitzt Cornwalls Klima einen Problemfaktor, so kann es sich dabei nur um den Niederschlag handeln. Die feuchten Westwinde suchen sich gern Cornwall aus, um ihre angestaute Ladung endlich einmal über bewohntem Gebiet fallen zu lassen. »Täglich einen Schauer, und sonntags zwei«, so lautet eine cornische Weisheit, die sich vor Jahrhunderten jedoch eher auf die Frömmigkeit der Bewohner bezog. Das »täglich« bleibt nun am Schauer haften, und dies mit recht. Cornwall ist ein feuchtes Eckchen England; doch richtig störend wird das eigentlich nie.

Die Reisezeit der meisten Besucher Cornwalls ist der Sommer. Und das ist dann auch der Grund, die Monate Juli und August als die unangenehmste Zeit in dieser Region zu bezeichnen. Natürlich ist Cornwall längst auf den Besucherstrom eingestellt, der bereits seit über 120 Jahren stetig wächst. Unterkünfte privater Art werden vermehrt bereitgestellt, Parkplätze reaktiviert, an den Stränden bauen sich *live guards* auf, und die Souvenirläden verdoppeln ihr Angebot. Für alle ist somit gesorgt. Das echte, das eigentliche Cornwall, das Land der Ruhe und des Wanderns, hat sich jedoch zurückgezogen.

Wer es sich erlauben kann, sollte seine Reise ab September oder bis Mitte Juni legen. Nur wenige Tage wirken da schon echte Wunder, bereits zur Mitte des Septembers hin schwellen die Besuchermassen ab, und die cornische Ruhe kehrt in die Gassen zurück.

Die Wahl der Reisezeit richtet sich natürlich ebenfalls nach den Interessen des Reisenden. Küstenwanderer erleben den besonderen Reiz des *Cornwall Coastal Path* im Frühling oder im Herbst, Freunde tropischer Gärten bevorzugen den späten Frühling und bildene Künstler das Licht im Mai. Cafébesucher kommen im August und Archäologen, wann es ihnen paßt.

Gepäck und Ausrüstung

Je nach Art des Reisens, Interessenschwerpunkten und natürlich auch Budget variiert die Zusammenstellung des Gepäcks. Vertreter spezieller Besuchergruppen wissen ihre Habseligkeiten selbst am besten einzuteilen, so entfallen hier spezielle Tips für Segler, Archäologen oder Behinderte.

Gemeinsames Teil des Gepäcks sollte allen Reisenden der Regenschutz sein: Schirm, Anzug oder vielleicht der Helm, ein paar Gummistiefel für die Tage im Moor. Die Konfrontation mit dem frischen Naß läßt sich nicht immer vermeiden. Sind Wanderungen auf dem Coastal path geplant, gehören feste und griffige Schuhe ins Gepäck. Der Weg ist mitunter recht schlüpfrig und steil. Auch eine bequeme und feste Hose ist ein sinnvolles Utensil. Die Survivalausrüstung, bestehend aus Überlebensmesser, Notangelhaken, Brennglas sowie medizinischen Skalpelle und Nadeln als Operationshilfen, kann getrost zu Hause gelassen werden. Auch ein Kompaß ist auf den Wanderwegen nicht vonnöten; der Küstenweg ist durchweg gut beschildert und leicht zu orten. In den Weiten des Bodmin Moores kann er dagegen von Nutzen sein, wenngleich nicht von essentieller Bedeutung. Die Ortung kann hier leicht anhand der *tors* vorgenommen werden, die ständig in Sichtweite sind.

Trampern sei ein nicht allzu sperriger Rucksack empfohlen; solche mit riesigen Außengestellen bilden nicht gerade die besten Argumente, die Autofahrer zu überzeugen. Bei Wanderungen sollte der *backpack* fest am Rücken liegen, der Schwerpunkt möglichst nah am Körper und nach oben gepackt sein.

Gerade auch bei Wanderern sollte die Campingausrüstung leicht und klein zu verstauen sein, das Rucksackgewicht bei einer mehrtägigen Tour möglichst nicht 15–18 kg überschreiten. Gewicht- und Platzsparen kann man vor allem mit der sinnvollen Auswahl von Zelt und Schlafsack. Bei Cornwalls klimatischen Bedingungen muß man nicht für Extremfälle gerüstet sein; die Temperaturen erreichen auch im Winter nur selten den Gefrierpunkt, und von gigantischen Regenmassen oder orkanartigen Böen bleibt der Wanderer verschont. Bei der Mitnahme von Proviant und Wasser genügt eine Tagesration – der nächste Pub oder Mini-Shop ist niemals zu weit. *Easy going* mit viel Genuß...

Gute Dienste leisten eine vernünftige Sonnenbrille, eine warme Mütze gegen den steifen, atlantischen Wind, im Winter gelegentlich auch Handschuhe.

Auf Straßen und Wegen

Mit dem Auto mobil

Das meistgewählte Verkehrsmittel der Cornwall-Besucher und die angenehmste Möglichkeit, die Region zu bereisen. Man ist nicht auf die nur spärlich vorhandenen öffentlichen Verkehrsmittel angewiesen, ist mobil, hat Platz für Campingausrüstung und Andenken, gerät nicht so schnell ins Schwitzen wie die Radler und ist obendrein noch vor den Unbilden des Wetters geschützt.

Dagegen stehen die engen und kurvigen Straßen, die oftmals gerade nur Platz für einen mittleren Kleinwagen lassen – das Rücksetzen zur letzten Ausweichstelle sind die cornischen Autofahrer gewohnt. Kleinere Modelle haben gegenüber noch so stilvollen Straßenkreuzern eindeutige Vorteile.

Ein weiterer Nachteil des Autos sind die Parkplätze – mit ihren Gebühren. Durchweg sind 40, 50 oder gar 80 p zu bezahlen. Kleine Summen, die sich mit der Besichtigung eines Ortes oder einer Sehenswürdigkeit summieren und zu einem echten Kostenfaktor entwickeln.

Tankstellen und kleinere Werkstätten sind in nahezu jedem Ort zu finden – und wenn es auch nur eine Zapfsäule in der Eingangstür oder eine umgebaute Garage eines Privathauses ist. Die Preise für Benzin sind wie auch bei uns Schwankungen unterworfen; in der Regel kostet ein Liter *4 Star* (entspricht unserem Super verbleit) etwa zwischen 46 und 55 p. Die Literpreise für unverbleiten Kraftstoff und Diesel sind geringfügig billiger. Oftmals werden die Kurse noch in *£/gallon* angegeben, siehe hierzu »Maße und Gewichte«.

Bikerfreiheit

Aus persönlicher Sicht ein optimales Verkehrsmittel für eine Reise durch Cornwall. Hat sich der Motorradfahrer erst an den täglichen Regenschauer gewöhnt, kann er sich frei und in Freuden den Eindrücken hingeben, die ihm in oftmals elitärer Weise zuteil werden. Aufgrund seiner sitzenden Position hat er nämlich die Gelegenheit, über die hohen Straßenbegrenzungen in Form von Hecken oder Steinwällen hinwegzusehen. Ausblicke, die dem Autofahrer verborgen bleiben und die Radler meist, aufgrund der rasanten Steigungen, kaum genießen können.

Schmale, sich windende Straßen sind seit jeher das Metier der Motorräder, auch hier in Cornwall sind sie im Vorteil – bei besagtem Gegenverkehr. Parkgebühren entstehen erst überhaupt nicht oder fallen unmerklich gering aus.

Die Wahl einer Enduro erweist sich als durchaus angebracht. Die Straßen befinden sich zwar natürlich (wir sind noch in Europa) in gutem Zustand; einige Furten, verschlammte Zufahrten zu Bauernhöfen und generell die oft unberechenbar verlaufenden Sträßchen erwarten ein durchweg gutes Handling der Maschine.

Einige Reisen nach Cornwall sowie ein Großteil der Recherche für diesen Reiseführer wurden mittels einer betagten *XL 500 S* durchgeführt. Neben der gesamten Campingausrüstung transportierte sie Massen von Broschüren, Karten und Büchern über die teilweise noch gepflasterten Straßen Cornwalls. Schöner kann man in Cornwall kaum reisen.

Werkstätten für motorisierte Zweiräder sind rar: Eine kleinere, aber kompetente befindet sich in Helston, vom Lizard kommend über den ersten Kreisverkehr hinweg und kurz vor dem zweiten, der Richtung Falmouth führt, auf der rechten Seite neben der Tankstelle. Eine weitere gibt es in Penzance, wie im Kapitel beschrieben.

Mit Bussen...

Das Bereisen Cornwalls mit Bussen erweist sich als ein abenteuerliches Unterfangen. Nicht, daß die Verbindungen, wie in anderen Ländern, großen Schwankungen unterlegen wären oder die Busse nicht pünktlich kämen: Es gibt einfach kaum connections auf der Halbinsel, und die wenigen existierenden verkehren oftmals zu recht eigenwilligen Zeiten...

Zur Beruhigung: Das Reisen zwischen größeren Städten stellt auch in Cornwall kein Problem dar. Truro, Falmouth, Penzance und Newquay werden regelmäßig bedient – selbst bis spät in den Abend hinein. Nach Plymouth oder London bestehen ebenfalls mehrere Anschlüsse täglich.

Schwierig wird es, aus entlegenen Dörfern befreit zu werden. So fährt beispielsweise viermal täglich der Bus Nummer 622 aus Calstock nach Gunnislake – die einzige Verbindung, um Calstock zu verlassen. Doch von Gunnislake gibt es nur mittwochs um 9.10 Uhr einen Anschluß nach Callington. Jeden dritten Mittwoch im Monat um 9.29 Uhr noch einen Bus über Bodmin nach Falmouth – als Zugabe, vermutlich der offizielle Einkaufsbus der Bewohner von Gunnislake. Von Calstock ist es also sinnvoller, mit der 622 nach Tavistock in Devon durchzufahren und von dort eine der zahlreichen Verbindungen nach Plymouth oder Callington zu benutzen.

Das Lesen der Fahrpläne ist eine mühsame und undankbare Aufgabe, denn es gibt nicht weniger als 46 Busunternehmen in Cornwall. Nahezu jede Linie ist mit Einschränkungen versehen: nur an Schultagen, nur jeden ersten, dritten und fünften Freitag im Monat, *stop only on request,* nur vom 3. März bis 27. Oktober...

Wichtig: Die in diesem Reiseführer angegebenen Verbindungen sind die Normal-, aber Mindestanschlüsse. Sie beziehen sich auf den gewöhnlichen Verkehr, an Sonntagen und auch im Winter können Verbindungen entfallen. Ebenso werden an Schultagen gelegentlich zusätzliche Linien eingerichtet; Schulbusse können benutzt werden. In kleineren Ortschaften sollte sich der willige Fahrgast an der Straße sichtbar aufbauen, die Busse halten sonst eventuell nicht.

Preisbeispiele: Penzance-Marazion 45 p, Truro-Falmouth 1,90 £, Penzance-Truro 2,50 £, Penzance-Falmouth 2,90 £. Günstige Return-Tickets für etwa 70 % des normalen Preises.

Lohnenswert ist unter Umständen das *Key West Ticket* der *Western National,*

LANDS END
1988
NEW YORK 3147
JOHN O' GROATS
874
SCILLY ISLES 28
LONGSHIPS LIGHTHOUSE 1½
WELLINGTON NZ 12506
12 TH JUNE

ER
Royal Mail
Post Bus

des größten Busunternehmens in Cornwall: drei Tage unbegrenztes Fahren 13 £, sieben Tage 21 £. Erhältlich in Busbahnhöfen oder Western National-Büros.

■ **Informationen:** Truro, Telefon 0872/ 404 04. – Penzance, Tel. 0736/694 69. – Plymouth, Tel. 0752/66 40 11.

...und der Bahn

Die Bahn bietet ebenfalls nicht unbedingt Erleichterung, ist aber als Ergänzung zum Bus-Angebot sinnvoll einzusetzen.

Nur eine Hauptstrecke durchquert Cornwall, von *Plymouth* über *Saltash, Liskeard, St. Austell, Truro* und *Camborne* nach *Penzance*. Ab dort mehrmals täglich Züge in beide Richtungen, zudem nach London oder sogar Schottland (etwa 11 Stunden).

Vier Nebenstrecken zweigen von der Hauptlinie ab, von Liskeard nach *Looe,* Par nach *Newquay,* von Truro nach *Falmouth* und St. Erth nach *St. Ives.* Auch hier regelmäßige Verbindungen, zwischen fünf- und zehnmal täglich.

■ **Informationen:** Plymouth, Telefon 0752/22 13 00. – Truro, Telefon. 0872/ 762 44. – Fahrpläne in allen Bahnhöfen.

Velofreuden

Cornwall mit dem Fahrrad, eine faszinierende Vorstellung. Der trainierte Radler erlebt Cornwall intensiver als andere Besucher. Langsam erfährt er sich die wechselnden Landschaften; langsam genug, um sich davon ein Bild zu machen, schnell genug, um nicht allzulange in einer Region zu bleiben. Reisen pur.

Ein wenig trainiert sollte er allerdings sein, und da beginnt der Nachteil (und der sportliche Vorteil) dieser Fortbewegungsart. Die Straßen in Cornwall besitzen zwar keinen Alpencharakter, steil sind sie jedoch allemal – Ungeübte kommen nicht aus dem Schwitzen heraus. Dem Gepäck sind auf dem Velo ebenfalls Grenzen gesetzt; die komplette Campingausrüstung ist wohl in den meisten Fällen die Mehrstrapaze nicht wert. Der Radler bringt sich damit allerdings um die Freuden des Nächtigens unter freiem Himmel.

Für Gelegenheitssportler gibt es in allen größeren Städten Shops, die Fahrräder verleihen. Bei Tageskursen von etwa 5 £ stellt sich allerdings die Frage, ob es nicht sinnvoller ist, das eigene Rad mit über den Kanal zu bringen. Der Transport mit dem Zug ab London schlägt nur mit 3 £ pro Weg zu Buche. Die Beförderung auf der Schiene innerhalb Cornwalls ist kostenfrei, allerdings nicht in Intercity-Zügen.

Der Tramp

Dem Tramp gehört die Welt. Unabhängig, schnell und preiswert kommt er voran und lernt dabei noch Land und Leute näher kennen als irgend ein anderer Tourist.

Dies ist in Cornwall nicht anders. Auch hier trifft der Anhalter auf freundliche Autofahrer, das Tramper-Übel des unendlichen Wartens befällt ihn eher selten. In der Hochsaison kann es jedoch in den Touristenzentren zu längeren Wartezeiten kommen: Die Autos der Urlauber sind prall gefüllt, die Launen der Autofahrer in den Schlangen eher mäßig.

Nicht-Trampern sei diese Art der Fortbewegung gelegentlich empfohlen – dann nämlich, wenn der nächste Bus erst am Dienstag in zwei Wochen, frühmorgens, nur über Umwege und auch nur durch klar sichtbare Handzeichen gestoppt den Fahrgast aufnimmt...

Auf Schusters Rappen

Die vermutlich beeindruckendste Variante einer Cornwall-Tour, vor allem auf dem nahezu alle Facetten Cornwalls umfassende, über 400 Kilometer lange *Cornwall Coastal Path;* siehe separates Kapitel.

Zwei weitere Wanderwege verbinden Küstenteile Cornwalls miteinander und eignen sich daher zum Einbau in die Routenplanung: zum einen der kürzere *Tinners' Way,* von St. Just nach St. Ives, und der *Saints' Way,* der die Halbinsel bei der Taille packt: von Padstow an der Atlantikküste nach Fowey, an der oberen Kanalküste gelegen.

Die kleinen Ausmaße Cornwalls ermöglichen leicht Wanderungen von mehreren Tagen: Eine Unterkunft und ein Mahlzeiten-servierender Pub lassen sich alle paar Kilometer auftreiben. Leicht lassen sich auch kombinierte Trips organisieren; ein- oder mehrtägige Wanderungen an der Küste, die Rückkehr mit Hilfe von öffentlichen Verkehrsmitteln. Busse fahren zwar nicht überall stündlich, aber pünktlich nach Fahrplan. In den jeweiligen Kapiteln dieses Reiseführers sind die Mindest-Verbindungen sowie kurze Angaben über den Verlauf und die Länge der einzelnen Abschnitte des Coastal path zu finden.

Unterkunft

Generell kann gesagt werden, daß die Preise für die angebotenen Übernachtungsmöglichkeiten an der Südküste, der Kanalküste, geringfügig preiswerter sind. Auch finden sich hier oftmals die schöneren Zimmer – sowohl was Ausstattung als auch Flair angeht.

In großen Touristenzentren wie Newquay, St. Ives, Penzance und Falmouth liegen die Preise für die billigen Zimmer nicht unbedingt über denen, die außerhalb in kleinen Ortschaften oder auf Farmen angeboten werden. Sie weisen jedoch in der Regel nicht die Gemütlichkeit und Atmosphäre auf wie ihre provinziellen Nachbarn. Kürzere Fahrten sollten also ruhig in Kauf genommen werden, wenn das Zimmer gefällt. Cornwall ist mit seinen kleinen Entfernungen geradezu prädestiniert, von einer oder mehreren zentralen Basen aus bereist zu werden (Fahrzeit Penzance-Truro etwa 45 Minuten).

Youth Hostels

An der Küste Cornwalls befinden sich elf Jugendherbergen; das klingt nach spärlicher Besetzung, ist aber gemessen an der Größe Cornwalls durchaus akzeptabel. An gewählten Positionen stehen sie, die meisten in unmittelbarer Meeresnähe. Alte Landhäuser, Fischerkaten hoch in den Klippen, das Kasernengebäude einer Wehrbefestigung, allesamt sehenswerte Gebäude.

Die obligatorischen Schildchen – ein kleines Häuschen, daneben die schräge Tanne – weisen den Weg, die Pforten der Hostels öffnen um 17 Uhr. Die Preise staffeln sich, je nach Alter des Mitglieds (Young 5–15 Jahre, Junior 16–20 und Senoir 21–x). Ebenfalls beeinflußt der Standard der Herbergen geringfügig den Preis. Alle liegen zwischen 3,30 £ und 5,70 £. Wird ein Jugendherbergsschlafsack benötigt, schlagen erneut 95 p zu Buche, Frühstück 2,40 £, Dinner 3,20 £.

Die *yha* gibt jährlich den *accomodation guide* heraus, mit 3,99 £ eine lohnenswerte Ausgabe. Ist der Ausweis verlegt oder noch nicht beantragt, stellen die Herbergen neue aus.

Bed & Breakfast

Der Begriff *Bed & Breakfast* ist eine echte englische Erfindung – obwohl natürlich auch Hotels auf dem Kontinent ihre Zimmer mit Frühstück anbieten. Gemeint sind damit jedoch die Privatunterkünfte, die in dieser Form auf dem Festland nicht existieren.

Die meisten der privaten B+Bs in Cornwall sind tatsächlich privat und besitzen eine persönliche Atmosphäre. Der Besucher schläft im Gästeraum oder oftmals sogar in den ehemaligen Schlafräumen der inzwischen ausgezogenen Kinder; die Vermieter betreiben dieses Geschäft in den meisten Fällen nicht um des großen Geldes willen. Sie wollen ganz einfach ein wenig Abwechslung, erfreuen sich an den Kontakten zu den vorbeiziehenden Urlaubern.

Die besten Zimmer in Ausstattung und Flair bieten oft Farmen, ruhig gelegen und mit den uns bekannten Bauernhöfen oft nicht zu vergleichen. Diese Bauernhäuser gleichen nicht selten freistehenden Herrenhäusern, die typische Atmosphäre der Vieh- und Milchwirtschaft beginnt erst dahinter und stört den Besucher nicht im geringsten. Das *Breakfast* ist alles andere als eine »kurze Pause«, die üppigen Mengen halten für den größten Teil des Tages vor.

Die Preise für diese Art von Übernachtung betragen zwischen 11 und17 £, das Gros liegt um 13 £. In Ausnahmen auch bis zu 22 £, dann aber bereits in exklusivem Ambiente, mit der normalen privaten Zimmervermietung nicht mehr zu vergleichen. Die meisten der B+Bs schließen ab Oktober und harren der nächsten Saison, die dann zu Ostern beginnt.

Die Situation der kleinen Privatanbieter kann sich in den nächsten Jahren leicht ändern. London hat bereits eine *business tax* eingeführt und die Brandschutzverordnung verschärft, die nun auch diesen Vermietern erhöhte Ausgaben verursacht – es sei denn, sie vermieten nur 99 Tage im Jahr. So kann es durchaus sein, daß die preiswerten B+Bs in Zukunft nur noch in den Sommermonaten Zimmer vermieten und die, die länger geöffnet haben, sich zu halbprofessionellen Hoteliers entwickeln. Schade eigentlich...

Hotels

Die Hotels unterscheiden sich von den privaten B+Bs überwiegend nur in der Art ihrer Führung. Sie sind die Profis, die, die davon leben. Auch hier sind die Zimmer natürlich mit Frühstück, weswegen sie oft ebenfalls mit der Bezeichnung B+B werben – die Grenzen zwischen den beiden angeblich konträren Angeboten sind tatsächlich verwischt.

Auch hier gibt es lohnende und weniger ansprechende Exemplare, Hotels, die privaten Unterkünften zu einem ähnlichen Preis vorzuziehen sind, und auch umgekehrt. In der Regel kann gesagt werden, daß die professionellen Hotels noch einen eher höheren Preisspiegel vorweisen, resultierend aus den erhöhten Betriebskosten.

Die Preise für die Zimmer, die jedoch in den meisten Fällen nicht die Gemütlichkeit der privaten »Konkurrenten« erreichen, beginnen um etwa 13 £ und reichen in der exklusiven Klasse bis hinauf zu 60 £ und mehr. Alle Preise – auch die in den privaten Häusern – gelten pro Person, pro Nacht. Für die Belegung eines Doppelzimmers bezahlt der Einzelreisende in einigen Hotels zwei

Drittel des Gesamtpreises; entschließt man sich jedoch zu einem längeren Aufenthalt, gibt's in den meisten Häusern Preisnachlässe. Besonderheiten sind in den Kapiteln dieses Buches erwähnt.

Die aufgeführten Hotels und B+Bs wurden während der Recherche aus mehr als der doppelten Menge an besehenen Unterkünften ausgewählt. Sie sind durchweg zu empfehlen, vor allem was Atmosphäre und Gegenwert für den geforderten Preis angeht.

Self-Catering

Eine sehr schöne und vor allem auf Dauer preiswerte Alternative zu den »Zimmern mit Frühstück«. Mit Preisen von 95 bis etwa 400 £ pro Woche bieten sie in der Regel Platz für mindestens 4–6 Schläfer. Die Freiheit, in einem eigenen Haus zu wohnen, gleicht den Nachteil, auf das gewaltige cornische Frühstück in den Pensionen verzichten zu müssen, schnell wieder aus.

Einige spezielle Angebote sind in den folgenden Kapiteln aufgeführt: Häuser im Moor und an der Küste. Weitere Informationen bei den Tourist Offices der jeweiligen Städte oder bei *Cornish Traditional Cottages,* Telefon 0208/872 559, *Helpful Cottages,* Telefon 06473/35 93 oder *Cornish Quay Holidays,* Telefon 0726/874 06.

Camping

Eine wahre Flut an *campgrounds* überspült die südwestlichste Halbinsel Englands, ein echtes Camper-Land. Viele liegen unweit der See – kein echtes Kunststück bei der Struktur Cornwalls – und die gehobenen Anlagen bieten beheizte Außenpools und jeglichen nur denkbaren Komfort. Nicht jeder Platz nimmt Zelte, einige haben sich auf Wohnwagen spezialisiert, die dann zuhauf die Wiesen bevölkern.

Die Preise für einen Stellplatz mit Auto und zwei Personen bewegen sich um 4 bis 8 £, in der Nebensaison ist Handeln durchaus erlaubt. Die meisten Plätze schließen allerdings ab Oktober.

Kulinarisches

■ Geht es um kulinarische Basisfreuden, sind es die **Pubs,** die das Bild bestimmen – eine ebenfalls typisch englische »Erfindung«. Kaum mit unseren Kneipen zu vergleichen, bilden sie das Zentrum der Dorfgemeinschaft ebenso, wie sie auch ganz selbstverständlich Tee oder kleine Snacks servieren. Viele von ihnen stammen aus Jahrhunderten, in denen Schmuggler und Piraten einander noch über den Tisch zogen, und in einigen ist die Atmosphäre heute noch so, als hätten jene Gestalten erst eben den Raum verlassen, um draußen kurz ihren Geschäften nachzugehen.

■ Neben den *public houses* erfreuen einige erlesene **Restaurants** den Gaumen der Verwöhnten. Zwischen 11 und 25 £ verlangt man hier für ein Dinner, das selbst manche gelungene französische Schlemmerei vor Neid erblassen läßt. Spezialitäten: natürlich vornehmlich Fisch, der fangfrisch auf den Märkten erstanden wird.

In der Regel öffnen die kulinarischen Tempel ihre Pforten mittags von 12–14 Uhr und abends, dann für den Dinnerschmaus, von 19–21.30 Uhr. Einige sind ausschließlich auf den Abendservice eingestellt.

■ Für die Eiligen gibt es dann die »Freßbuden«, die mit dem verstärkten Besucherstrom nun auch vermehrt zu finden sind. Reine »Fast-food-Läden« halten sich jedoch zurück, *fish & chips* dagegen findet sich natürlich auch im entferntesten Winkel Cornwalls.

Aber es ist vielmehr die obligatorische **pastie,** die an jeder Ecke angeboten wird, bei Bäckern vorzugsweise. Eine Pastete, gefüllt mit Gemüse und Fleisch, gelegentlich auch in vegetarischer Ausführung erhältlich, mit um die 60 p zum etwa halben Preis eines anständigen *Whoppers* – und garantiert doppelt so stärkend. Fast food auf cornisch!

Was den Amerikanern ihre Hamburger und den Deutschen ihre Wurst, ist den Cornishmen also die *pastie:* eine halbmondförmige Pastete, oftmals bis zu 20 cm lang, je nach Bedarf mit Fleisch, Gemüse, Zwiebeln oder einer Mischung aus allem gefüllt. Die Geschichte des schmackhaften Kleinods reicht weit zurück...

Es waren die Frauen der Minenarbeiter, die auf die Idee kamen, ein vollwertiges Mittagessen in handlicher Form zu entwickeln. So trug zunächst die pastie die Initialen ihres Herrn, damit Verwechslungen unter Tage vermieden werden konnten.

Die eine Ecke der pastie war nun gefüllt mit Kartoffeln, Möhren oder anderem Gemüse – und Zwiebeln natürlich, einem Eintopf gleich angemacht. Die gegenüberliegende Ecke beinhaltete den süßen Nachtisch des Menüs, mit Marmeladen oder Kompott.

Die heute so beliebte Kruste diente dagegen lediglich zum Halten der pastie. Nicht, daß die Minenarbeiter sie verschmäht hätten; sie zu essen war einfach zu gefährlich. Unter Tage kamen sie mit einigen giftigen Stoffen in Berührung, und das Waschen der Hände war natürlich kaum möglich. Man erzählt sich, daß es vermutlich sogar diese Eigenschaften der Kruste war, die die Entwicklung der pastie ins Rollen brachten.

Die Krustenreste waren jedoch nicht verloren. Die Minenarbeiter ließen sie in den Stollen..., für die launischen, kleinen Berggeister und andere Wesen. Man hielt sich mit ihnen gut, denn das Unglück wartete fast hinter jeder Fuhre Erz.

Some tips for the continental

Der unbedarfte Kontinentler sieht sich bei seiner Einreise einer Flut von unverständlichen Gebräuchen und Bezeichnungen gegenübergestellt. Der autofahrende Tourist hat dabei das schwerste Los zu tragen: Muß er sich zunächst an das Phänomen des Linksverkehrs gewöhnen, erwarten ihn kurz darauf die *roundabouts* mit ihren zunächst verwirrenden Verkehrsregelungen. An der ersten Zapfsäule dann versteht er die Welt überhaupt nicht mehr, sind doch für eine Gallone *4 Star* 2,18 £ zu berappen, und der benachbarte Tankkollege erzählt ihm sogar in feinstem Englisch, daß sein Wagen erstaunliche 42 Meilen mit einer Gallone macht.

Es ist also Zeit für einige Erklärungen...

Der kleine Verkehrsknigge

■ Auf die Tücken des **Linksverkehrs** wurde bereits hingewiesen, in der Regel fällt das Fahren jedoch nach wenigen Meilen nicht mehr schwer. Einen Risikofaktor stellen gerade die ersten Tage nach (!) der Gewöhnung dar, die Spannung läßt nach und man verfällt leicht wieder in einen Trott, der im gewohnten, kontinentalen Verkehr natürlich auch seine Vorteile besitzt. Hier jedoch kann er leicht zu Fehlentscheidungen führen. Geisterfahrten auf Autobahnen oder ganz einfaches Abdriften auf die falsche Seite schmaler Landstraßen sind die Folgen, die auch noch nach wochenlanger »Übung« den Autofahrer gefährden können. Das Überholen mit linksgesteuerten Autos stellt ebenfalls ein Problem dar, der Fahrer sitzt außen links und kann von dort kaum den Gegenverkehr beobachten. Auch ein rechter Außenspiegel erweist sich als sehr sinnvoll.

■ Die **roundabouts** sind eine wirklich typisch britische Maßnahme, den Verkehrsfluß zu regeln. Zunächst ein recht gewöhnungsbedürftiges Objekt, später jedoch ein einleuchtender und willkommener Ersatz für die oftmals starren Ampelkreuzungen auf dem Kontinent – vor allem in wenig befahrenen Gebieten.

Der sich im Kreis befindende Wagen hat in der Regel die Vorfahrt, es sei denn, Schilder deuten auf abweichende Regelungen hin. Diese sind jedoch äußerst selten zu finden.

■ Die auf dem Kontinent übliche Regelung »Rechts vor Links« ist in England nicht gegeben. Die **Vorfahrt** ist durch Linienführungen bestimmt. Durchgezogene Linien dürfen nicht ohne weiteres überfahren werden.

■ **Straßenmarkierungen:** Gelbe, auf die Fahrbahn gemalte Raster dürfen erst dann befahren werden, wenn sich kein anderes Fahrzeug in dieser Zone befindet. Sie kennzeichnen häufig Straßeneinmündungen und Kreuzungen, Ausfahrten und Fußgängerüberwege; Zonen also, die ein rücksichtsvoller Autofahrer ohnehin nicht befährt, solange er sich im Stau befindet. Also dann: *Do not enter box unless clear.*

■ **Geschwindigkeitsbegrenzungen:** in geschlossenen Ortschaften 30 Meilen (48 km/h), Landstraßen 60 Meilen (96 km/h) und auf Autobahnen und vierspurigen Schnellstraßen 70 Meilen (112 km/h). Häufig sind in Ortschaften jedoch 40 Meilen erlaubt (64 km/h), diese dann angezeigt durch die uns bekannten **Verkehrszeichen.** Im allgemeinen entsprechen diese den Zeichen in Deutschland, der Schweiz und Österreich.

■ **Halten und Parken:** in England durch gelbe Linienführungen geregelt: Zwei durchgehende gelbe Linien besagen absolutes Halteverbot, eine durchgehende verbietet das Parken an Werktagen, und eine unterbrochene gelbe Linie soll das Parken zu bestimmten Zeiten verhindern. Diese sind dann durch Schilder näher erklärt.

■ Noch ein Wort zu den **Straßen** in Cornwall Die großen *A Roads* sind mit unseren Bundesstraßen zu vergleichen, die kleineren *B Roads* stehen für schmalere Landstraßen, die unbezeichneten schließlich sind die engsten, kurvenreichsten und interessantesten, auf denen der Rolls-Royce oder Cadillac an seine Grenzen stößt.

■ **Informationen** zu Verkehrs- und Benimmregeln bietet der *Highway Code,* der bei der Einreise unentgeltlich erstanden werden kann.

Maße und Gewichte

Seit 1971 herrscht nun auch in England das Dezimalsystem, zumindest was die Währung betrifft. Die Kuriosa der Maß- und Gewichtseinteilungen bestehen jedoch weiterhin; nur nach und nach setzen sich die kontinentalen Dezimaleinheiten durch. Der Engländer nennt diese Veränderungen *Napoloen's revenge,* die Rache Napoleons, und ergibt sich leise seufzend. Gerade zu den Längenmaßen hat der Brite ein innige Beziehung entwickelt: Ein *foot* ist eben ein Fuß, wenn auch mit Schuhgröße 48. Ein *inch* ist sich ebenfalls leichter vorzustellen als das gleiche Maß in Zentimetern, die Länge eines Fingergliedes eben. Vor allem die älteren Bewohner tun sich immer noch schwer mit der Umstellung.

Der Einfachheit halber hier eine Auflistung der gebräuchlichen Maßeinheiten und deren Umrechnungen:

Volume (Volumen)

1 pint	=	568,3 ml		
1 quart	=	2 pints	=	1.136,6 ml
1 gallon	=	4 quarts		
8 pint	=	4,546 l		

Length (Länge)

1 inch	=	2,54 cm		
1 foot	=	12 inches	=	30,48 cm
1 yard	=	3 feet	=	0,9144 m
1 mile	=	1,609 km		
1 naut. mile	=	1,852 km		

Mass/Weight (Menge/Gewicht)

1 ounce (oz)		= 28,35 g
1 pound (lb)	= 16 oz	= 453,6 g
1 stone	= 14 lb	= 6,35 kg
1 hundredweight	= 112 lb	= 50,802 kg
1 ton	= 20 cwt	= 1,016 t

Area (Fläche)

1 square inch	=	6,4516 cm^2
1 sq foot	=	929 cm^2
1 sq yard	=	0,8361 m^2
1 acre	=	4074 m^2
1 sq mile	=	2,590 km^2

Ein Pfund Weintrauben hat also nur knapp 454 Gramm, das übliche *pint* morgendliche Milch dagegen 568 ml.

Spannender wird es bei der Wettervorhersage in Radio oder Fernsehen. Hier stellt sich nämlich die Frage, wer nun bei Temperaturen von 28° Fahrenheit zum Zuge kommt: Schwimmflügel oder die selbstgestrickte Pudelmütze...

Die Umrechnung von Fahrenheit in Celsius:

5/9 x (°F -32) = 0,55 x (°F-32).

Und umgekehrt, von Celsius in Fahrenheit:

9/5 x °C + 32 = 1,8 x °C + 32

Hier nun zur Vereinfachung einige tabellarische Beispiele:

8 °C	=	0 °F
10	=	12
0	=	32
10	=	50
15,5	=	60
20	=	68
26,67	=	80
30	=	86
40	=	104

Das metrische Maßsystem setzt sich natürlich auch im britischen Alltag immer mehr durch; so sind heute auf Verpackungen oder im Wetterbericht die Angaben oftmals in den dezimalen Maßeinheiten, aber auch in denen Napoleons zu lesen oder zu hören.

Vom Pfund und wo es bleibt

Betrachtet der Reisende diesen Führer und beginnt dann, seine Kalkulation zu erstellen, so mag er glauben, daß mit der Bezahlung des nächtlichen Zimmers und der Wegzehrung alles getan sei.

Das stimmt für den Wanderer, der ohne Auto und ohne Anspruch, die Sehenswürdigkeiten Cornwalls besucht zu haben, sich auf dem Coastal path bewegt; eine reizvolle und intensive Art der Bereisung des Herzogtums, die jedoch auf die meisten der rollenden Besucher nicht zutrifft.

England ist teuer und war es immer. Cornwall gestattet sich da keine Ausnahme, obwohl aufgrund des geringeren Lebensstandards einige Preise günstiger oder von London subventioniert sind. Die Bahnverbindung London-Penzance zeugt davon; sie kostet mehr, wird sie von London aus bestiegen.

■ Es beginnt mit den **Parkgebühren,** die Autofahrer oft erheblich zur Kasse bitten. In jeder Stadt, beinahe jedem Dorf, existieren Parkplätze, die zwischen 40 und 80 Pence für sich beanspruchen: die teureren bewacht, im braven Cornwall wohl kaum vonnöten; andere erwarten den freiwilligen Einwurf der abgezählten Münzen in bereitgestellte Stahlboxen. Auch das ist ein englisches Phänomen, ähnlich der akkuraten Schlangenbildung an Bushaltestellen.

■ Das **Tourist Office** ist dann die nächste Station. Werden Informationen über Hotels noch mit einem Lächeln umsonst serviert, schlägt der Griff zum Telefon, um die Unterkunft für diese Nacht perfekt zu machen, mit bis zu 1 £ zu Buche, natürlich immer noch lächelnd. Stadtpläne und Dünnbroschüren über Hotels in der Umgebung werden hier und da erneut berechnet. Letztere bestehen zu 90 % aus Anzeigen; eine Anschaffung, die es zu überdenken gilt.

■ **Sehenswürdigkeiten:** Vermutlich jeder Cornwall-Reisende verspürt den Drang, einmal jene Stätten zu besuchen, die von einstigen Epochen erzählen: Landsitze, Museen, Burgen, Dörfer aus der Eisenzeit und natürlich Gärten, allesamt recht kostenintensive Vergnügen. Am humansten sind noch die Besitztümer der *English Heritage,* die durchweg 85 p für die Besichtigung verlangen.

Der *National Trust,* einer der größten und aktivsten Landbesitzer in Cornwall, erwartet Eintrittsgelder zwischen 1 und 3,50 £. Hier gilt es zu überlegen, wie viele der großartigen und sehr gut erhaltenen Sehenswürdigkeiten denn interessieren. Eine Mitgliedschaft kostet 24 £ für zwölf Monate; neben der sicher sinnvollen Unterstützung der Organisation können aber gerade auch wirtschaftliche Gründe dazu bewegen. Bei einer Besichtigung aller National-Trust-Schätze in Cornwall entstehen nahezu die gleichen Ausgaben. Plant man dann noch einen Kurztrip nach Kent, vielleicht über Ostern, lohnt die Ausgabe schon. (The National Trust, Bromley, BR 1 UG)

■ **Kinder** erhalten generell Vergünstigungen, in der Regel betragen die Eintrittspreise etwa die Hälfte des Erwachsenentarifes. Die in diesem Reiseführer aufgeführten Kurse beziehen sich immer auf den Normaltarif.

■ **Preiswert oder anspruchsvoll?** Diese Frage muß sich jeder Reisende selbst beantworten. Cornwall ist sicherlich mit einem Tagessatz von 10 £ zu bereisen. Ob es jedoch damit zu erfahren ist, hängt mit den Ansprüchen des Besuchers zusammen.

Erleben ist in vielen Fällen mit Geldausgabe verbunden – und zum Erleben zählt nach einer Campingwoche mit *pasties* und *Fish & Chips* vielleicht auch einmal die Besichtigung eines feudalen Landsitzes mit abschließendem Kerzen-Dinner und Blick auf die violett gefärbte, abendliche See.

Handfestes

Währung

Nach einem Währungsrutsch vor einigen Jahren beträgt der Wechselkurs des Pfundes nun etwa 2,50 DM. Geringfügige Schwankungen sind gegeben; sie liegen aber höchstens bei 10–15 Prozentpunkten.

Seit 1971 ist die Währung auch im englisch-konservativen Reich auf das Dezimalsystem umgestellt, und erst vor wenigen Jahren wurden die bis dato obligatorischen, vordezimalen *Shillings* für ungültig erklärt.

Das britische Pfund unterteilt sich in 100 *pence*. Münzen sind zu 1, 2, 5, 10 und 50 p sowie 1 £ im Umlauf, Banknoten zu 5, 10, 20, 50, 100 und 500 Pfund.

Umtausch

■ **Banken** sind in jeder mittleren Stadt zu finden. Größere Institute besitzen eigens *Foreign exchange-* Schalter. Die Öffnungszeiten: Mo bis Fr 9.30–15.30 Uhr.

■ Inhaber eines **Postsparbuches** können in Penzance in der *Market Jew Street* mit ihrer blauen Ausweiskarte und dem Paß oder Personalausweis bis zu 2.000 DM im Monat in Pfund abheben; der Tageshöchstsatz liegt bei 1.000 DM. Cornwall besitzt nur ein Postamt, das diese Kunden betreut; die besseren Umtauschkurse, bei denen zusätzlich auch noch keine Gebühren anfallen, sind jedoch Grund genug für einen längeren Anfahrtsweg. Die Kurse liegen einige Prozent über denen der Banken; in London gelegentlich sogar noch höher – vermutlich aufgrund der »sinnigen Bankenpolitik«.

■ **Eurocheques** werden auch in größeren Shops und Restaurants akzeptiert. Das Limit beträgt 100 Pfund pro Scheck.

■ **Kreditkarten** werden auch im fernen Südwesten akzeptiert; *American Express, Eurocard, Visa* und *Diners Club* sind weit verbreitet.

Post- ...

Postämter gibt es in jedem Ort – und sei er auch noch so klein. Teilweise handelt es sich allerdings lediglich um kleine Schalter, abgetrennte Schreibtische in den Ecken der *local shops*. Die bedienende Dame verkauft zunächst Gemüse, Obst ebenso wie Umschläge und Schreibpapier, huscht dann in ihren Postkäfig und verkauft die dazugehörigen Briefmarken, nun als Repräsentantin der *Royal Mail* fungierend.

■ **Briefe** zu europäischen Zielen werden mit 26 p (außerhalb der EU 32 p) berechnet, sofern sie 20 g nicht überschreiten; für Ansichtskarten gelten die gleichen Preise. Die nächsthöhere Stufe betrifft Gewichte bis zu 60 g und schlägt mit 52 p zu Buche.

■ Wer Sendungen erwartet, nimmt **poste restante** in Penzance in Anspruch. Gegen den Ausweis des Adressaten werden Briefe, Telegramme oder auch Pakete ausgehändigt; Gebühren entstehen dabei nicht. Die Sendungen sollten folgendermaßen adressiert sein: Name, Poste Restante, G.P.O., Penzance, Cornwall, England. Der Nachname sollte unterstrichen sein, um Fehlablegungen zu vermeiden. Die Sendungen werden einen Monat aufgehoben.

...und Telefonwesen

■ **Telefonzellen:** Die so beliebten und fotogenen, roten Häuschen – ein echtes Wahrzeichen Englands – sind vom Aussterben bedroht! Die neuen, stahlgrauen Kabinen bilden auch in Cornwall das Gros der Telefonboxen, wenn auch sie hier, am Ende der englischen Welt, erst nach und nach ihre Vorgänger ersetzen.

England ist Vorreiter bei der Einrichtung münzloser Telefone; die Karten dafür sind in allen Postämtern erhältlich. In jeder Telefonzelle kann man sich anrufen lassen; eine feine Sache, die alte Ausrede »ich kann ja nicht zurückrufen« verliert damit ihren Boden. Nebenbei sind Gespräche von Deutschland und der Schweiz aus billiger, als sie in England aus den öffentlichen Fernsprechern zu führen. Die münzfressenden Exemplare nehmen 10, 20, 50 p oder *1 £-coins.*

■ **Wichtige Rufnummern:** Vorwahl nach Deutschland 010-49, in die Schweiz 010-41 und nach Österreich 010-43, danach die Ortsvorwahl ohne Null. Falls Hilfe bei der Vermittlung benötigt wird, ist der *Operator* unter *100* zu erreichen: hier Vermittlung von Inlandgesprächen, Telegrammdienst oder Klärung von Gebührenfragen; Auskunft Inland *192,* Ausland *153.*

■ **Wettervorhersage:** allgemein für Cornwall unter Tel. 0898/50 04 04, spezieller *Marinecall* für Segler, Surfer und sonstige Hochseeschwimmer unter Tel. 0898/50 04 58, ebenfalls für cornische Breiten.

■ **Polizei, Feuerwehr und Rettungsdienst:** Tel. 999.

Stromspannungen

Eine oftmals vertrackte Sache. Die Spannungen in den Steckdosen betragen 240 V, 50 Hz. Also kein Problem, wenn die Geräte auf diese (mitteleuropäischen) Werte eingestellt sind. Bei den Steckdosen selbst beginnen jedoch die Schwierigkeiten. Drei Schlitze, davon der obere, senkrechte die Verriegelung für die beiden unteren waagerechten. Mit etwas Geschick ist es möglich, auch die mit Flachsteckern versehenen deutschen Geräte hier anzuschließen. Einfacher ist es jedoch, den Stecker auszutauschen oder ganz einfach, sich einen Adapter zu besorgen.

Ist dann noch immer alles dunkel, leise oder kalt, liegt es vermutlich an dem Kuriosum neben der Steckdose; einem kleinen Schalter, der als Sicherung fungiert.

Oder aber man hat den Münzeinwurf noch nicht entdeckt. Einige der älteren B+Bs und viele der angebotenen Häuser und Cottages sind an ein solches System gekoppelt. Einige 50 p-Münzen wirken hier Wunder.

Organisierte Touren

Wer sich die landschaftlichen und kulturhistorischen Reize dieser Halbinsel mittels geführter Gruppen erschließen möchte, sollte sich an *Harry Safaris* wenden. Harry und Ann bieten individuell organisierte Touren an, bei denen auf spezielle Wünsche der Reisenden eingegangen wird. Zu buchen über die Tourist Offices oder direkt bei Harry Glasson unter Tel. 0736/71 14 27. Die Kosten für die mehrstündigen »Safaris« liegen bei 10 £.

Diplomatische Vertretungen

■ **Botschaft der BRD,** 23 Belgrave Square, London SW 1X 8PZ, Tel. 071/235 50 33. U-Bahnhof: Hyde Park Corner.

■ **Honorarkonsulate** der BRD u.a. in Falmouth, c/o G.C. Fox & Co., 48 Arwennack Street, Tel. 0326/31 13 00. – PL1 2JT Plymouth, Parade, Tel. 0752/66

34 44-6. – Dover, Limekiln Street, Tel. 0304/20 12 01.

■ **Botschaft der Schweiz,** 16–18 Montagu Place, London W1H 2BQ, Tel. 071/7230701. U-Bahnhof: Baker Street.

■ **Botschaft von Österreich,** 18 Belgrave Mews West, London SW1X 8HU, Tel. 071/235 37 31. U-Bahnhof: Hyde Park Corner.

Informationen vorab

■ **British Tourist Authority,** Taunusstraße 52–60, 60329 Frankfurt am Main, Tel. 069/238 07 11.

■ **British Tourist Authority,** Limmatquai 78, 8001 Zürich, Tel. 01/47 42 77

■ **Cornwall auf Video:** Ein Fernsehteam schuf ein sonnendurchflutetes Landschaftsporträt, mit dem Dartmoor, Calstock, Cotehele, Polperro, dem Lizard, Penzance, den Scillies, Chysauster, den Minen, St. Ives, Perranporth, den Bedruthan Steps, natürlich Tintagel, High Cliff und schließlich Morwenstow. Länge 30 Minuten. Zu beziehen über den Buchhandel oder direkt beim »GEOVIS-Filmverlag«, Schinkelstraße 24, 59227 Ahlen.

◄ *Die Gärten von Lanhydrock*

Begegnung mit Cornwall

Geologie

Der Großteil des cornischen Bodens besteht aus Sedimentgestein; entstanden durch die herrschenden geologischen Kräfte der Verwitterung, Abtragung und Umschichtung aus den ursprünglichen magmatischen Gesteinen. Die Spuren dieser gewaltigen Kräfte, die dabei freigeworden sind, sind heute noch zu sehen, in *Millock Haven* in der Widemouth Bay oder gar an dem Strand von *Bude.*

Die granitene Struktur des Bodens bildet, obwohl dies auf den ersten Blick nicht ersichtlich ist, den Mittelteil einer zusammenhängenden Gesteinsmasse, aus der sich vor Hunderten Millionen von Jahren nach vulkanischen Aktivitäten vier Erhebungen bildeten: die Scilly Isles, Land's End, das Hochland des Bodmin Moores und das Dartmoor in Devon. Auch die Region um Camborne und St. Agnes zeugt von der granitenen Tiefenstruktur, die mit ihren Erzvorkommen den Ausbau der Bergbaugebiete erst lohnend machte.

Flora und Fauna

Die Ausläufer des Golfstroms halten ihre schützende Hand über die cornische Halbinsel. Nur selten im Jahr werden frostige Tage gezählt; ein Grund, warum die Pflanzenwelt sich hier in diesen für England so ungewohnten Ausmaßen der Verschwendung und Üppigkeit präsentiert.

Die Gärten zeugen davon. Über 70 davon hat Cornwall zu bieten; jeder von ihnen ist anders strukturiert, subtropischen Charakter beweisen sie alle. Außerhalb der Gärten, die natürlich ein gewisses Maß menschlicher Eingriffe hinnehmen mußten, variiert das Landschaftsbild von Region zu Region. Die Palette reicht von mit Kletterpflanzen behangenen Ulmen- und Eichenwäldern, über die heidebestandenen, moosbewachsenen Hochflächen des Moores, bis zur spärlich bewachsenen Klippenlandschaft mit den genügsamen Steingewächsen in den Ritzen und Spalten sowie natürlich alle Arten Ginster.

Neben den auch in England üblichen an Land lebenden Kleinsäugetieren wie Hase, Fuchs und Igel sind in Cornwall zudem andere Spezies zu entdecken, die vor allem Wanderern häufig begegnen. Das graue Eichhörnchen und der aus Nordamerika stammende Nerz sind häufige Begleiter auf dem Küstenweg; Echsen, Schlangen und Schmetterlinge in allen Farben, so auch der Zitronenfalter bereits im März. Vögel sind zu beinahe allen Jahreszeiten zu beobachten, sowohl die Dreizehenmöwe, Krähenscharbe und der Kormoran als auch größere Raubvögel über den Klippen.

Doch vielleicht sind es die kleinen Robben, die den Besucher interessieren? Sie sonnen sich gerne vor den *Carracks,* bei St. Ives.

Golfstrom

Bereits im frühen 16. Jahrhundert wurde das Phänomen des Golfstromes »wissenschaftlich« verfolgt. Der spanische Seefahrer *Ponce de Leon* verfaßte seine »Golfstrombeschreibungen« im Jahre 1513, die erste amtliche Karte entstand im Jahre 1768 von *Kirchner,* im Auftrag des englischen Generalpostmeisters *Benjamin Franklin.*

Später wurden hydrographisch-meteorologische Beobachtungen routinemäßig in die Schiffstagebücher der Handelsschiffe aufgenommen, deren Auswertungen erheblich zum heutigen Wissen über Verlauf, Geschwindigkeit und klimatische Bedeutung des wärme- und lebensspendenden Stroms beitrugen; ebenso wie der Untergang der *Titanic* im Jahre 1912, der nämlich zur Gründung des *Ice Patrol Service* führte, dem internationalen Eiswarndienst, der westlich und südwestlich von Neufundland ein dichtes Beobachtungsnetz unterhält.

Der Golfstrom ist ein Teil des nordatlantischen »Stromkreises«, dem noch zwei weitere große Strömungen angehören: der Kanarenstrom und der Nordäquatorialstrom. Im Uhrzeigersinn speist der warme Nordäquatorialstrom, von der Westseite Afrikas kommend, neben dem Antillen-, dem Karibischen und dem Floridastrom den Beginn des Golfstroms. Als westlicher Teil des Systems transportiert dieser die Wassermassen aus dem Karibischen Raum in den Nordatlantik und gibt sie in den nordwärts führenden Nordatlantischen Strom. Dieser teilt sich auf in Irminger- und Norwegischen Strom, in Portugal- und Kanarenstrom. Letzterer führt zunehmend kältere Wassermassen zurück nach Süden und schließt später den Gesamtkreislauf wieder mit seiner Einspeisung in den Nordäquatorialstrom.

Das Ungewöhnliche am Golfstrom ist seine hohe Fließgeschwindigkeit; bis zu 250 Zentimeter in der Sekunde treibt er sich voran, was etwa 4–5 Seemeilen pro Stunde entspricht. Dies entsteht durch die Eigenart des Stromkreises, dessen Wassermassentransport auf der Westseite in einem nur etwa 60– 100 km breiten Band erfolgt (Golfstrom), während der Rücktransport auf der Ostseite über eine Breite von mehreren tausend Kilometern verteilt ist. Durch die »Verjüngung« wird der Massentransport, der etwa tausendmal größer als der des Mississippi ist, in rasche Bahnen gedrückt und erreicht außergewöhnliche Entfernungen. Die Konzentration des Massentransportes auf der Westseite des Systems ist auf die ablenkende Kraft der Erdrotation zurückzuführen, die sich mit der geographischen Breite und somit entlang des Weges des Golfstroms verändert.

Die Struktur des Golfstroms ist recht kompliziert. Gemäß seiner Herkunft aus den äquatorialen Breiten des Karibischen Meeres und des Golfes von Mexico (daher auch der Name) sind die inneren Wassermassen warm und salzreich. An der linken, der Küste zugewandten Seite, werden nun aus hydrodynamischen Gründen kalte Wassermassen zum Aufsteigen gezwungen. Diese gelangen weitgehend bis zur Oberfläche des Stroms und bilden den weithin erkennbaren *Kalten Wall;* die Wasserfarbe wechselt vom tiefen Blau des Golfstromwassers zum Grünblau der aufsteigenden Massen an dieser Flanke. Dabei können sogar Temperatursprünge von bis zu 15°C innerhalb weniger hundert Meter gemessen werden.

Zahlreiche kleinere Parallelbänder, die sich in ihren unterschiedlichen Geschwindigkeiten bis hin zur Gegenströmung formieren können, bilden den bis zu 1.000 m tiefen Strom. Nach seiner Abwendung von der Küste bei *Kap Hatteras* bleibt er zwar in seinen engen Grenzen (60–100 km Breite), beginnt aber nach und nach zu mäandrieren (sich zu verschlängeln); einige Mäander können dabei Einzelwirbel bilden.

Diese Transportschwankungen von warmem Wassermassen beeinflussen den Nordatlantischen Strom, der demzufolge seinerseits schwankende Energiebeiträge in Form von Wärme an die Atmosphäre abgibt – und damit das Klima in Nordwesteuropa direkt beeinflußt. Die gegebenen Temperaturen in den nordeuropäischen Meeresgebieten liegen im Mittel um etwa 6 bis 8 Grad über denen, die eigentlich dieser Breitenlage entsprechen Werte, die die gewaltigen Ausmaße des meridialen Wärmetransportes veranschaulichen.

Die Betrachtungen des Themas Golfstrom zeigen auf interessante Weise die Verbindungen von ozeanischen und atmosphärischen Zirkulationssystemen. So wie das Windsystem Westwindzone/Passatzone den nordatlantischen Stromkreis verursacht, beeinflussen die Meeresströmungen, die sich aus ihm ergeben, die atmosphärischen Strömungen in Lage und Intensität; am Beispiel Golfstrom den auch für Cornwall bedeutenden Westwind.

Geschichte

Kaum ein Aspekt des heutigen Cornwalls ist interessanter und allgegenwärtiger als seine lange Geschichte, die in nachvollziehbarer Weise bis in die frühe **Stein-** oder gar in die **Eiszeit** zurückreicht.

Die ersten Bewohner Cornwalls waren Nachbarn des Mammuts und des Säbelzahntigers. Kräftige, rauhe Gestalten mit massiven Kiefern und Schädeln, die aufgrund ihrer genügsamen Lebensweise jedoch kaum Spuren hinterließen. Sie beeinflußten ihre Umgebung nur gering, bearbeiteten keine Felder, hüteten keine Viehherden und lebten nie für längere Zeit an den gleichen Orten. Einige etwa 14.000 Jahre alte Herdöfen aus dieser Zeit wurden jedoch in der Nähe von *Praa Sands* bei Marazion gefunden. Wenig später entdeckte man roh behauene Steinwerkzeuge an der anderen Küste, bei *Godrevy* in der Nähe von Hayle, die jedoch aus einer anderen Zeit stammen – einige tausend Jahre später, als die die Eismassen bereits zu schmelzen begannen und in Richtung Nordpol wanderten.

Mit der zunehmenden Erwärmung der Erdoberfläche bedeckte bald dichter Wald die Halbinsel Cornwall; erste Formen der Birke entstanden, der Kiefer und der Weide, später auch der Eiche. Die nachfolgende Epoche ist gekennzeichnet durch die Bewohner des **Mesolithikums** (etwa 5.000–2.000 v.Chr.). Überwiegend an der Nordküste angesiedelt, entfernten sie sich zunehmend vom Nomadentum und lebten vom Fischfang sowie vom Sammeln von Beeren und Nüssen.

Im **Neolithikum,** also der Neusteinzeit, drang eine neue Einwanderungswelle vom Kontinent her über den Kanal nach Cornwall vor – zu einer Zeit, als sich die Kultur des alten Ägypten bereits auf ihrem Höhepunkt befand. Sie waren weiter entwickelt als ihre mesolithischen Vorgänger, stellten Kleidung und simple Töpferwaren her – und beherrschten natürlich die Kunst des Bootsbaus. Sie begannen, den Wald abzuholzen, um Platz für Felder zu schaffen, die sie dann bestellten. Auch entwickelten sie den ersten Handel mit anderen Teilen der Insel, mit ihren Booten an der Küste, aber auch über Land. Relikte aus jener Zeit, beziehungweise dem Übergang zur Bronzezeit, sind noch heute zu finden: die *Quoits,* steinerene Hünengräber – vor allem in Penwith und im Bodmin Moor. Die überall anzutreffenden, aus bis zu 20 Steinen bestehenden *stone circles,* etwa die *Hurlers* im Bodmin Moor oder die *Merry Maidens* bei Lamorna stammen ebenfalls aus etwa dieser Zeit.

Der Übergang von der Stein- zur Bronzezeit bescherte Cornwall die **Beaker people,** kleinere Volksgruppen, ebenfalls vom Kontinent kommend, die aufgrund ihrer hochentwickelten Technik zur Herstellung ihrer Becher so bezeichnet werden. Sie benutzten ebenfalls Werkzeuge und Waffen aus Stein, begannen sich jedoch für die Anfertigung dieser Dinge aus Bronze und Kupfer zu interessieren, was sie von den bisherigen Bewohnern unterschied. Ihre Angehörigen beerdigten sie überwiegend in individuellen, kleinen Grabhügeln, ein später in der kommenden Bronzezeit, bis zur Einführung der Kremation, übliches Ritual.

Die *Beaker people* waren ein recht kriegerisches und unternehmungslustiges Volk, im Gegensatz zu den seßhaften Bauern der Neusteinzeit. Sie ermöglichten und unterstützten den Handel, der Gold und Kupfer über die cornische Halbinsel auf den Kontinent brachte. Dieser Handel bildete den Grundstein für das Aufkommen der Metallurgie und den Beginn der Bronzezeit.

Man vermutet, daß Cornwall während der **Bronzezeit** teilweise großflächig besiedelt war. Nur wenig davon hat bis heute überdauert; möglicherweise schlummern aber noch bedeutsame Zeitzeugen im Erdboden. Im Bodmin Moor, gerade auch um *Roughtor,* finden sich die steinerenen Überreste von Hirtengemeinden aus dieser Zeit, Gruppen von runden Hütten, durch Steinwälle geschützt.

Die **Eisenzeit** begann in Cornwall etwa um 500 V.Chr. mit den ersten Wellen der Völkerwanderung, ausgehend wieder einmal vom Kontinent. Zu Stämmen formiert und mit dem Umgang mit Eisen und dessen Verarbeitung bestens vertraut, waren sie mit ihren Waffen den Bewohnern Cornwalls überlegen und galten bald als aggressiv und gefährlich. Sie sprachen keltisch...

Die Kelten unterteilten das Land in Territorien und bildeten Befestigungen, um sich voreinander zu schützen – eines der ältesten Exemplare ist das *Maen Castle* über der Sennen Cove, ein späteres und ebenso sehenswertes *Castle-an-Dinas,* bei St. Columb Major. Heute wird vermutet, daß der Name Cornwalls von dem keltischen *Cornovii* abstammt: *cliff castle.* Einige der Befestigungen waren in Hüttenform angelegt worden, kleinere Siedlungen mit Innenhöfen und schmalen Gassen; das guterhaltene *Chysauster* und *Carn Euny* ziehen Besucher aus ganz England an.

Der Handel begann zu blühen. Der griechische Geschichtsschreiber *Diodorus Siculus* beschreibt im ersten Jahrhundert vor unserer Zeitrechnung, daß das geschmolzene Zinn nach Ictis (St. Michael's Mount) geschafft, dann über die See in die Bretagne und von dort in die Mittelmeerregion gebracht wurde – und dies wird durch andere Funde bestätigt. Im *Truro Museum* wird ein 72 kg schwerer Zinnbarren gezeigt, der bei St. Mawes entdeckt und dessen »H-Form« in den Schriften des Griechen erwähnt wurde.

Mit dem Einmarsch der Legionen des **römischen Kaisers** *Claudius* im Jahre 43, nun bereits auf unserer Seite der Zeitskala, begann die Epoche der römischen Provinz **Britannia,** die jedoch, gesamt gesehen, nur wenig Auswirkungen auf den fernen Südwesten der Insel hatte. Die Kelten wurden zurückgedrängt und blieben nahezu unbehelligt in ihren versprengten und versteckt liegenden Befestigungen. Die Römer errichteten ein Kastell bei *Isca Dumnoniorum,* dem heutigen Exeter, wo auch Anführer von Keltenstämmen sich zu Sitzungen trafen. Den unterworfenen Völern billigten die Römer ein hohes Maß an Selbstbestimmung zu. Wegen der nur geringen Einmischung verlief das Leben an den keltischen Stätten so primitiv (im Vergleich zu der römischen Kultur) wie bisher; Veränderungen in Gebräuchen und Verhaltensformen setzten sich nur schwerfällig durch.

Im Jahre 410 hatte das Römische Reich mit schweren Problemen zu kämpfen: Aufstände an vielen Grenzen machten den Legionen zu schaffen, worauf man sie aus Britannia abzog und das Land sich selbst überließ. Es begannen die **Dark Ages,** die Zeit der *Angelsachsen,* über die, wie der Name schon zeigt, heute nicht viel bekannt ist. Die heidnischen und aggressiven Angelsachsen überrollten das Land, von der Ostküste kommend, und drängten die römisch-britischen und überwiegend keltischen Bewohner in die Berge Wales' und auf die Südwest-Halbinsel zurück. Dort schotteten sich diese ab und widerstanden den Bemühungen der Eindringlinge; seit Beginn des 6. Jahrhunderts waren die beiden Keltennationen sogar gänzlich voneinander getrennt. Sie gingen ihre eigenen Wege; die Angelsachsen beherrschten das Land jenseits der Grenze.

Im 5. und 6. Jahrhundert bestimmten die **Saints** die cornische Geschichte: Walisische, irische und bretonische Missionare kamen über die Halbinsel, Namensgeber für viele Kirchen, Dörfer und Stätten, wie St. Keverne, St. Piran's Round und St. Cleer.

Die **Normannen** standen im 11. Jahrhundert vor den Toren, mit *William the Conqueror;* ab 1072 befand sich Cornwall in normannischer Hand. Erste Städte entwickelten sich, meist um normannische Burgen herum – Truro zum Beispiel. Bereits fünfzig Jahre später wurden erste Stadtrechte verliehen; an Städte wie Truro, Liskeard, Helston und Lostwithiel. William selbst war tief religiös. So nimmt es wenig Wunder, daß unter seiner Herrschaft viele große und ästhetische Kirchen gebaut wurden.

Das Geschäft mit Zinn gewann zunehmend an Wichtigkeit, und der Handel blühte. Im frühen 13. Jahrhundert ernannte man obenerwähnte Städte zu *coinage towns,* in denen das geförderte Zinn taxiert wurde, bevor es den Seeweg nach London antrat. Wie im übrigen England auch, lebte man in Cornwall zu dieser Zeit nicht schlecht. Trotz der normannischen Präsenz erhielten sich die Cornishmen ihre Individualität; die Eigenart ihrer Sprache trug nicht unerheblich dazu bei. Das *Domesday Book* stammt ebenfalls aus der normannischen Zeit, eines der ältesten Rechts- und Geschichtsdenkmäler Englands. Ähnlich eines Grundsteuerkatasters hielt es als Reichsbuch die Ergebnisse der Landaufnahme fest und ermöglichte so die Festsetzung einer angemessenen Lehensabgabe – heute rühmen sich Gebäude und Anwesen, bereits im Domesday Book erwähnt zu sein. Die geplante Finanzwirtschaft kam ins Rollen.

Unter *Edward III.* kam Cornwall dann zu dem, was es heute ist: ein **Herzogtum.** Er erkannte den Wert dieser Stiefelspitze mit ihren Bodenschätzen und verstand es, die Cornishmen zu beruhigen. So erhob er Cornwall 1337 über die anderen Grafschaften, nun direkt dem jeweiligen englischen Thronfolger unterstellt.

Die Cornishmen können nach der Betrachtung ihrer Geschichte nicht als über alle Maßen friedliebend gelten. Sie waren immer wieder in **Kriege** verwickelt. So auch unter *Henry IV.,* der mit seinen Mannen gegen Frankreich zu Felde zog, unterstützt durch die bekannt mutigen Seeleute aus Fowey und Looe. Als der »Hundertjährige Krieg« vorbei war (1453), begannen die etwa dreißig Jahre dauernden »Rosenkriege«: das Haus Lancaster (»Rote Rose«) gegen das Haus York (»Weiße Rose«). Gegen *Henry VII.* zogen die Cornishmen dann selbst aus, aus Unwillen seinen Steuerplänen gegenüber. Sie kamen bis Blackheath, etwa 11 km vor Londons Toren, wurden dann jedoch durch die königlichen Truppen geschlagen, die Anführer exekutiert.

Im späten 16. Jahrhundert galt es, die Spanier in ihre Schranken zu weisen: Die berüchtigte *Armada,* die gewaltige, spanische Kriegsflotte, wurde schließlich mit Mann und Maus versenkt. In den Folgejahren kam es regelmäßig zu Racheakten; Spanische Freibeuter griffen

Penzance, Newlyn und Mousehole an und brannten nieder, was es zu brennen gab.

1688 marschierten die Cornishmen erneut, dieses Mal gegen Bristol. *Jonathan Trelawny,* der Bischof von Winchester, war neben fünf anderen Bischöfen in den *tower* verfrachtet worden, nachdem sie gegen *James II.* Stimmung gemacht hatten. Das Schlachtlied *And shall Trelawny die? Then twenty thousand Cornishmen will know the reason why...* erlebte seine Renaissance; bereits 60 Jahre zuvor war es komponiert worden, als Jonathans Großvater sich in ähnlichen Schwierigkeiten befunden hatte.

Unter der Herrschaft *Williams III.* gerieten die turbulenten Zeiten wieder ins Lot. Die Fischerei florierte und der Ausbau der Minen brachte nach und nach mehr Wohlstand in den fernen Südwesten Englands. Zinn und vor allem Kupfer wurde in zunehmend größeren Mengen gefördert.

Die **industrielle Revolution** faßte nun auch in Cornwall Fuß. Der Zinn-Boom erreichte seinen Höhepunkt zu Anfang des 19. Jahrhunderts: Cornwall lieferte einen Großteil des Weltbedarfs. Rund 60 Jahre später jedoch wurden große Vorkommen in Übersee entdeckt, und schon Ende des Jahrhunderts waren über ein Drittel der Bergleute ausgewandert. Einige der einheimischen Minen blieben in Betrieb, die letzten mehr für den Wolfram-Abbau als für ihren ursprünglichen Zweck.

Im Osten Cornwalls entdeckte *William Cookworthy* ansehliche Vorkommen *china-clays* bei Porthleven. Um St. Austell sind heute die Ausmaße des groß angelegten Abbaus zu sehen; gigantische, weiße Pyramidenhalden – quarzhaltiges Abfallpulver. Ebenso wie dieser Industriezweig noch floriert, hat sich auch der Bau der Eisenbahnlinie gelohnt.

Touristen entdeckten Cornwall schon zu viktorianischer Zeit, der **Fremdenverkehr** bildet heute einen der größten Wirtschaftszweige des Herzogtums Cornwall.

Bevölkerung und Wirtschaft

In den Jahren zwischen 1860 und 1950 nahm die Einwohnerzahl Cornwalls stetig ab – die allgemein bedenkenswerte Lage der Wirtschaft, gerade auch nach der Stillegung der Minen, trieb viele der arbeitenden Kräfte über den Tamar und nach Übersee.

Seit den 60ern verzeichnet Cornwall wieder einen Bevölkerungszuwachs, von 1961 bis Anfang der 90er Jahre stieg die Einwohnerzahl von 339.000 auf über 460.000 an und pendelte sich seitdem bei diesem Wert ein – noch immer die Zahl einer deutschen, mittleren Kleinstadt. Doch es sind nicht nur die älteren Pensionäre, die sich in Cornwall, Key West gleich, zur Ruhe setzen – ein Großteil der Einwanderer ist jünger als 30 Jahre. Der Struktur des Landes folgend, lebt nur etwa ein Drittel der Bevölkerung in Städten mit mehr als 10.000 Einwohnern – verglichen zum Lande jenseits des Tamar, wo der Anteil knapp vier Fünftel beträgt.

Die Arbeitslosigkeit stellte in Cornwall jahrzehntelang ein großes Problem dar, doch die Zeiten lassen hoffen. In den zehn Jahren von 1986 bis 1995 sank die Zahl der Arbeitslosen von 19,2 % auf etwa 8 %. Im Winter, als die Erhebungen erstellt wurden, ist dieses Problem seit jeher gewichtiger – die Tourismusindustrie verfällt dann in ihren Winterschlaf.

Der typische cornische Arbeiter ist in kleineren Firmen beschäftigt, mit weniger als 25 Mitarbeitern. Nach Branchen aufgeteilt, fällt der Löwenanteil auf Dienstleistungen, davon ein Großteil auf das Fremdenverkehrsgewerbe, in allen erdenklichen Sparten. Verkehr und Landwirtschaft bilden die nächsten Größen, dicht gefolgt von der technischen Entwicklung; das Ingenieurwesen besitzt Tradition in Cornwall. Metallgewinnung und -verarbeitung sowie das Bankenwesen schließen sich an. Der Anteil der Selbständigen steigt unentwegt.

Die cornische Sprache

Mit der Überquerung des Tamar endet für den Engländer in der Regel die Heimat. Mit der Sprache beginnt die cornische Eigenheit, und die stolz eingeübten »th«, die jeden Eingeweihten Herkunft, Schicht und Beruf des Artikulierenden erkennen lassen, stoßen ab sofort auf taube Ohren und beeindrucken nicht im geringsten.

Es ist das Land der Tre-, Pol- und Pen-: Tresillian, Polzeath und Penzance; Trebah, Polperro und Pendeen. *By Tre, Pol and Pen, Ye shall know the Cornishmen,* lautet ein cornischer Reim, vermutlich noch aus der Keltenzeit. Die cornische Geschichte erklärt die linguistische Vergangenheit: Cornwall ist seinen keltischen Nachbarn in Wales und der Bretagne innerlich näher als den herrschenden Angelsachsen jenseits des Tamar, die cornische Sprache dem Walisischen und Bretonischen weit enger verwandt.

Bis zum 18. Jahrhundert sprach Cornwall seine sehr eigene Sprache, wie auch die anderen fünf verbliebenen Kelten-Nationen. Die cornische Sprache erlebte ihren Höhepunkt bereits im 14. und 15. Jahrhundert, und die meisten der geschriebenen Werke in Prosa und Lyrik stammen aus dieser Zeit.

Unter dem stetig anwachsenden Einfluß der Angelsachsen geriet das Cornische zunehmend in Vergessenheit, und die angelsächsische Sprache beherrschte mehr und mehr das Bild auf Märkten und in den Pubs. Die angeblich letzte noch muttersprachlich Cornisch beherrschende Person soll *Dolly Pentreath* gewesen sein, die Frau eines Fischers aus Mousehole (siehe dort). Sie verstarb 1777.

Das 20. Jahrhundert bescherte Cornwall und seiner Sprache eine Renaissance. 1902 wurde die *Celtic-Cornish-Society* gegründet, ein Wörterbuch erschien, und man machte sich auch auf publizistischem Wege Gedanken über die grammatischen Eigenarten der Sprache.

Also gewinnt sie zunehmend an Interesse. Auf Märkten und Veranstaltungen hört man wieder die klassisch-verquerten und für unsereins unverständlichen Silben. Pubs veranstalten mehr und mehr Abende mit Folkmusik, und die Abendschulen erfreuen sich ungeahnten Andranges.

Cornish glossary

Die Übersetzung von cornischen Begriffen ins Englische birgt bereits einige Schwierigkeiten in sich. Um eine zusätzliche Verfremdung bei der »Verdeutschung« zu vermeiden, wurden hier die näherstehenden englischen Äquivalenzen gewählt:

Cornish/English

alls, alt, halt cliff
anthe
balmine
bartop
beaglesmall hill
shepherd
bosdwelling
brane, crow
bray, breahill
braze, brawzebig
burnhill
car, caerwalled village
carn, canrock-pile
carrack, carrag, carrickrock
che, chyhouse
coathold
coose, cos, coysa wood
crazemiddle
creeg, creekmound, barrow
dhu, dublack
dinas, dennis, deen, dunfort
dour, dowerwater
egloschurch
enthe
ennis, enysisland, dislocated place
gelly, gillygrove
goon, gonenclosed field
goothgoose
gwen, gwin, gwiddenwhite
hal, hale, hallmoor
henold
henverold road
la, le, lans, lanvalley
loe, looe, loghcreek, inlet
lynlake
melinmill
morsea
owlescliff
park, parcfield, close
penend
pons, ponds, pontbridge
porth, port, polcove, landing-place (oftmals von saints)
quinwhite
re, red, risford
rose, rosheath, promontory
ruthred
sew, -sueblack
tolhole
towansand-dune
ton, todden, tanegrassland
tre, trev, farm, village
treathbeach
tresheath, promontory (wie ros)
tyhouse (wie chy)
vose, voosedyke
wen, -widden, -winwhite
whealmine-working
withentree
zanceholy

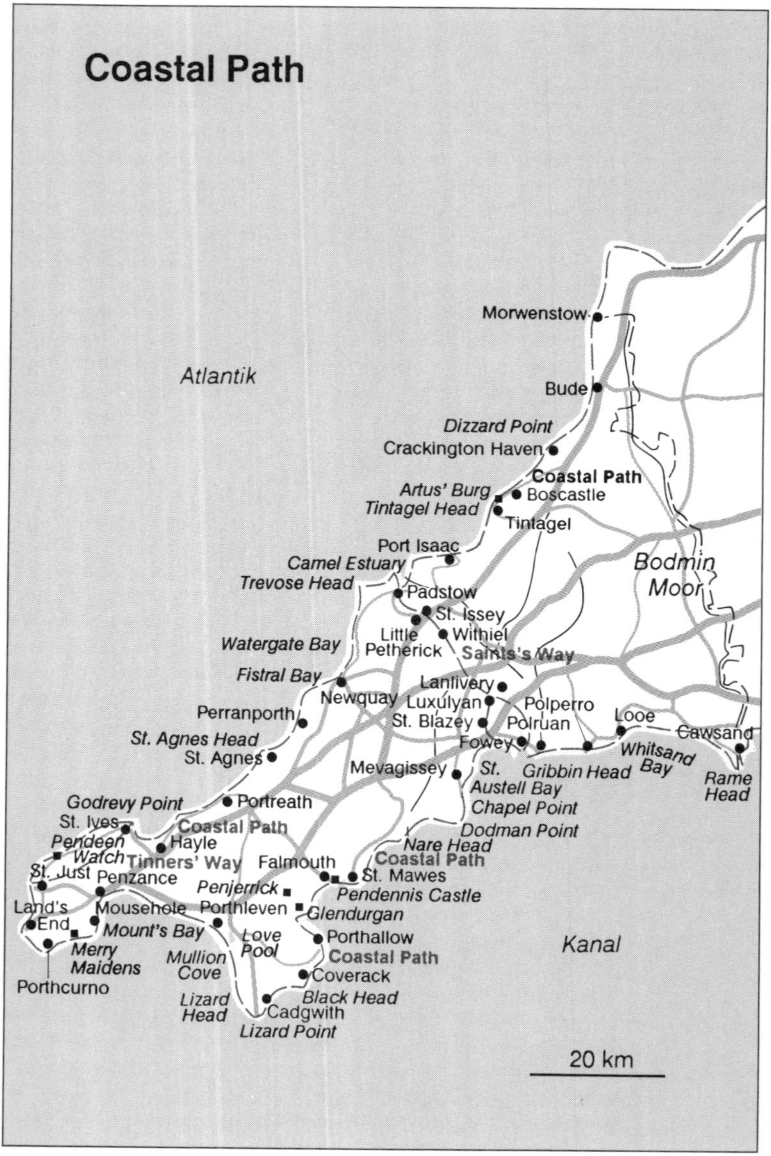
Coastal Path
Atlantik
Morwenstow
Bude
Dizzard Point
Crackington Haven
Coastal Path
Artus' Burg
Boscastle
Tintagel Head
Tintagel
Port Isaac
Camel Estuary
Bodmin Moor
Trevose Head
Padstow
St. Issey
Little Petherick
Withiel
Watergate Bay
Saints's Way
Fistral Bay
Lanlivery
Newquay
Luxulyan
Polperro
Perranporth
St. Blazey
Polruan
Looe
St. Agnes Head
Fowey
Cawsand
St. Agnes
Whitsand Bay
Mevagissey
St. Austell Bay
Gribbin Head
Rame Head
Godrevy Point
Portreath
Chapel Point
St. Ives
Coastal Path
Dodman Point
Pendeen Watch
Hayle
Nare Head
Tinners' Way
Falmouth
Coastal Path
St. Just
Penzance
St. Mawes
Penjerrick
Pendennis Castle
Land's End
Mousehole
Porthleven
Glendurgan
Mount's Bay
Love Pool
Porthallow
Merry Maidens
Mullion Cove
Coastal Path
Kanal
Porthcurno
Coverack
Lizard Head
Black Head
Cadgwith
Lizard Point
20 km

Cornwall's Coastal Path

Cornwall und seine Küste

Kaum ein Aspekt einer Cornwall-Reise birgt faszinierendere Momente in sich als einige Wandertage auf dem etwa 430 km langen *Cornwall Coastal Path,* dem zentralen Teil des über 800 km messenden und damit längsten Wanderwegs in England, dem *South West Way.*

Der Coastal path deckt die gesamte Küste Cornwalls ab. Er beginnt im *Plymouth Sound,* führt über die hügelige und grüne Landschaft der oberen Kanalküste, erreicht seinen und auch Englands südlichsten Punkt am *Lizard* und bewegt sich an *St. Michael's Mount* und *Penzance* vorbei nach *Land's End,* nun Englands westlichster geographischer Punkt. Steigt an nach *St. Ives,* an *Newquay* vorbei und führt über *Padstow* und *Tintagel* über nun rauhe und steile Klippenlandschaften nach *Bude,* dem alsbaldigen Ende des Cornwall-Abenteuers. Oder natürlich genau umgekehrt, je nachdem, wo die Wanderung begonnen wird...

Würde man einen jeweils etwa 10 km breiten Küstenstreifen von Cornwall abtrennen, so wäre die Halbinsel an ihrer Taille auf Null geschrumpft und *Penwith,* das westliche Ende des Ganzen, ebenfalls verschwunden. Stehenbleiben würden die zentralen Hochlandschaften des *Bodmin Moores* und dessen Ausläufer. Cornwall hat keine Küste, es ist Küste, wie dieses Beispiel zeigt. Nahezu alle sehenswerten Orte und Stätten liegen in unmittelbarer Nähe zum Coastal path, was auf die enge Beziehung der Bewohner Cornwalls zum Meer hindeutet.

Seit der Steinzeit suchten sie die Nähe des zum Überleben wichtigen Meeres, zunächst an der Südküste – Funde bei Marazion haben dies bestätigt –, später, seit der Bronze- und Eisenzeit, auch an der rauheren Nordküste Cornwalls. Es folgte die Zeit der Sardinenfischer, die, teilweise organisiert, mit *huern* – den »Sardinenschreiern« in den Felsen – ihren Lebensunterhalt verdienten. Für den Handel mit Cornwalls Bodenschätzen (Zinn, Kupfer und *china-clay*) war die Nähe zum Meer, über das die geförderten Naturschätze bis in die Mittelmeerländer exportiert wurden, ebenfalls unabdingbar.

Der Küstenwanderer hat also allerhand zu besichtigen, sofern ihm daran gelegen ist: Fischerorte, Hafenbuchten, *cliff-castles,* Hünengräber und natürlich die steinernen Ruinen der Maschinenhäuser der heute verlassenen Minen, die, einsam im Wind stehend, den wohl ungewöhnlichsten Kontrast zu der natürlichen Schönheit der Küstenlandschaft bilden.

Routenwahl

Ein auf den ersten Blick erstaunliches Phänomen: Im Gegensatz zu den »normalen« Cornwall-Reisenden, die sich der Halbinsel von der Südküste her, über Plymouth, nähern, beginnen die meisten der *long distance walkers* ihren Weg an der rauhen, steilen Nordküste, am *Hartland Point* in Devon. Da mögen psychologische Gründe eine Rolle spielen: Den meisten behagt es vermutlich mehr, »abwärts« (im Sinne der Landkarte) zu laufen, zumal die Küste zur Kanalseite hin tatsächlich abflacht.

Jene schroffen, mehr als 200 m hohen Klippen der Küste zwischen *Boscastle* und *Crackington Haven* sind zweifellos faszinierend, ein vielversprechender Auftakt der Wanderung. Man gelangt in der Folge auf zunehmend flacheres, aber immer noch schroffes Terrain zwischen *St. Just* und *Land's End,* um dann hinter der letzten 'wilden Seite' der Küste, dem Westen des *Lizard,* auf ebeneres, sanftgrünes Gebiet zu stoßen. Breite, fördeartige Flußmündungen in weichen Wiesenlandschaften belohnen hier den Weg.

Für die umgekehrte Routenwahl spricht, daß man sich auf diese Weise an die vielleicht ungewohnte Belastung gewöhnen kann, bevor man sich in schwierigeres Gelände begibt.

Vorbereitung

Sportlich herausfordernd ist der Küstenweg in vielen Abschnitten. Addiert man die auf- und abzusteigenden Höhenmeter im Verlauf der 430 km Länge, ergeben sich rasch alpine Werte – mit dem Unterschied, daß diese hier einfacher zu dosieren sind, zum einen in der Auswahl der Strecke (in den jeweiligen Kapiteln sind Angaben über den Schwierigkeitsgrad zu finden), zum anderen in der Einteilung der Tagesration. Der nächste Ort ist meist nahe genug, um einen ermüdeteten Wanderer in seinen Pubs oder kleinen B+Bs aufzunehmen.

Deshalb ist es auch nicht unbedingt nötig, sich mit schwerem Gepäck abzumühen – es sei denn, man setzt sich zum Ziel, den gesamten Weg zu erlaufen, ohne in jedwelche Dörfer gehen zu müssen, und draußen auf den Klippen zu übernachten; was auch in England nicht gern gesehen wird, aber durchaus möglich ist. Dann jedoch schleppt man nicht nur die gesamte Campingausrüstung, sondern auch Proviant und Wasser (!).

In der Regel jedoch wird es der Küstenläufer wie die Bergwanderer in den Alpen halten: ein größerer Tagesrucksack mit Verpflegung für 24 Stunden, mit Wäsche für die Zeit der Wanderung und mit individuellen Utensilien: Fernglas, Fotoapparat, Sonnencreme und -brille, Mütze und Handschuhe etc. Die Übernachtung erfolgt in Pubs, kleineren privaten B+Bs in den Küstenorten oder auch in Jugendherbergen, die jedoch für Wanderer in Cornwall recht dünn gesät sind; Kilometerabstände von durchschnittlich 20–25 km ermöglichen zumindest dem geübten Wanderer aber durchaus eine reine Jugendherbergstour. Mit der Kombination Zelt und Jugendherbergsschlafsack ist man gut bedient: Man wird täglich problemlos einen einfachen und preiswerten Schlafplatz haben; Campingplätze finden sich nahezu überall.

Wegverlauf

Der Coastal path wurde seit 1947 geplant und ausgebaut; offiziell eröffnet wurde er im Mai 1973. Er basiert auf den *tracks* der *coastguards,* die regelmäßig die Küste kontrollierten. Obwohl sich nicht wenige der Cornwall-Besucher auf den Küstenweg begeben meist für Tagestrips, ist der *path* weder breitgetreten noch gar begradigt oder befestigt. Wie in alten Tagen führt er über Wiesen, über natürlich entstandene Aufgänge in den Klippen, über Strände und durch kleine Buchten, immer gut markiert durch das Wegsymbol, in das der geographische Verlauf, die Küstenlinie um Cornwall also, eingearbeitet ist. Dieses Symbol findet man an Steinen oder Holzpflöcken vor.

Eine Unterteilung des Gesamtweges ist schwierig. Man könnte jedoch vier große Abschnitte entsprechend den wechselnden Eigenheiten des *path* wählen:

■ Am oberen Teil der Nordküste beginnend, verläuft der erste Teil **von** der Grenze zu Devon bei **Morwenstow** bis hinunter **zur Camel Estuary bei Padstow.** Es ist der Abschnitt des Gewaltigen, des Dramatischen, das Land des sagenumwobenen *King Arthur.* Daß die Legende Artus hierher verfrachtete, hat seinen Grund. Hier finden sich die höchsten Klippen Cornwalls, bis zu 230 m hohe, schroffe Formationen, an denen sich die Brecher des ungehaltenen Atlantiks austoben, deren treibende Winde seit Tausenden von Kilometern nichts mehr aufgehalten hat – im Winter spritzt die Gischt meterhoch an die Felsen. Inmitten dieses ebenso infernalischen wie romantischen Inszenarios die Boten der vergangenen Tage: versteckt liegende Hünengräber, Klippenbefestigungen aus der Eisenzeit und natürlich die Burg Artus', auf einem uneinnehmbaren Felsen vor **Tintagel.** Der Küstenweg gibt sich durchweg dramatisch, gelegentlich auch anstrengend. Den Horizont zeichnet die Silhouette der sich fortziehenden Steilküste; ein ständig wechselndes Bild, je nach Tages- und Jahreszeit: von schwarzbedrohlich in der frühen Dämmerung bis zu blau-transparent kurz vor Sonnenaufgang, worauf die Kreationen in Rot und Schatten beginnen, die die aufgehende Sonne hinter dem Land entwirft. Gegen Abend wiederholt sich das gleiche Spiel, nun jedoch die Sonne auf der Meeresseite, den Klippen zugewandt.

Die breite Camel Estuary überquert der Wanderer in den meisten Fällen mit der Fähre von Rock nach Padstow. Hier beginnt der zweite Teil des Coastal path. Oder der Wanderer wendet sich von der Küste ab und durchquert die Halbinsel auf dem *Saints' Way,* von Padstow nach Fowey, an der Kanalküste, etwa 45 km entfernt.

■ **Von Padstow nach St. Ives:** Das nun folgende Teilstück bis Newquay ist nicht ganz so wild und rauh wie der Abschnitt zwischen Port Isaac und Crackington Haven, entbehrt aber nicht einer gewissen Dramatik.

Die **Bedruthan Steps,** die Stufen des Giganten, liegen zwischen dem Trevose Head und Newquay. Durch Erosion entstanden hier unwirklich große und schroffe Felsinseln am breiten Strand.

In der **Watergate Bay** und um Newquay warten einige sehenswerte Strände auf den Wanderer, Erholung vielleicht nach der gewaltigen Küstenlandschaft zuvor. **Newquay** selbst wird meistens schnellstmöglichst umgangen – oder genießt hohe Anerkennung durch das breit gefächerte Angebot an Unterhaltung und Komfort.

Der Abschnitt zwischen Newquay und St. Ives kontrastiert die Natur mit den zahlreichen halbverfallenen Maschinenhäusern um **St. Agnes.** Hier befand sich das dritte große Bergbauzentrum Cornwalls im 18. und 19. Jahrhundert. Wenig später, bei **Perranporth,** lockt der bei Ebbe unendlich scheinende Strand – ein Paradies für Surfer, wie auch die Strände in der Fistral Bay bei Newquay.

Weiter Richtung St. Ives liegt dem **Godrevy Point** vorgelagert die gleichnamige Insel, ein handtuchgroßes Stück Fels mit einem weißen Leuchtturm, umgeben von tückischen Riffen, die bereits so manchem Schiff zum Verhängnis wurden.

Hinter der weiten Bucht liegt das »Künstlerdorf« **St. Ives** – eine der schönsten Annäherungen an diese Stadt voller Flair und Romantik, deren Häuschen von hier wie eine Ansammlung Fischerboote verträumt im Wasser der Bucht zu dümpeln scheinen. Doch die Bucht entpuppt sich als überraschend weitläufig; erst muß der Naturhafen von Hayle umwandert werden.

■ Der dritte Teil des Coastal path führt von St. Ives an den Minen-Resten eines der beiden großen Bergbaugebiete zwischen **Pendeen** und **Botallack** vorbei. Die Maschinenhäuser sind bis an den Rand der Klippen gebaut oder stehen auf kleinen, felsigen Landzungen.

In *Penwith,* der westlichsten Halbinsel Cornwalls, befinden sich unzählige Relikte aus der prähistorischen Zeit, Hünengräber, Steinkreise und zwei Hüttendorfer aus der Eisenzeit. Sie liegen teilweise einige Kilometer landeinwärts, sind aber mit Hilfe einer guten Karte leicht zu orten. Direkt an der Küste liegen einige *cliff castles,* vor allem zwischen **St. Just** und **Sennen Cove.**

Land's End ist nun nicht mehr weit, der westlichste Punkt Englands. Der folgende Küstenabschnitt über **Portcurno** und **Lamorna Cove** nach **Mousehole** erweist sich als erneuter Höhepunkt, nun bereits an der Kanalküste. Bei Lamorna sind die *Merry Maidens* zu finden, ein gut erhaltener Steinkreis aus der frühen Bronzezeit.

Penzance, die größte Stadt an der cornischen Riviera, überblickt die **Mount's Bay,** in der das englische Gegenstück zum Mont St. Michel lockt. Die gewaltige Bucht zieht sich bis zum **Lizard,** dessen Westseite noch den rauhen Atem des Atlantik zu spüren bekommt, in der reizvollen **Poldhu Cove, Mullion Cove** und **Kynance Cove.**

■ Östlich des **Lizard Point** beginnt der vierte und letzte Teil des Coastal path, in zunächst noch recht schroffer und steiler Küstenlandschaft, die sich jedoch hinter der Mündung des *Helford* beruhigt.

Von **Falmouth** verkehrt eine Fähre nach **St. Mawes,** die die Küstenwanderer wegen der weitverzweigten Mündung des *Fal* gerne und oft benutzen. Die Fähre von St. Mawes nach **Place** auf der Roseland Peninsula, vor einigen Jahren eingestellt, wurde vor kurzem wiederbelebt.

Die **Roseland Peninsula,** zu Beginn grün und mild, entwickelt sich im Verlauf der Wanderung zu dem, was der Name verspricht: einer moorartigen, heidebestandenen Fläche. Der **Dodman Point** lockt mit faszinierender Aussicht und einer eisenzeitlichen Befestigung. Hier, vor der Küste, sammelte sich die spanische Armada, bevor sie 1588 gegen England und in ihren Untergang segelte. Der Weg führt vorbei an dem beliebten Fischerort **Mevagissey** und umrundet die **St. Austell Bay** mit ihren schneeweißen Quarz-Alpen – »Abfall« einer gigantischen Kaolinproduktion (Porzellanerde) aus zwei Jahrhunderten.

In **Fowey** stößt der Weg wieder auf den *Saints' Way* aus Padstow. Eine Fähre versorgt den Wanderer nach **Polruan.**

Nun sind **Polperro** und **Looe** nicht mehr weit, die nicht zu Unrecht bekanntesten und meistfotografierten Fischerorte an der Kanalküste. Die Küste gibt sich jetzt zahm, sanft und grün. Nur wenige Kilometer sind es bis zur weiten **Whitsand Bay.** Mit dem Rame Head und dem Penlee Point umrundet der Wanderer die letzten Barrieren auf dem Weg zum Ende des Coastal path.

Hinter der **Cawsand Bay,** mit den kleinen Schmugglerdörfern Cawsand und

Kingsand, beginnt der eigentliche Park von **Mount Edgecumbe,** auf dessen Grund sich der Küstenwanderer bereits seit einigen Kilometern ungeahnterweise befindet.

Gibt es einen schöneren Abschluß für eine Wanderreise um Cornwall als diesen Landsitz am **Plymouth Sound...**?

Die Kanalküste

Überquert man den *Tamar* bei Saltash oder Torpoint und beginnt damit die Reise an der Südküste Cornwalls, wird man zunächst kaum Unterschiede zum Küstenverlauf in Devon oder Dorset feststellen. Die weiten und grünen Landschaften mit ihren fördeartigen, verzweigten Flußmündungen ähneln sich auf den ersten Blick. Erst ein tieferer Vorstoß in den Südwesten Englands beschert die erwartete Abwechslung. Die Natur hält sich eben nicht so sehr an die kulturell und gesinnungspolitisch trennenden Vereinbarungen zwischen Cornwall und England...

Am reizvollsten – sehen wir einmal vom Coastal path ab – sind die schmalen und gewundenen Küstenstraßen, vor allem im ersten, großen Abschnitt der Küste, zwischen *Rame Head* und *St. Mawes*. Zumeist hoch über dem Meer gelegen, führen sie über weite und sattgrüne Wiesen, die oftmals ihr abruptes Ende an den Klippen finden und schroff ins Meer zu stürzen scheinen. Die Straßen sind eingerahmt von mannshohen Hecken oder mittelalterlichen Steinwällen, die auch die grasbestandenen, agrarwirtschaftlich genutzten Flächen voneinander trennen. Motorradfahrer sind hier im Vorteil, denn entgegenkommende Fahrzeuge lassen oftmals gerade nur Platz für ein Zweirad; Ausweichbuchten, meist Einfahrten zu Feldern, existieren jedoch in gemäßigten Abständen am Rande der Sträßchen und Wege.

Die Kanalküste Cornwalls ist touristisch weit mehr entwickelt als ihr Gegenüber am Atlantik. In der Saison, vor allem in den Monaten Juli und August, kann es in den ursprünglich nicht für den gewaltigen Besucherstrom gebauten Fischerorten leicht zu Blechschiebereien kommen; die Parkplätze vor den Toren der Dörfer bieten jedoch Entlastung. Viele der kleineren Orte sind dann generell für Besucherautos gesperrt.

Zwischen den Touristenzentren *Falmouth* und *Penzance* liegt der *Lizard,* eine kantige und rauh-verwehte Halbinsel, deren Spitze, *Lizard Point* zugleich den südlichsten Punkt Englands bildet. Hier zeigt die bislang eher liebliche Version der cornischen Küstenlandschaft ihre andere, die gewaltige Seite.

Ein Höhepunkt für Wanderer auf dem Coastal path, wurde Lizard Point durch die Jahrhunderte unzähligen Schiffen zum Verhängnis.

Saltash

Die Wahrzeichen des heutigen Saltashs sind die beiden Brücken-Zwillinge über den *Tamar,* mit deren Hilfe das Gros der Cornwall-Reisenden Devon und damit England hinter sich läßt. Die an eine gebogene Gaspipeline erinnernde *Royal Albert Bridge,* das brückentechnische Meisterstück *Isambard Brunels,* wurde 1859 erbaut; 100 Jahre bevor die schlanke Nachbarin, die *Tamar Bridge,* eingeweiht wurde. Brunel galt als einer der besten Ingenieure seiner Zeit und ermöglichte mit seinem Denkmal in Stahl der *Great Western National,* die ersten erholungssuchenden Touristen in den sonnigen Südwesten zu bringen.

Ein historischer Moment für Cornwall – das Leben in den Fischerorten und Städten änderte sich drastisch. Mit dem Eintreffen zunehmend größerer Touristenscharen lockte neuer Wohlstand – und der war auf diese Art angenehmer zu erlangen, als nach Sardinen zu fischen oder Rum zu schmuggeln.

Saltash selbst ist nicht gerade der bezauberndste Ort, eine Cornwall-Reise zu beginnen. Und doch ist er es, den heute die meisten der Besucher der Bequemlichkeit, der A 38 wegen wählen. Saltash präsentiert sich auf den ersten Blick recht nahbar und langweilig, und dies ändert sich dann meist auch nicht mehr. Die Stadt am unteren Tamar ist heute eine der fünf größten Städte Cornwalls und weist wegen ihrer Nähe zum Städteriesen Plymouth den größten Bevölkerungszuwachs auf.

Unterkunft

■ **Tamara,** 15 Clear View, Tel. 0752/84 51 30. Recht zentral gelegen; Blick über das Flußtal, leider auch mit Schnellstraße und Siedlungen – Saltash wächst überall. Zimmer für 13 £. Von Plymouth erste Ausfahrt nach der Brücke, am Kreisverkehr in die North Road, an deren Verlängerung (New Road) Schild links.

■ **Tinkhams Farm,** Carkeel, Telefon 84 77 30, an der A 388 nach Callington. Bester Gegenwert in *cosy atmosphere,* Zimmer für 13 £. Ron & Dorothy Stemp vermieten auch eine umgebaute Scheune mit großzügiger Aufteilung, zwei Schlafzimmer oben, 100–190 £.

■ **Granada Lodge,** neben Tourist Office, Telefon 84 84 08. Kettenmotel in moderner Anlage, trotzdem guter Gegenwert: DZ 32,50 £, ohne Frühstück.

■ **Camping** etwa 5 Kilometer westwärts auf der A 38 Richtung Liskeard, im Notter Bridge Park, Tel. 84 23 18.

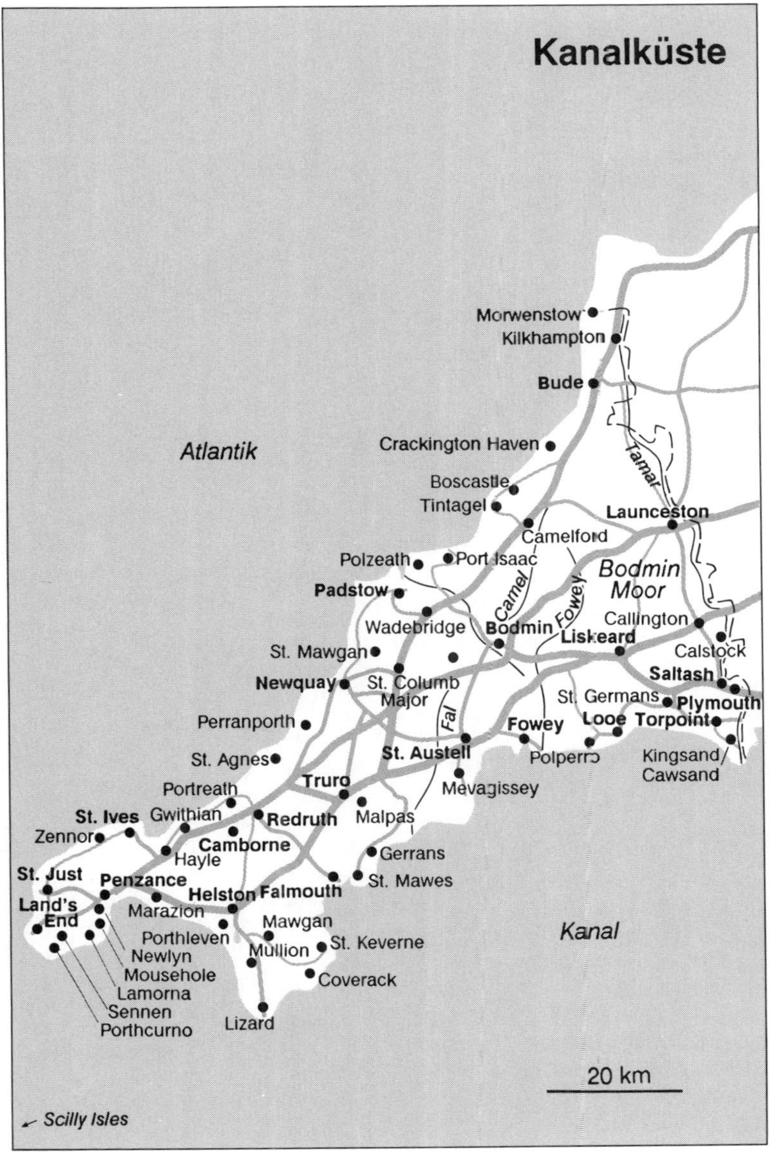
Kanalküste
Atlantik
Kanal
Morwenstow
Kilkhampton
Bude
Crackington Haven
Boscastle
Tintagel
Tamar
Launceston
Camelford
Polzeath
Port Isaac
Bodmin
Moor
Padstow
Camel
Fowey
Wadebridge
Bodmin
Callington
Liskeard
St. Mawgan
Calstock
Newquay
St. Columb
Major
Saltash
St. Germans
Plymouth
Perranporth
Fal
Fowey
Looe
Torpoint
St. Agnes
St. Austell
Polperro
Kingsand
Cawsand
Truro
Portreath
Mevagissey
St. Ives
Gwithian
Redruth
Malpas
Zennor
Camborne
Gerrans
Hayle
St. Just
Penzance
St. Mawes
Land's
End
Helston
Falmouth
Marazion
Mawgan
Porthleven
St. Keverne
Newlyn
Mullion
Mousehole
Coverack
Lamorna
Sennen
Porthcurno
Lizard
20 km
Scilly Isles

Verpflegung

■ In der Fore Street liegen zwei hübsche Pubs: das **Railway** und das **Brunel.** In beiden gutes Essen, Kleinigkeiten wie *jacket potatoes* oder *pasties.*

Sehenswertes

■ **Guildhall,** Fore Street, unweit der Tamar Bridge. Ursprüngliche Markthalle aus dem 17.Jahrhundert. Heute dient sie als Rathaus.

■ **Mary Newmans Cottage,** Culver Street. Erbaut im 15. Jahrhundert im Tudor-Stil, diente das Gebäude später als Heim für *Mary Newman,* die erste Frau *Sir Francis Drakes.* Das historisch interessante Gebäude wurde vor wenigen Jahren von der *Tamar Protection Society* ebenso fachgerecht wie liebevoll restauriert und hat viel mittelalterliche Atmosphäre zu bieten. Vom Garten reizvoller Blick über die Brücken und die Flußlandschaft. Mai bis September Do und So 12–16 Uhr, vom 29. Juli bis zum 12. August täglich geöffnet. 70 p.

Verschiedenes

■ **Tourist Office,** Welcome to Cornwall Centre, Carkeel Roundabout, Tel. 0752/84 95 26. Mo–Sa 9.30–17 Uhr, So 10–15 Uhr. Hinter der Brücke auf dem Carriageway bleiben, ab erstem Kreisverkehr beschildert. Hier Informationen über ganz Cornwall, vor allem jedoch über Caradon.

■ **Golf** im *St. Mellion Golf Club,* St. Mellion, Tel. 501 01. An der A 388 nach Callington. Exzellente Anlage, Schauplatz der *Benson & Hedges International.*

Weiterreise

■ Das Befahren der *Tamar-Bridge* ist in Richtung Devon gebührenpflichtig; 60 p per Auto, 1 £ mit Anhänger.

■ **Busse:** mehrmals täglich nach Plymouth, Callington, Launceston, Liskeard, St. Germans und Looe. An Schultagen nachmittags nach Torpoint und Kingsand. Nach London ab Plymouth, mehrmals täglich.

■ **Bahn:** Saltash liegt an der Hauptverbindung London/Plymouth-Penzance. Täglich mehrere Züge in beide Richtungen; nach Calstock täglich mehrere Verbindungen ab Plymouth.

■ **Boote auf dem Tamar:** Von Mai bis Oktober ermöglicht die *Plymouth Boat Cruises Ltd.* vierstündige Bootstouren auf dem Tamar, bis hinauf nach Calstock. Abfahrten unregelmäßig, zu erfragen unter Tel. 0752/82 27 97 oder direkt am Phoenix Kai in Plymouth. Return 5 £ pro Person. Hafenrundfahrten stehen ebenfalls auf dem Programm.

Callington

In Callington selbst ist von der ehemaligen Geschäftigkeit als Marktzentrum der Wollindustrie nicht viel erhalten. Eine bereits an Langeweile grenzende Beschaulichkeit liegt über den Schieferdächern der Stadt, und wäre da nicht der alles überragende *Kit Hill,* mit seinen atemberaubenden Ausblicken auf die weiten Flächen des Bodmin Moores und das noch gewaltigere Dartmoor in Devon, so würde sich vermutlich kaum ein Besucher in diese Region verirren.

Mit seinen 300 m ü.d.M. zählt dieses historische Industriegebiet zu den »Giganten« unter den cornischen Erhebungen. Überreste von Wolfram-, Zinn- und Kupferminen aus dem mittleren 19.Jahrhundert zieren die windigen Höhen. Sie und auch die beeindruckenden Ausmaße des großangelegten Granitbruches, der zu seiner Zeit die englische Welt, bis hin nach Singapur, mit seinen Qualitätsprodukten bedachte, spiegelt die erfolgreiche Industrievergangenheit dieser Region wieder. Ein luftiger Wanderweg führt den Besucher im Kreis, vorbei an vorgenannten Minenresten und wohlgarniert mit reizvollen Fernsichten auf die wilde Landschaft um *Roughtor* und *Brown Willy,* das lieblich-grüne Tamar Valley und die weiten Ausläufer des Dartmoors im Osten. Der gut markierte Weg beansprucht etwa 2 Stunden, was jedoch viele nicht davon abhält, den ganzen Tag in dieser rauhen Idylle zu verbringen.

Verpflegung

■ **The Bull's Head,** Pub aus dem 15. Jahrhundert. Offene Kaminfeuer und dunkles Eichenholz, gutes Essen. Man erzählt sich, daß ein unterirdischer Geheimgang zur Kirche existiert...

Weiterreise

■ **Busse:** mehrmals täglich nach Launceston, einmal morgens nach St. Austell und Tavistock, mittags nach Liskeard und Saltash, nur Mi mittags nach Gunnislake.

Calstock

Im sanften Tamar-Valley liegt eine zeitlose Stille über den Windungen des Flusses. Dichte, verschlungene Vegetation an den Ufern gesellt sich zu weiten und grünen, leicht ansteigenden Wiesenflächen.

Es ist die Grenze zu Devon, und auch zu England, die der etwa 35 m hohe Viadukt in Calstock auf seinen zwölf Bögen überwindet. Er ist die Verbindung der Eisenbahnwelt zu Devon – wenn auch nur für diese Region. Die Bahnlinie endet nämlich in Gunnislake, etwa 3 km nördlich von Calstock.

Auch in Calstock ist von der Glorie und Emsigkeit vergangener Tage nicht viel geblieben; aus jener Zeit, in der ein kleiner Binnenhafen sowohl die Erze der umliegenden Kupferminen als auch die Steine der Granitbrüche verschiffte. Zahlreiche Obstgärten und Gemüsefarmen zwischen Callington und Tavistock exportierten ihre Produkte ebenfalls über Calstock, und so blühte das Leben in den engen, gepflasterten Gassen.

Der Bau der Eisenbahnlinie von Plymouth beendete zunehmend das lukrative Treiben; man benutzte nun die Bahn für den Transport der Güter. Heute ist Calstock eines der sehenswertesten Orte in Cornwall. Trotzdem halten sich die Besucherzahlen bislang noch sehr gering. Auch in den Sommermonaten ist das Dorf abends wie ausgestorben; die Tagesausflügler von Plymouth und Tavistock sind dann längst zurückgekehrt.

Unterkunft

■ **Kelly Cottage,** Lower Kelly, unterhalb des Viaduktes, direkt am Fluß, Telefon 0822/83 23 80. Eine der besten privaten B+Bs in Cornwall, die Zimmer für 13,50 £ sind behaglich eingerichtet, teils mit Balkon; sie alle teilen den bezaubernden Blick über den Fluß und den Landsitz Cotehele. In den letzten Jahren hat das Tudorhaus einen Teil seiner Anonymität aufgegeben – optisch von Calstock zumindest, denn starker Frost und heftige Winterstürme lichteten die Reihen der subtropischen Baumwipfel erheblich.

■ **Latchley Farmhouse** in Latchley,

Tel. 83 24 28. Etwa 7 Kilometer nördlich von Calstock. Ruhige, dörfliche Lage, ebenfalls in Flußnähe. Gemütliche Zimmer für 13 £.

■ **Hingston House Country Hotel,** an der A 390 nach Callington, Telefon 83 24 68. Gemütliche Atmosphäre, traumhafte Fernsicht über den Garten auf das Tamar Valley. Die Preise für die stilvollen Zimmer beginnen bei 21,50 £.

■ **Danescombe Valley Hotel,** Telefon 83 24 14. Einzigartig und ohne Stilbruch lockt die Atmosphäre, ein exzellentes Beispiel für die Qualität sogenannter »Restaurants mit Zimmern«. Die Küche ist mehrfach preisgekrönt und besitzt ihre Freunde bis in die britische Hauptstadt. Mit 87,50 £ pro Person und Nacht für Zimmer, Frühstück und exquisitem Dinner ist dies leider nicht für jedermann erschwinglich, bietet jedoch mit seinen luxuriös ausgestatteten Räumen, den freistehenden, in Edelholz gefaßten Badewannen und dem romantischen Blick auf Tal und Viadukt eine Erlebniswelt, die ihresgleichen sucht.

Verpflegung

■ **Old Bakehouse Bistro,** am Platz vor dem Tamar Inn. Der Beiname »Bistro« läßt anderes vermuten, hier jedoch stilvoll und nicht unbedingt preiswert. Dinner um 12 £.

■ **Riverside,** dem Namen nach direkt am Fluß gelegen, mit weiter Terrasse. Preiswertere Alternative, hier eher Snacks.

Sehenswertes

■ **St. Anthony,** die »Kirche über dem Dorf«. Sehr schöne Aussicht über das grüne Tal und die verlassenen Minen.

■ **Cotehele House & Estate:** Nur wenige Gehminuten entfernt – Mobilisten müssen einen gehörigen Umweg in Kauf nehmen, wollen sie auf ihr Gefährt nicht verzichten – befindet sich wohlbekanntes *Cotehele House and Estate,* hoch über dem Tamar. Erbaut im 15. und 16.Jahrhundert fungierte der Tudor-Landsitz als Heim der Grafen von Edgecumbe. Die verwinkelten Gemäuer in Granit zählen zu den besterhaltenen ihrer Epoche (in England); ein Großteil des Original-Mobiliars blieb erhalten. Der auf mehreren Ebenen angelegte Garten wartet mit subtropischer Üppigkeit auf und belohnt den Besucher überdies mit seinem kunstvoll restaurierten Taubenschlag aus dem frühen Mittelalter.

Am Rande des Parks lohnt der Besuch der *Cotehele Mill,* die, heute vollständig restauriert, nur darauf zu warten scheint, die jahrhundertelange Tradition in Ehren fortbestehen zu lassen.

Die eigentliche Pforte der Estate bildet *Cotehele Quay,* unten an den Ufern des Tamar, in deren Gebäude aus dem späten 18. Jahrhundert das *National Maritime Museum* Sehens- und Wissenswertes zu dieser Region bereithält.

Geöffnet von April bis Ende Oktober Sa–Do 12–17.30Uhr, von November bis Ende März nur der Park, täglich bei Tageslicht; Eintritt komplett 5 £, nur Park und Mill 2,50 £.

Verschiedenes

■ **Kanufahrten auf dem Tamar** organisiert *Tamar Expeditions* in Landulph, Tel. Liskeard 0579/511 13. Die Kosten für die etwa vierstündigen Abenteuer liegen bei 8 £.

Weiterreise

■ Die **Tamar Valley Line** von Gunnislake nach Plymouth passiert den Viadukt etwa achtmal täglich, bis Ende September. Mit geringer Planung läßt sich leicht ein Roundtrip organisieren, kombiniert mit dem Service der *Plymouth Boat Cruise.* Im Sommer nahezu täglich eine Verbindung, Informationen unter Tel. 0752/82 27 97.

■ **Busse:** vom Calstock Quay nach Gunnislake 4 x täglich, von dort Verbindungen nach Tavistock und Callington. Besser zuerst nach Tavistock, dort bessere, weil vielfältigere Anschlüsse.

St. Germans

Ein verträumtes Nest von unscheinbarer Größe – aber großem Charme. Die scheinbar für diesen Ort ein wenig zu groß geratene Augustiner-Abteikirche aus dem 12. Jahrhundert liegt am Rande der Straße. Die Vorgängerin fungierte bis ins 11. Jahrhundert als die Hauptkirche Cornwalls. Zu bewundern sind hier vor allem die Architektur des gewaltigen, normannischen Säulenportals und der beidseitig davon errichteten viereckigen Zinnentürme des 13. und 15. Jahrhunderts. Im geräumigen Inneren der Kathedrale finden sich einige Gedenktafeln der *Eliots,* die in dem vermutlich größten privaten Landsitz Cornwalls, auf *Port Eliot* lebten. Das beeindruckende Anwesen befindet sich auch heute noch in privater Hand und kann, wenn überhaupt, nur nach persönlicher Vereinbarung besichtigt werden.

Ebenfalls luxuriös erscheinen die balkonbehangenen Giebelreihenhäuser in St. Germans, erfährt man nämlich, daß es sich hierbei eigentlich um Armenhäuser handelte, erbaut im Jahre 1538 durch *Sir William Moyle.* Im Jahre 1967 erlebten sie ihre Renaissance, als sie restauriert wurden.

Unterkunft

St. Germans selbst besitzt keine Übernachtungsmöglichkeiten. Der nächste Ort ist Polbathic, nur wenige Kilometer südlich.

■ **Old Mill House,** Polbathic, Tel. 0503/305 96. Normale Zimmer, aber idyllischer Blick auf die weite *estuary,* 13 £.

■ **Halfway House,** gegenüber, Telefon 302 02. Leider ohne Ausblick, dafür mit weit gemütlicheren Zimmern im typischen Pub-Style, 13,50 £.

Verpflegung

■ **Eliot Arms:** gemütlicher Pub, gutes Angebot an kleineren Snacks.

Weiterreise

■ **Busse:** mehrmals täglich nach Saltash, an Schultagen 3 x täglich nach Torpoint.

Torpoint

Torpoint ist vor allem als Hafen für die Autofähre aus Devon interessant. Vor der Fertigstellung der Tamar-Bridge in Saltash besaß es den Ruf der »ersten Stadt« in Cornwall. Noch heute dient die Fährverbindung der Beziehung zu Devon, befördert sie doch wochentags cornische Arbeiter nach Devonport sowie, nach Feierabend und am Wochenende, scharenweise nach Luft schnappende Plymothians in die Gärten und Küstenlinien um Torpoint und Rame Head.

So zum Beispiel zum Antony House, etwa 8 km westlich von Torpoint; ein schlichter Queen-Anne-Landsitz von 1721, umgeben von einer weitläufigen Parklandschaft, die sanft zu den Ufern des *Lynher* hin abfällt und im Laufe vie-

ler Generationen der Carow-Pole-Familie ihre gegenwärtige Ausstrahlung erhielt. Allein im *Higher Westdown Wood,* einem verschwindend geringen Teil des Parks, finden sich weit über dreihundert verschiedene Arten der Kamelie sowie zahlreiche überwiegend asiatische Magnolienarten und Rhododendren. Die andere Seite des Parks, mit zum Beispiel *Broomhill Grove* oder auch *Long Orchard,* ist nahezu im Naturzustand belassen. Beide so konträre Teile des Parks sind von Wegen durchzogen, die durchaus Beschäftigung für einen halben Tag bieten. Vom *Tomboy Hill* genießt man eine malerische Aussicht über den Lynher. In der ferne erkennt man Brunels Meisterstück, die Brücke über den Tamar bei Saltash, und weiter westwärts der romantischen Silhouette *Trematon Castles.*

Unterkunft

Torpoint selbst besitzt nur wenige Übernachtungsmöglichkeiten. Einige private B+Bs befinden sich am Hafen und auf der dorthin führenden Straße.

■ **Liscawn Inn,** Tel. 0503/302 31. Liegt an der Ausfallstraße von Crafthole nach Millbrook. Eher ein Pub gehobener Klasse, mit einigen Zimmern im ersten Stock. Die heute schon ruhige Lage wird in einigen Jahren noch durch die Flutung eines kleinen künstlichen Sees an Gehalt gewinnen. Zimmer 15–21 £, letztere mit eigenem Bad.

■ **Friary Manor,** Maker Heights, Tel. 0752/82 21 12. In einer romantischen, parkähnlichen Landschaft gelegen, in unmittelbarer Nachbarschaft der Maker Church und des bekannten Mount Edgecumbe Park. Die Preise in dem liebevoll und sehr persönlich geführten Manor von 1717 rangieren von 18 £ in der Dachkammer bis zu 21 £ mit eigenem Bad und Ausblick auf den Park; Dinner 13 £.

■ **Whitsand Bay Hotel,** Portwrinkle, Tel. 0503/302 76. Das gewaltige Hotel diente im ersten Jahrhundert seiner Existenz als das *Thankes Manor House* in Torpoint. Im Jahre 1909 versetzte man die eindrucksvollen Gemäuer Stein für Stein an seinen jetzigen Ort. Ein eigener Strand, Schwimmbad und ein Golfplatz über den Klippen der Whitsand Bay verleihen dem Hotel einen besonderen Status, der auch in der überaus britischen Einrichtung der Räumlichkeiten seinen Niederschlag findet. Zimmer ab 20 £, mit Seeblick ab 25,60 £. Sehr günstige Wochenpreise ab 165 £ in der gehobenen Zimmerkategorie, incl Dinner.

■ **Camping** an der Whitsand Bay auf gleichnamigem Holiday Park, Tel. 82 25 97. Von den angelegten Terrassen schöner Blick auf die Bucht und den Plymouth Sund, reizvoll vor allem bei Nacht. Liegt an der schmalen Küstenstraße zwischen Freathy und Rame.

Oder in Downderry, zwischen Looe und Portwrinkle, der Carbeil Camping Park, Tel. 05035/6 36. Klein und unscheinbar auf den ersten Blick, doch ruhig gelegen und mit Pool.

Sehenswertes

■ Das **Antony House** befindet sich seit 1961 im Besitz des National Trust. Geöffnet April bis Ende Oktober Di–Do 14–16 Uhr, von Juni bis August auch So; 3,40 £. Der Garten steht von Mitte März bis Oktober offen, Mo–Sa 11–17.30 Uhr, So 14.30–17.30 Uhr; 1 £.

Verschiedenes

■ **Golf** im *Whitsand Bay Golf & Country Club,* Portwrinkle, Tel. 304 18. Groß-

◄ *In einigen Gegenden erinnert die Vegetation (fast) an die Subtropen.*

zügige Anlage auf den Klippen, 1905 durch *Harold Varden* angelegt. Portwrinkle liegt an der Küstenstraße Torpoint-Looe, etwa 8 km westlich von Torpoint.

Weiterreise

■ **Busse:** nach Saltash, Kingsand und Looe, mehrmals täglich.

■ **Autofähre** von Torpoint nach Devonport, Plymouth, verkehrt alle 10–30 min ohne Pause, Fahrzeit etwa 10 min, per Auto 60 p, nur in Richtung Devonport.

■ **Fähre** aus Cremyll, Mount Edgecumbe nach Stonehouse, Plymouth. Zwischen 7 und 19 Uhr zahlreiche Verbindungen; 60 p.

Mount Edgecumbe Country Park

Ein anderes Beispiel hochherrschaftlicher Vergangenheit und ein weiterer Anziehungspunkt der Torpointer Region befindet sich auf der zweiten großen, sich ostwärts reckenden Halbinsel. *One of the most beautiful country parks in England,* ertönt das Lob weit über die Grenzen Cornwalls hinaus, dem Rest der britischen Welt entgegen. Man muß schon ein überzeugter Anti-Cornishmen sein, um dies, ungeachtet aller Skepsis, nicht nachempfinden zu können.

Dem ursprünglichen *Mount Edgecumbe House* des mittleren 16. Jahrhunderts wurde der »Blitz« zum flammenden Verhängnis, der Zweite Weltkrieg mit seinen Bombardements. So machte man sich daran und nutzte die Ruhe nach dem Sturm zum Wiederaufbau der würdigen Gemäuer. Im Inneren zieren heute wieder viele der Original-Gemälde und ein Großteil des elisabethanischen Inventars die Räumlichkeiten.

Der etwa 900 Acre umfassende Park überzieht nahezu die gesamte vordere Nase der Halbinsel und hat so an drei Seiten Berührung mit den salzigen Wogen des Sundes. Eine wahre Flut gartenbaulicher Expressionen erwartet den Besucher, reichen sie doch von klassischer Eleganz der *Formal Gardens* mit ihren englischen, französischen, italienischen und nun auch neuseeländischen Beiträgen bis hin zum zart-wilden Earls Garden, der das Herrenhaus umgibt; wohlakzentuiert durch die Anmut des romantisch kuppelförmigen *Shell Seat* aus dem späten 18. Jahrhundert.

Bei Cremyll, dem kleinen Fähranleger mit Pub, nahe der *Orangerie* des gräflichen Parks, beginnt der *Cornwall Coastal Path.* Er führt King- und Cawsand vorbei, umrundet Penlee Point und setzt sich fort bis hin zu Rame Head mit seinen weiten Bögen der Whitsand Bay im Westen – seit zehn Meilen noch immer gräflichen Boden nutzend (weiter nach Looe etwa 28 km). Das vorwitzige *Rame Head* schmückt nur zu vortrefflich *St.Michaels Chapel;* vor langen Jahrhunderten bewohnt von musterhaft frommen Einsiedlern, die ihr einsames Leben Gott widmeten – und dem Feuer, das den vorbeiziehenden Schiffen als Warnung vor dieser unheilvollen Felsnase Cornwalls dienen sollte. Der Blick reicht weit an klaren Tagen und entschädigt schon hier für gewesene wie noch bevorstehende Strapazen; weit über den Kanal, auf dem der neue und große Bruder *Eddystone Lighthouse* präzise, leuchtende Runden zeichnet, bis hin zum *Lizard,* nur schemenhaft im weiten Südwesten des berückenden Panoramas zu erkennen.

Der Park ist täglich geöffnet, das Haus und der Earl's Garden April bis Ende Oktober Mi–So 11–17.30 Uhr; Park und Haus 4 £, nur Park 1,50 £.

Kingsand & Cawsand

Zwei winzige Fischerdörfer mit sehr schönen und, für Mobilisten, oft erschreckend engen Gassen. Im Laufe der Jahrhunderte sind die beiden, eigentlich eigenständigen, Dörfer aufs engste zusammengewachsen und heute, selbst von echten Cornwall-Kennern, nur noch schwer zu trennen.

Aufgrund der Nähe zum Großmarkt von Plymouth und der gleichzeitig geschickten Anonymität in der buchten- und klippenreichen Küstenlandschaft scheinen die beiden Zwillingsnester die Zentren des westenglischen Schmuggelwesens gewesen zu sein. Ärger und Gefechte mit den Zöllnern vergangener Tage gehörten zur Tagesordnung, glaubt man den Geschichten, die noch heute vor allem in den Pubs kursieren.

Betrachtet man den Sund von Plymouth, mit dem steten und doch immer geruhsam wirkenden Treiben der Boote und Schiffe, ist es schwer vorstellbar, wie damals, vor gar nicht allzu langer Zeit, noch unförmig gekleidete und unelegant wankende Gestalten in aller Heimlichkeit bereitstehende Boote bestiegen und leise die Bucht von Cawsand verließen. Dazu gehörten die *local girls,* die regelmäßig ganze Ladungen an Brandy auf den Markt auf der anderen Seite des Sundes schafften – unter den geballten Volumina ihrer so unendlich weiten Petticoats...

Unterkunft

Diverse Pubs im Ort vermieten Zimmer; im Sommer jedoch kann es leicht zu Engpässen kommen. Oftmals Übernachtungsmöglichkeiten bei den locals, bei Bedarf herumfragen.

■ **The Halfway House Inn,** Fore Street, Kingsand, Cawsand Bay, Telefon 0752/ 82 22 79. Kleine, gemütliche Zimmer für 110 £ pro Woche.

■ **The Old Ship Inn,** nun in Cawsand, Tel. 82 27 62. Die Zimmer sind etwa mit obigen zu vergleichen; 14 £.

■ **Penmillard Farm,** Tel. 82 22 15. Zwischen Kingsand und Rame, beschilderter Abzweig in einer Rechtskurve, etwa 1 km außerhalb Kingsands. In dem cornischen Farmhaus Zimmer mit traditioneller englischer Gemütlichkeit für 12 £, eine hervorragende Alternative zu den Gegebenheiten in King- und Cawsand.

■ **Cawsand Bay Hotel,** Tel. 82 24 25. Komfortreisende bevorzugen vielleicht ein Zimmer mit eigenem Bad und *seaview.* Dies ist hier, wenn auch nicht gerade stilgeschwängert, zu haben – mit faszinierender Aussicht auf den Sund. Ab 20 £.

Verpflegung

■ **Halfway House,** Kingsand. Empfehlenswerter Pub mit offenem Kaminfeuer, gutes Essen. Der Name stammt noch aus der Zeit, als hier die Grenze zwischen Cornwall und Devon verlief.

■ **Karen's Kitchen** in der Garrett Street, Cawsand. Telefon 82 23 14. Kleines, aber feines Restaurant mit guten Fischgerichten.

Weiterreise

■ **Busse:** mehrmals täglich nach Torpoint, an Schultagen morgens nach Saltash.

■ **Fähre:** von April bis September 4 x täglich nach Barbican, Plymouth; 1,20 £ pro Weg.

Liskeard

Liskeard hat von der Geschäftigkeit seiner Vergangenheit nicht viel verloren, lediglich ihre Ursachen haben sich im Laufe der Zeit ein wenig verschoben. Noch im letzten Jahrhundert spielte Liskeard eine wichtige Rolle im regen Handel Cornwalls mit seinen Bodenschätzen.

Zahlreiche Minen der Region nutzten den Liskearder Markt für die Taxierung und den Export ihrer Erze; so vor allem jene des *Caradon Hill,* am südwestlichen Rand des Bodmin Moores. Im Jahre 1307 erhielt die aufstrebende Stadt das Vorrecht der Münzprägung, und weiterer Wohlstand folgte. Im 18. und 19. Jahrhundert erreichte das Wachstum mit der rasant steigenden Nachfrage auf den Weltmärkten seinen Höhepunkt. Der Liskeard-Looe-Kanal, als bedeutende Handelsverbindung zur Küste und damit ins Ausland, zeugt noch von Glanz und Größe jener Tage.

Der Bau der Eisenbahnlinie beendete 1859 die aktiven Tage des Kanals, und heute sind es eher geschäftige und einkaufende *locals,* die die alten Straßen Liskeards bevölkern. Eine Reihe an architektonisch interessanten Gebäuden aus der georgianischen Zeit sowie die viktorianische *Guildhall* können jedoch Grund genug sein, auch als Tourist einige Stunden in den Gassen dieser Marktstadt zu verbringen.

Unterkunft

■ **Tavern an Carow,** Station Road, Tel. 0579/422 80. Hübscher Pub in der Nähe des Bahnhofs, die vier Zimmer waren im Begriff, renoviert zu werden. B+B 14,50 £.

■ **Elnor Guesthouse,** Russell Street, Tel. 424 72. Einfache Zimmer, kleines privates, aber professionelles B+B; 12 £.

■ **Old Rectory House,** St. Keyne, Tel. 426 17. Eines der angenehmsten Country Hotels in Cornwall: Einer steilen Auffahrt folgend, gewahrt man das kleine Anwesen aus dem frühen 18.Jahrhundert mit traumhaften Ausblicken auf das friedvolle *Looe Valley.* Die Räumlichkeiten sind elegant eingerichtet und von ausgezeichnetem Gegenwert. In zwei der acht Zimmer befinden sich noch Himmelbetten aus vergangenen Jahrhunderten, und eine typisch englische Lounge wärmt die Gemüter der Gäste mit ihrem in schwarzem Marmor gefaßten offenen Kamin. B+B 27 £ , Dinner 13 £.

Verpflegung

■ **Harry Tate's,** interessantes Bistro mit der *special night,* einmal im Monat. Dann jeweils Gerichte eines Landes: chinesisch, türkisch, persisch oder einfach deutsch.

■ **The Well House,** St. Keyne, Telefon 420 01. Guter Wein und monatlich wechselnde Menüs, sehr guter Fisch. Dinner ab 16 £. Mo geschlossen.

Sehenswertes

■ **Church of St. Martin,** die zweitgrößte Kirche Cornwalls, aus dem 15. Jahrhundert. Im Inneren eine kunstvoll gearbeitete Kanzel aus dem 17. Jahrhundert.

■ **Merlin Glass,** Barn Street, zwischen Zentrum und Bahnhof, Tel. 423 99. Die Glasbläser rufen! Nahezu täglich bei der Arbeit zu bestaunen, hier auch Verkauf von handgefertigten Krügen, Vasen, Papierbeschwerern und anderen Undingen. *Glassmaking* Mo, Di, Do, und Fr 8.30–16.30 Uhr, Verkauf Mo bis Sa 9–17 Uhr, Sa 9–16 Uhr.

■ **Paul Corin Musical Collection,** in St Keyne, etwa 4 km südlich von Liskeard, Tel. 431 08. Eine faszinierende Sammlung wohl einmaliger Orchestrien aller Art und anderer Musikinstrumente, hübsch präsentiert. April bis Ende September täglich 10.30–17 Uhr.

■ **Duloe Stone Circle,** Duloe, an der B 3254 nach Looe. Kleiner Steinkreis auf einer Wiese, verdeckt von den massiven Mauern eines Gehöftes und von der Straße nicht zu sehen; ein kleines Schild gibt Hinweis auf die Zufahrt. Der quarzhaltige Granit-Zirkel ist gut erhalten, die Stallungen des nahegelegenen Bauernhofes ernüchtern jedoch ein wenig die Atmosphäre.

Verschiedenes

■ **Reiten** bei *Carthew Holidays,* Carthew, 2 Dean Lane, Tel. 465 91.

■ **Autoverleih** bei *Highwood Car Hire* in der Station Road, Tel. 462 92.

Weiterreise

■ **Busse:** nach Saltash, Callington und Looe mehrmals täglich, morgens nach Bodmin und St. Austell.

■ **Bahn:** Liskeard liegt an der Hauptverbindung Penzance-Plymouth/London. Mehrmals täglich Züge in beide Richtungen.

Looe

Der hübsche Fischerort hat mit dem englischen *loo* weit weniger zu tun als mit dem *logh* des Cornischen für: »Flußmündung«. Diese ist auch der Grund für die pittoreske Spaltung des Ganzen in Ost und West, überwunden durch die weit ausholende, siebenbögige Steinbrücke am Nordrand des Zentrums. East Looe, der größere und ältere der beiden ungleichen Zwillinge, verwöhnt mit beschaulich engen, oftmals noch gepflasterten Gassen, zwischen denen sich die Häuschen um farbenprächtige, blumengeschmückte Innenhöfe ranken. In den Wintermonaten geht das Leben seinen traditionell-geruhsamen Gang und erinnert sehr an die Zeiten, von denen heute vor allem die Guildhall mit ihrem Museum erzählt.

Seit 1859 ist die Welt verändert. Die Eisenbahn ersetzte den einst so bedeutenden Kanal von Liskeard, und die ersten Wellen erholungssuchender Touristen schwappten über den Ort und das gestreckte *Banjo Pier*. Mit seinen zahlreichen Buchten und Stränden der näheren Umgebung entwickelte sich Looe nach und nach zum anziehendsten Urlaubsort in Caradon.

West Looe vorgelagert liegt *St. George Island,* oder auch einfach *Looe Island* genannt. Der Legende nach war das Inselchen Station der Wanderfahrt *St.-Josephs von Arimathea,* der Jesus hier am Strand zurückließ, um dann im Hafen von Looe sein Schiff mit Zinn beladen zu lassen.

Heute befindet sich die Insel in privater Hand der *Atkins Sisters,* die es sich in dem kleinen Bauernhaus am winzigen Strand gemütlich gemacht haben; die Ruhe unterbricht lediglich eine *bird sanctuary,* die für das Wohlergehen verletzter Vögel sorgt.

Der persönlichen Pilgerfahrt steht nichts im Wege. Boote verkehren in den Sommermonaten für 4,50 £ ab *Banjo Pier,* eine Landegebühr für die Damen ist im Preis enthalten. Gesamt gesehen auch für Nichtgläubige eine wohlangelegte Investition, auf der winzigen, nahezu unberührten Insel ohne Straßen, Wege und Geschäfte für kurze Zeit der cornischen Urlaubs-Alltäglichkeit zu entweichen.

Unterkunft

Looe bildet neben Falmouth und Penzance den größten Touristenmagneten an der Südküste Cornwalls. Deshalb kann es im Sommer bei der Zimmersuche schwierig werden; daher an dieser Stelle einige Vorschläge mehr, auch die nähere Umgebung der Stadt miteinbezogen.

■ **Grasmere Guest House,** an der St.Martins Road, Telefon 05036/25 56. Preiswerte und einfache Zimmer mit Frühstück für 12 £. Liegt an der steil ansteigenden B 3253, kurz vor der Ortsgrenze.

■ **Marwinthy Guest House,** East Cliff, Tel. 43 82. Im alten Teil von East Looe, hübsche Zimmer mit Ausblicken auf Looe und Hafen, teilweise mit Erkerfenstern; 13 £.

■ **Two Rivers,** Riverside Quay, Telefon 20 68. Direkt hinter der Brücke links am Kai, recht kleine Zimmer für 13 £, trotzdem gemütlich. Nebenan noch eine Reihe von kleinen B+Bs, Zimmer und Preise ähnlich. Viele der Zimmer besitzen traumhafte Blicke auf die *estuary.*

■ In Richtung Polperro, kurz nach der Brücke den Hang hinauf, eine Reihe von B+Bs auf der linken Seite. **Kantara** beispielsweise oder **Trevellion,** für jeweilige 12 £ zu haben, zum Teil mit bezaubernden Blicken auf das Flußbett in den grünen Hügeln.

■ **Klymiarven Hotel,** hoch über East Looe auf dem Hügel gelegen, Tel. 623 33. Weiße Villa mit anspruchsvoll eingerichteten Zimmern – im alten Teil des Gebäudes. Die neueren, recht steril wirkenden sind nicht gerade zu empfehlen. Große, verglaste *sun lounge* mit Bar, mit Blick auf den romantisch beleuchteten Hafen und ein beheizter Außenpool runden das Bild ab. Das Klymiarven Hotel bietet mit Preisen von 20– 37 £ den wohl besten Gegenwert in der gehobenen Hotelkategorie in Looe, wenn es jedoch nicht unbedingt Looe selbst sein muß, sei an dieser Stelle auf das *Old Rectory House* in St. Keyne verwiesen (siehe unter »Liskeard«).

■ **Camping** am Polborder House, Bucklawren Road, in St. Martins by Looe, Tel. 265. Kleiner, exquisiter Platz unter angenehmer Führung.

Zwischen Looe und Polperro einige Campingplätze, darunter *Tencreek* (Tel. 24 47) und *West Wayland,* mit Küstenblick.

Unterkünfte außerhalb

■ **The Bungalow,** in Hessenford, hinter Widegates an der A 387. Die vermutlich billigste Pension in ganz Caradon, für den Preis von 10 £ voll zufriedenstellende Zimmer. Kein Telefon.

■ **Bucklawren Farm,** St. Martins by Looe, Telefon 47 38. Gemütliche Zimmer mit wunderschöner Aussicht über die hofeigenen Felder und die Weite der Küstenlandschaft östlich von Looe. 15–18 £; Dinner 8,50 £.

■ **Penvith Farmhouse,** Tel. 47 72. Unweit der Bucklawren Farm, auf dem Weg zur Monkey Sanctuary, romantisches Bauernhaus mit Teilen aus dem 16. Jahrhundert. Große, moderne Zimmer, überwiegend mit Bad und TV; 15–18 £.

■ **Coombe Farm,** Telefon 05034/223. Ebenfalls nicht in den engen Grenzen Looes zu finden, etwa 6 km nordöstlich an der B 3253 gelegen. Freistehendes

Haus in weiten Wiesen, ansprechende und große Zimmer, beheizter Außenpool mit reizvoller Sicht über die sanfte, grüne Hügellandschaft. 16,50–22,50 £, ein ausgezeichnetes Vier-Gänge-Menü ist auf Wunsch erhältlich.

Verpflegung

In Looe locken einige urige und erlebenswerte Pubs, die gebotene kulinarischen Kleinigkeiten sind durchweg schmackhaft.

■ **Jolly Sailor,** inmitten von West Looe. Ein alter, weißgewaschener Pub aus dem 16.Jh., wie die architektonische Struktur des Gebäudes verrät; es behauptet jedoch, sogar noch ein Jahrhundert früher entstanden zu sein, wie das Außenschild unterstreicht. In der kleinen Bar viel Atmosphäre aus alten Schmugglertagen.

■ **Fishermans Arms,** East Looe. Ebenfalls eine Menge *old world character.*

■ **Salutation Inn,** Fore Street. Datiert zurück bis 1612, heute Stammlokal des »Shark Angling Club of Great Britian«.

■ Entlang der Fore Street einige Fastfood-Lokale: Pizza, Pommes, Hamburger – und zum Glück auch **pasties.**

■ **Talland Bay Hotel Restaurant,** Talland Bay, zwischen Looe und Polperro, Tel. 0503/726 67. Devise: *seafood* mit *seaviews.* Jedoch ebenfalls vegetarische Gerichte lohnen die Anfahrt. Dinner um 14 £. Täglich geöffnet, im Januar geschlossen.

Sehenswertes

■ **Old Guildhall Museum,** Fore Street. Interessante Ausstellung über die Geschichte Looes.

■ **Cornish Museum,** im alten Fischkeller, unweit der Guildhall. Sammelgut über das Hexenwesen dieser Region, sowie Relikte aus der Geschichte der Fischerei, der Leuchttürme und Minen. Mai bis September täglich 10–17.30 Uhr. Nicht nur bei Regenwetter!

■ **Monkey Sanctuary,** zwischen Looe und Seaton, an der B 3253 Richtung Hessenford den Schildern bei »No Mans Land« folgen, Telefon 05036/25 32. 1964 durch *Leonard Williams* gegründete Aufzuchtstation von *Amazon Woolly Monkeys.* Mehrmals täglich können die Affen hautnah erlebt werden. Zu Ostern und von Mai bis Ende September, So bis Do 10.30–17 Uhr.

Verschiedenes

■ **Tourist Office,** The Guildhall, Fore Street, Telefon 05036/20 72. Ostern bis Ende Oktober Mo–Sa 10–17 Uhr, So ab 14 Uhr.

■ **Bootstouren** im Sommer den West- oder East Looe hinauf. Informationen im Tourist Office.

■ **Golf** im *Looe Golf Club,* Widegates, Tel. 05034/2 39. Parkähnliche Anlage auf einer Anhöhe, schöne Sicht auf die umgebende Landschaft.

■ **Hochseeangeln:** *The Tackle Shop,* The Quay, East Looe, Tel. 21 89. Hier Auskunft und Vermittlung ausgefallener Angeltouren, von Makrele bis Hai... Auch Verkauf von Angelzubehör.

■ **Segler-Informationen:** Tel. 05036/ 28 39. Liegeplätze in der Flußmündung vorhanden, die Brücke setzt allerdings Grenzen.

Weiterreise

■ **Park & Ride:** Die Innenstadt Looes ist für die Autos Nicht-Einheimischer generell gesperrt; außerhalb sind nur wenige Parkplätze vorhanden. Alternative: ab Liskeard mit dem Zug. Parken am Bahnhof in Liskeard, vom 14. Mai bis zum 1. Oktober etwa 10 Verbindungen täglich (So nur 5). Parkgebühr & Bahnticket für alle Insassen 4,50 £.

■ **Busse:** nach Polperro, Liskeard, Saltash und Plymouth mehrmals täglich.

■ **Bahn:** Anschluß an die Hauptstrecke Penzance-Plymouth über Liskeard, etwa 10 Verbindungen täglich, So 5 x. Im Winter So keine Verbindungen (Oktober bis Mitte Mai).

■ **Coastal path:** nach Polperro etwa 6 km, schöne Strecke, von Porthallow schmaler Weg zur Talland Barton Church aus dem 13. Jh. Über die Whitsand Bay und um Rame Head und Penlee Point zum Mount Edgecumbe Park, dem Beginn des Küstenweges, etwa 27 km.

Polperro

Einzigartiges Polperro! Nirgends sind die Gassen enger, steiler, und atemberaubender die Aufstiege. Nirgends sonst scheinen die Farben prächtiger, der Hafen gemalter, die Bewegungen der Fischerboote gemächlicher zu sein; nirgendwo scheint Cornwall cornischer.

Nirgendwo sonst in Cornwall verstehen es Busladungen von Touristen mehr, zu gleichen Zeiten die einst für Pferde und wenige Menschen gebildeten Gassen und Plätze zu bevölkern. Große Parkplätze oberhalb des Dorfes bemühen sich im Sommer, der Massen heißen Blechs Herr zu werden, und die kleinen, eigentlich verträumten Pubs und Restaurants sichern sich in wenigen Wochen das Überleben für den langen, ruhigen Jahresrumpf.

So auch im *Three Pilchards,* schräg gegenüber der fortschrittlichen Freßbude am Hafen. In seiner über 400jährigen Erfahrung mit den Eigenarten der Zeit hätte es – weiß Polperro wohl – einiges zu berichten: von Zeiten, in denen die *freetraders,* von der legalen Opposition uncharmanterweise als *smugglers* bezeichnet und gejagt, noch ihre einträglichen Geschäfte in diesen Mauern organisierten.

Derart einträglich, daß sich *King George III.* zu Beginn des letzten Jahrhunderts veranlaßt sah, dem munteren Treiben ein Ende zu verordnen, und zwar in Form eines alten Bootes im Hafen, das als offizielles Heim und Station einer Handvoll ausgewählter Zöllner fungierte. Eine der ersten Zollstationen im weiten Südwesten des englischen Reiches war gegründet.

Aber auch in Polperro war der Schmuggel mit Rum und Tabak nur ein Nebengeschäft; die meisten der Bewohner waren Fischer und lebten vom Sardinenfang. Der eindringliche Geruch der gefangenen Beute, der sich noch im letzten Jahrhundert durch die gepflasterten Gassen des Ortes zog, handelte ihm den Namen »Polstink« ein – was inzwischen längst überholt ist.

Mit dem Bau der Eisenbahn nach Cornwall erreichten die ersten Touristen auch Polperro. Heute gibt es vermutlich kein Dorf in Cornwall, das bezüglich seiner Größe mehr Besucher verkraften muß als dieses pittoreske Kleinod – zumindest im Hochsommer, und dann von 9–18 Uhr. Der »andere« Tourist, auf der Suche nach dem Alten, kommt abends. Oder gleich erst ab Oktober...

Unterkunft

■ **Penhallow-On-Brent,** Talland Hill, Mrs. Westcott, Telefon 0503/726 89. Exquisites Kleinod mit berückender Sicht auf Polperro. Ein Chalet für bis zu 4 Personen in B & B-Variante verbindet

Freiraum mit dem Komfort des morgendlichen Frühstücks; 13 £.

■ **The Watchers,** Mrs. Wilcox, Telefon 722 96. Drei hübsche Zimmer mit einnehmendem Panorama; 12 £.

■ **Landaviddy Court,** Landaviddy Hill, der gegenüber liegende Hügel in Polperro, Tel. 722 34. Auch von hier bezaubernde Aussicht über weite Wiesen auf die See; 14 £.

■ **Claremont Hotel,** im Ort, Telefon 722 41. Der beste Gegenwert der mittleren Kategorie. 16–26 £, je nach Zimmer und Aufenthaltsdauer.

■ **Kit Hill Guesthouse,** Talland Hill, Tel. 0503/723 69. Hoch über Polperro, dramatische und schwindelerregende Aussichten auf die gesamte Bucht und den Ort. Garten mit Sitz- und Liegemöglichkeiten. Leider wird seit neuestem kein B+B mehr angeboten, dafür zwei Wohnungen mit je einem oder zwei Schlafzimmern; 115 bis 195 £ und 135 bis 200 £.

■ **Camping** in der Killigarth Manor Holiday Estate, zwischen Polperro und Looe, Tel. 722 16. Große Anlage, Strand etwa 1 km. Zwischen Polperro und Looe befinden sich noch weitere *campgrounds*. Siehe auch unter »Looe«.

Unterkünfte außerhalb

■ **Carneggan House,** Lanteglos, Tel. 07268/703 27. Wer sich von Polperro losreißen kann, sollte das »Carneggan House« in Betracht ziehen: viel private Atmosphäre, hell und luftig. Zimmer 18–28 £; letzteres ist einer Suite ähnlich: ein heller, großer Raum, durch weißsprossige Erkerfenster weite Blicke über das Tal.

Leicht zu finden ist Carneggan nicht: der einfachste Weg führt über Pelynt, von dort Richtung Lansallos und Polruan. Das georgianische, freistehende Bauernhaus aus dem 17. Jh. liegt nach etwa 6 km auf der linken Seite.

Verpflegung

■ **Blue Peter:** uriger Pub am Ende des Kais, offener Kamin und dunkles Holz schaffen eine an alte Tage erinnernde Atmosphäre. Das Gebäude ist eine ursprüngliche Fischerkate.

■ **The Kitchen,** The Coombes, Telefon 727 80. In »der Küche« tatsächlich feinstes Kulinarisches: frisch gefangener Lobster, aber auch Vegetarisches und Vollwertiges. Dinner ab 16 £. Di Ruhetag, im Winter nur Fr und Sa

Weiterreise

■ **Park & Ride:** hier in der Version »Park & Walk«. Große Parkplätze oberhalb des Dorfes, das für die Autos der Besucher gesperrt ist. Durchfahrt zu Hotels (Ein- und Ausladen) erlaubt; die meisten besitzen jedoch keine Parkplätze.

■ **Busse:** nach Looe mehrmals täglich, nach Bodinnick und Polruan 2 x täglich an Schultagen.

■ **Coastal path:** nach Fowey etwa 10 km, ab Polruan Fähre nach Fowey. Reizvolle, milde und grüne Küstenlandschaft. Nach Looe 6 km.

Fowey

Ein kleines Städtchen, an der Westseite der Mündung des gleichnamigen Flusses gelegen. Gegenüber Bodinnick, die Fährstation nach Osten, und Polruan, lange Zeit das »Mutterdorf« Foweys: Im 11. Jahrhundert bildete es wahrscheinlich das Handelszentrum an der Mündung des Fal.

Das mittelalterliche Fowey gab sich wichtig, stark und unabhängig; nicht selten auch ein wenig liederlich, denn die cornische Piraterie stand der übrigen dieser Zeit in nichts nach. Die Kanalgewässer zählten nicht gerade zu den beliebtesten Fahrgebieten der Handelsschiffahrt, und nicht selten wurden überzeugende Vergeltungsschläge versucht. Nach dem Einfall der spanischen Kriegsflotte im Jahre 1380 errichtete man zwei Blockhäuser an den Hafenseiten und spannte eine gewaltige Kette dazwischen. Diese mastbrechende Erfindung hielt jedoch nicht lange vor, denn nach der Entsendung des größten Kriegsschiffes in die Flotte *Henry IV.* gegen Frankreich, mit seinen etwa einhundert kampflustigen Bogenschützen an Bord, revanchierten sich die übelgelaunten Antagonisten, indem sie im Jahre 1456 halb Fowey niederbrannten.

Der Bau der Eisenanchierten sich die übelgelaunten Antagonisten, indem sie im Jahre 1456 halb Fowey niederbrannten.

Der Bau der Eisenbahnlinie 1864 von Lostwithiel, die heute jedoch stillgelegt ist, und vor allem der tiefe Hafen in der Flußmündung machten Fowey bald zu einem der führenden Verladeplätze des *china clay,* abgebaut in der Region um St. Austell.

Von dem rauhen Zahn der Zeit ist nicht mehr allzuviel zu spüren. Der gleichnamige Fluß erreicht seine fördeartige Mündung zwischen Fowey und Polruan nach einer langen, beschaulichen Reise, die im weiten Bodmin Moor, genauer am *Brown Willy,* dem höchsten Gipfel Cornwalls, beginnt. Eine Erkundung sowohl des malerischen Verlaufs als auch des kleinen, verträumten Polruan erweist sich als außerordentlich lohnenswert.

Unterkunft

■ **Youth Hostel,** Penquite House, Golant, etwa 5 km nördlich von Fowey, Tel. 0726/83 35 07. Altes, freistehendes Herrenhaus von 1847 mit Blick über die hügelige und bewaldete Landschaft und den breiten Fowey. 67 Betten, per Bus Richtung St. Austell, Castle Dore Crossroads aussteigen, nach etwa 800 m links dem Schild folgen, dann noch etwa 1,5 km über einen Hügelkamm bis zur Herberge.

■ **Wheelhouse,** Esplanade, Telefon 83 24 52. Wohnliche Zimmer in einem viktorianischen Reihenhaus, mit idyllischem Blick auf die Flußmündung und Polruan; 19 £, nach hinten liegend 15 £. Das kleine B+B wird von liebenswerten Individualisten geführt.

■ **Chy-an-mor,** 9 Daglands Road, oberhalb der Esplanade, Tel. 83 34 70. Nette und saubere Zimmer in einem blauweißen Reihenhaus; 12 £.

■ **Marina Hotel,** Esplanade, Telefon 83 33 15. Das kleine Hotel direkt am Fluß ist den anderen etablierten vorzuziehen. Geschmackvolles Interieur, gepflegte Atmosphäre; Zimmer mit Blick auf den Hafen ab 27 £, mit Balkon ab 35 £.

Empfohlen sei auch an dieser Stelle das »Carneggan House« in Lanteglos, siehe unter »Polperro«.

■ **Camping** im Powderham Castle Tourist Park, in Lanlivery nahe Lostwithiel, Telefon 0208/87 22 77. Große Stellplätze auf schier unendlichen Wiesen, sehr gepflegt.

Verpflegung

■ **The Ship Inn:** uriger Pub mit eichengetäfelter Decke und wärmender Kamingemütlichkeit, obendrein noch gutes Angebot an *local pub food.*

■ **Royal Oak,** in Lostwithiel. Ebenfalls urige Atmosphäre mit viel Holz und weichen Polstern.

■ **Food for Thought,** Fowey, Telefon 83 22 21. Hübsches, kleines Restaurant in einem 600 Jahre alten Gebäude am Kai. Natürlich Fisch in allen Variationen. Der Besitzer kocht selbst. Dinner um 16 £, So geschlossen.

Sehenswertes

■ **Noahs Ark Folk Museum,** in einem der ältesten Gebäude Foweys: U.a. Galerie mit Werken hier beheimateter Künstler.

■ **»Q« Memorial,** am Hall Walk in Polruan. Gedenkstein für den bekannten, cornischen Schriftsteller *Sir Arthur Quiller-Couch.*

■ **Restormel Castle,** bei Lostwithiel, etwa 11 km flußaufwärts von Fowey. Romantische, rund angelegte Burg aus dem 12. Jh., eine der besterhaltenen normannischen Festungen in Cornwall. Weite Sicht über das bewaldete Tal. Heute unter der Verwaltung der *English Heritage,* April bis September täglich 10–18 Uhr, im Winter Di–So 10–16 Uhr; 1,25 £.

■ **Wanderungen** vom Schönsten an der Mündung des *Lerryn* in den *Fowey,* möglicher Startpunkt im gleichnamigen Ort. – Oder von Bodinnick über Penleath Point und The Grove nach St. Wyllow und Carne Hill. Von dort über Watergate zurück nach Bodinnick, ca. 7 km.

Tristan Stone & Castle Dore

Von längst vergangenen Tagen – lange bevor sich Fowey aufmachte, die Vorherrschaft Polruans, der heutigen kleinen Schwester am Ostufer der Flußmündung, zu überholen – berichtet ein etwa zwei Meter hoher, schlanker Stein vor den Toren der Stadt, der *Tristan Stone.*

DRUSTANUS HIC IACET CUNOMORI FILIUS, entziffert man mit Mühe: Hier liegt Drustanus, Sohn des Cunomorus. Artus-Freunde und überzeugte Wagnerianer verspüren nun bereits eine leise Ahnung; der Name Cunomorus ist aufs engste der keltischen Persönlichkeit *Cynvawr* verbunden, einem Zeitgenossen Artus', dessen Zweitname in einem bretonischen Manuskript des 9. Jahrhunderts erscheint: *Mark. Drustanus* dagegen stellt die latinisierte Form von Tristan dar, womit sich der Zirkel schließt.

Damit verbunden ist folgendes: Etwa 4 km nordwestlich von Fowey erheben sich zwei überwucherte, ringförmige Erdwälle: *Castle Dore,* in dessen unmittelbarer Nähe sich Tristan Stones früherer Standort befunden haben muß, der Legende nach die Residenz *King Marks,* mit der noch recht gut erkennbaren Banketthalle samt offener Feuerstelle.

Archäologische Untersuchungen erhärten die verwischten Legenden, indem sie ergaben, daß die Vergangenheit Tristan Stones bis in das 6. Jahrhundert zurückreicht, daß die eisenzeitliche Hügelbefestigung ebenfalls zwischen dem 5. und 7. Jahrhundert neu befestigt wurde.

So lassen wir doch Tristan einfach seiner Isolde...

Verschiedenes

■ **Tourist Office** im Postamt, Custom House Hill, Tel. 0726/83 36 16. Mo–Sa 9–17 Uhr, So nur bis 13 Uhr, im Winter Mi und Sa nur bis 13 Uhr, So geschlossen. Spätestens hier erfolgt die Erkenntnis, daß Fowey eigentlich *foy* ausgesprochen wird.

■ **Segelschule:** *Fowey Cruising School,* Fore Street, Tel. 31 83 09.

■ **Segler-Informationen:** Telefon 0726/ 24 71 oder 24 72. Reichlich Anlegeplätze vorhanden, aufgrund der enormen Verkehrsbewegungen in der Mündung (bis zu 12.000 t große Schiffe können hier einfahren) Anmeldung erforderlich.

■ Das Erkunden des Flusses und seiner romantischen Seitenarme ist mit gemieteten **Kanus** ab dem Hafen von Fowey möglich.

Weiterreise

■ **Park & Ride:** großer Parkplatz am Hanson Drive, von Mai bis Oktober Busse ins Zentrum; Parken 70 p, Tickets 50 p.

■ **Busse:** mehrmals täglich nach Par und St. Austell.

■ **Fähren:** nach Bodinnick pausenlos, solange Tageslicht, für 1,30 £ per Auto inkl. Fahrer, weitere Begleiter sowie Fußgänger 50 p, Caravan mit Zugfahrzeug 2,50 £.

Personenfähre nach Polruan täglich etwa fünfzehnminütig von ca. 7–23 Uhr, wintertags nur bis 19 Uhr.

■ **Coastal path:** über Polkerris (dort Snacks im »Rashleigh Arms«) und Charlestown nach Mevagissey, etwa 20 km. – Über Polruan und die Lantivet Bay nach Polperro, ca. 12 recht fordernde, aber dramatisch schöne Kilometer.

St. Austell

Die Stadt St. Austell bildete im letzten Jahrhundert das zweite Zentrum des industriellen Cornwall. Neben Camborne, wo sich die Zinn- und Kupferminen sowie die Wissenschaft zentrierten, nahm St. Austell seinen bedeutenden Platz ein. Das »weiße Gold« Kaolin bestimmte den Tagesablauf der Bewohner und brachte Wohlstand in ihre Häuser.

Touristisch gehört St. Austell zu den benachteiligten Kindern Cornwalls: Eine reiche industrielle Vergangenheit fordert ihren Tribut. Echte Sehenswürdigkeiten gibt es nicht, und die hier und da verbliebene cornisch-urige Atmosphäre ist im übrigen Cornwall einfacher und ganzheitlicher zu finden.

So zieht St. Austell heute kaum Touristen an. Es sind überwiegend Zufallsbesucher, Geschäftsleute und aus verkehrstechnischen Gründen Hängengebliebene, die die Straßen bevölkern und damit die Bedeutung dieser Stadt als Geschäftszentrum und Verkehrsknotenpunkt belegen.

Man weiß darum, das kuriose Provisorium des Tourist Office – im Wohnwagen hinter der Tankstelle am Eingang der Stadt – zeugt davon.

Unterkunft

St. Austell ist eine der teuersten Städte Cornwalls, geht es darum, ein gutes Zimmer in der anspruchsvollen Kategorie zu finden. Die Hotelbatterien in der Carlyon Bay erinnern alle ein wenig an verkapptes Florida und sind ihr gefordertes Geld nicht wert. Gerade auch Exklusivreisenden sei dagegen Truro mit seinem *Alverton Manor* ans Herz gelegt.

■ Billig und gut bei **Mrs. Parry** in der Southborne Road, Tel. 0726/730 65. Gegenüber dem Kuriosium des Tourist Offices. Zimmer für 11 £.

■ **Snowford,** Mrs. C. Waters, 16 Sawles Road, Tel. 671 47. Einfache Zimmer für 11 £.

■ **Selwood House,** Alexander Road, in Bahnhofsnähe, Tel. 657 07. Die Zimmer sind mit 28 £ ebenfalls überteuert, doch das Hotelpersonal erhebt dieses Hotel über die anderen.

Sehenswertes

■ **Charlestown,** der seit 1790 unveränderte Hafen St. Austells mit seinem Visitor Center: Wissenswertes, Kurioses und Vergnügliches aus alten Schmugglertagen und den Zeiten der gestrandeten Wracks. Ostern bis Oktober täglich 10–18 Uhr

■ **Wheal Martin China Clay Museum:** einzigartige Zurschaustellung der Abbaumethoden des weißen Goldes, verbunden mit archäologischen Relikten des industriellen Beginns. Befindet sich in Carthew, etwa 3,5 km nördlich von St. Austell an der A 391. Ostern bis Oktober täglich 10–18 Uhr.

■ **Roche Rock,** an der B 3274, nördlich von St. Austell gelegen. Der kleine Ort Roche befindet sich im Hügelgürtel um St. Austell, in dem das Kaolin abgebaut wird. Eine in sich schon irreal wirkende Landschaft, die hier jedoch noch phantastischer scheint: Südlich des Ortes erwächst ein Felsengebilde dem gebliebenen, grünen Land, dessen Umgebung bis zum Horizont durch die gigantischen Zuckerhüte der Industrielandschaft geprägt ist. Inmitten dieser gewaltigen Landschaft reckt sich auf Roche Rock die Ruine einer alten Einsiedelei empor – wie dem vernebelten Bühnenbild einer klassischen Parsifal-Inszenierung entsprungen. Hier lebte im 15. Jahrhundert *St. Gonard,* ein aussätziger Eremit.

Verschiedenes

■ **Informationen** im oben erwähnten Wohnwagen hinter der Tankstelle an der Southbourne Road, Tel. 0726/763 33.

■ **Autovermietung** bei *Willdrive,* Trenance Grove Road, Tel. 645 06.

Weiterreise

■ **Busse:** nach Newquay, Mevagissey, Fowey und Bodmin mehrmals täglich; nachmittags nach Callington und Launceston.

■ **Bahn:** St. Austell liegt an der Hauptlinie Penzance-Plymouth/London. Täglich mehrere Verbindungen in beide Richtungen.

Cornische Gebirge

Ein wenig fremdartig und unwirklich scheinen sie schon, die cornischen Alpen. Eine Landschaft aus puderzuckerbestäubten Pyramiden und flachen Tafelbergen, in deren Tälern geheimnisvolle, unergründlich grüne Seen den Ahnungslosen lauern. Vor allem nördlich St. Austells sind sie zu finden, um die *Hensbarrow Downs,* in kleineren Ausmaßen jedoch auch nahe Helston auf dem *Tregonning Hill,* in Penwith und am Rande des Bodmin Moores.

In diesen Ausmaßen dachte William Cookworthy vermutlich noch nicht, als er hier im Jahre 1755 große Vorkommen *china-clays,* »Porzellanerde« oder auch »Kaolin« genannt, entdeckte. Im Laufe der Zeit wuchs die Bedeutung des Fundes weit über das simple Manufakturieren feinsten, weißen Porzellans hinaus. So finden sich heute einige der größten Abnehmer des für Cornwall wirtschaftlich so bedeutenden Puders in der Papier- und Pharma-, sowie in der benachbarten chemischen Industrie,

Das Kaolin wird durch scharfe Wasserstrahlen aus dem Gestein gelöst und separiert sich dann durch das Absenken in dafür vorgesehene *pits*. Hauptbestandteil des Kaolins ist das Mineral Kaolinit, ein wasserhaltiges Aluminiumsilikat; auf ein Mol Aluminiumoxid entfallen zwei Mole Siliciumdioxid und zwei Mole Wasser. Es ensteht bei der Verwitterung von Feldspat und besitzt ein großes Quellvermögen, was es zu einem gut zu verarbeitenden, sehr reinen Ton macht. In Verbindung mit Wasser ergibt sich dann eine plastische und gut zu modellierende Masse.

Bei der Weiterverarbeitung zu Porzellan wird erneut Feldspat und Quarz zugesetzt. Nach der Formgebung wird das Produkt bei Temperaturen zwischen 1.200 und 1.500 Grad gebrannt und erhält dabei die bekannte Konsistenz.

Mevagissey

Nichts reicht an Polperro; das Maß aller Dinge, betrachtet man die Urigkeit cornischer Fischerdörfer. Nicht weit entfernt jedoch, an zweiter Stelle gewissermaßen, bewegt sich Mevagissey. Nicht ganz so dramatisch, nicht ganz so perfekt, aber doch eine Faszination schlechthin, unterstrichen durch die merklich geringeren Besucherzahlen, selbst in der Saison.

Auch in Mevagissey bildeten die Sardinen einst das tägliche »Brot« der Fischer. *Food, heat and light. All in one night* lautet ein Spruch aus jenen Zeiten, denn die gefangenen Schätze spendeten zudem das Öl für Lampen und Heizungen in den Häusern der Fischer. Noch zu Beginn dieses Jahrhunderts drängten sich bis zu 100 Lugger innerhalb der engen Hafenmauern, und am Kai wurden die Netze vom Fang gesäubert. Die Frauen der Fischer legten die Sardinen in kleinen Gruben am Kai in Salz; gepreßt wurden sie später in das Mittelmeergebiet exportiert.

Das große »Sardinenjagen« ist vorbei, ebenso wie der Schmuggel, der über lange Zeit hinweg seinen Teil zum Auskommen der Fischer beisteuerte. Heute lebt das Dorf Mevagissey von seiner pittoresken Schönheit; der Touristenstrom ersetzte den der glitzernden Fische.

Das Zentrum des Vergangenen lebt heute auf der Bank. Die Einheimischen nennen sie *The Parliament,* und Interessierte finden sie am Kai; dort, wo der Hafen am überschaubarsten ist. Von den Launen des cornischen Wetters gegerbt, sind die spröden Holzlatten den Gesichtern der Alten nicht unähnlich, die auf ihnen hocken. So manche Erzählung, manch liebenswerter Küstenklatsch wird hier geboren, geformt und geht dann seinen Weg. Die Küste entlang, für Meilen zumindest, dem geistigen Einzugsgebiet Mevagisseys...

Unterkunft

■ **Youth Hostel** in Boswinger, Tel. 0726/84 32 34. Etwa 6 km südwestlich von Mevagissey, am Seaview Camping der schmalen Straße folgen. Diese geht später in eine Piste über und führt zum Meer, daher ist die Herberge auch für Wanderer des *coastal path* leicht zu erreichen. 36 Betten, April bis Oktober, Mi geschlossen.

■ **Mevagissey House,** Vicarage Hill, Tel. 84 24 27. Oberhalb Mevagisseys auf dem Hügel. Hübscher Garten mit Blick auf das Dorf, individuelle und großzügige Atmosphäre. Zimmer ab 16 £, mit eigenem Bad 2 £ Aufschlag. Wochenpreise für DBB, also inkl. Dinner ab 203 £.

Mevagissey: Wären nicht der stetige Wind und die starken Gezeiten, wähnte man sich am Mittelmeer. ▶

FY 454

FY238
FY 382

■ **Sharksfin Hotel,** am Hafen, Telefon 84 32 41. Urige und gemütliche Zimmer, teils mit Blick auf das muntere Treiben am Kai; 21–33 £. Ferienwohnungen am Hafen mit jeweils sechs Schlafstätten 116–350 £, je nach Saison.

■ **Trevalsa Court Hotel,** auf dem Hügel nördlich des Dorfes, Telefon 84 24 68. Leger geführtes Haus in eigenem Garten. Gediegenes Interieur, getäfelte Halle und Dining-Room aus dunklem Eichenholz, die meisten der Zimmer mit Blick auf Garten und Meer; 26–31 £.

Unterkünfte außerhalb

■ **High Clere**, kurz vor der Tankstelle in Gorran auf der linken Seite, Telefon 84 31 36. Freistehendes, edwardianisches Haus mit Blick über den eigenen Garten, unweit der Küste und Gorran Haven, privat geführt und von lockerer Atmosphäre. B+B 15 £.

■ **Woodlands,** unweit des Dorfeinganges von Gorran Haven, Tel. 84 38 21. Fünf günstige und angenehme Zimmer für 15,50 £.

■ **Treveor Farm,** kurz hinter Gorran, Tel. 84 23 87. Nicht selten überraschend anspruchsvoll sind die Zimmer auf ausgesuchten Farmen. Für ihre 12 £ mehr als zu empfehlen. Hier auch ein »offizieller« und großzügiger Campingplatz, zur Farm gehörend.

■ **Camping** beim Seaview Camping Park in Boswinger, Telefon 84 34 25. Großzügige und zu empfehlende Anlage, Coastal path und Hemmick Beach etwa 1 km.

Verpflegung

■ **Harbour Lights,** im Ort: schöner Pub mit leckeren Kleinigkeiten, z.B. *jacket potatoes* mit Salat.

■ **Llawnroc Hotel,** Gorran Haven. Von den Gartenterrassen »Erfrischungen mit Ausblick«, gerade auch für Küstenwanderer empfehlenswert.

■ **Barley Sheaf** in Gorran: vorzügliche *garlic mushrooms* für 2,50 £, Hauptgerichte für etwa 10 £.

Sehenswertes

■ **Mevagissey Folk Museum** im alten Werftgebäude am Westkai. Über den Schiffbau dieser Region. April bis Oktober täglich 10–18 Uhr.

■ **Dodman Point,** seit 1919 im Besitz des National Trust: Eisenzeitliche Befestigung hinter den Klippen; weit später, am 20.7.1588 sammelte sich hier die spanische Armada zum Sturm gegen England.

■ **The Lost Gardens of Heligan,** wenige Kilometer nördlich von Mevagissey. Der Garten wurde mehr als 70 Jahre nicht bewirtschaftet und zeigt sich im dementsprechend ursprünglichen Gewand. Täglich 10–16.30 Uhr. Eintritt 3 £. Angeschlossen sind Café und Pflanzenshop.

Chapel Point

Zwischen Mevagissey und Gorran Haven, über den Küstenweg erreichbar, liegt *Chapel Point,* eine sich in den Wind reckende Felsnase. Hoch über den Klippen soll hier vor langer Zeit eine Kapelle gestanden haben, verbunden mit der Legende um *Tristan und Isolde.*

Der zum Tode Verurteilte erbat sich die Erfüllung eines letzten Wunsches: in jener dramatisch gelegenen Kapelle für sein Heil beten zu dürfen. In einem günstigen Augenblick nahm er sein Heil selbst in die Hand und verließ die Kapelle: durch das Fenster, die Klippen hinunter.

Der Sprung, *Tristan's Leap,* rettete nicht nur ihm das Leben, sondern ermöglichte obendrein noch die Befreiung seiner Isolde. Nun nicht mehr weit entfernt vom Scheiterhaufen – inszeniert durch King Mark.

Verschiedenes

■ **Hochseeangeln** bei *Mevagissey Shark & Angling Centre,* Tel. 84 34 30. Bootcharter für Hochseeangler und Wracktaucher. Pauschal-Haifischjagden 17 £ pro Tag.

■ **Segler-Informationen:** Telefon 0726/ 84 33 05. Kaum Anlegemöglichkeiten im Hafenbecken, außerhalb jedoch auch in windgeschützten Positionen möglich.

Weiterreise

■ **Park & Ride:** eine der sinnvollsten P & R in Cornwall, denn die engen Straßen sind schon mit den Fahrzeugen der Einheimischen ausgelastet. Parkplatz am Vicarage Hill, nördlich des Dorfes. 8. Juli bis 7. Sept. 10.30–17.15 Uhr, beide Bustickets zusammen 40 p.

■ **Busse:** mehrmals täglich nach St. Austell und Gorran, So nach Fowey und Newqay.

■ **Coastal path:** nach Portloe über den Gorran Haven und Dodman Point, etwa 16 km, nach Fowey etwa 20 km.

Roseland Peninsula

Die Geister scheiden sich, doch die Mehrzahl der *locals,* vor allem die der Hotel- und Touristikbranche, bezeichnen die Westseite der Veryan Bay bereits als den Beginn der Roseland Peninsula.

Nun, diese wenn auch vielleicht übertriebene Ausdehnung spricht nur für den unwiderstehlichen Reiz der Halbinsel, deren Name nichts mit dem englischen Rosengarten gemeinsam hat. Das cornische *ros* steht für eine Landschaft zwischen Vorgebirge und Heide, und dies ist es dann auch, was den Besucher und vor allem den Wanderer hier erwartet. Der Coastal path führt über einige der schönsten Küstenmeilen des Südens und erweist sich, von Portscatho bis Portloe zumindest, als recht anstrengend. Entschädigend wirken hier vor allem die berückenden Aussichten des etwa 100 m hohen *Nare Head* auf die Küstenlinie und *Gull Rock* im Südosten. Doch nicht nur an der Küste kommen energiegeladene *rambler* auf ihre Kosten. Ähnlich des um Längen größeren und wilderen Lizard, durchziehen Wanderwege die liebliche, von der Sonne verwöhnten Landschaft; so zum Beispiel auch in *Veryan,* unweit des Nare Head und Heimat einer architektonischen Attraktion.

Der Teufel steckt bekanntermaßen im Detail; das wußte man schon immer. Und nicht selten in Winkeln und Ecken, aus denen er dann seine Opfer beäugte und seine nächsten Boshaftigkeiten plant. Nicht so in Veryan, dachte man sich und begann im 19. Jahrhundert mit dem Bau der schneeweißen, strohgedeckten *round houses,* dem Wahrzeichen dieses attraktiven, aber noch immer ruhigen Ortes im Osten der Halbinsel. Die krönenden Kreuze auf den konischen, feldgrauen Dächern lassen erneut über die Vermutung nachdenken, daß der *local vicar* seiner Zeit an dem Projekt des »Teufels Hölle« nicht gerade unbeteiligt war.

Unweit dieser Idylle befindet sich *Portloe,* nun direkt an der Küste gelegen und damit auch über den Coastal path zu erreichen. Selbst in der Saison ist man hier noch fern des Rummels, und eigentlich ist es überwiegend das »Lugger Hotel«, das die wenigen Touristen in diese von hohen Klippen geschützte Bucht lockt. Viel hat sich nicht verändert, besieht man die vergilbten Abbildungen in den traditionellen Räumlichkeiten des Hotels. Auch diese Gemäuer aus dem 17. Jahrhundert dienten Schmugglern als Unterschlupf. Heute rühmt man sich sogar, daß *Black Dunstan,* einer der früheren Wirte, dieser Untat bezichtigt und kurz darauf von den Gerechten gehängt wurde.

Weite Meilen der Küstenlinie Roselands stehen unter dem Schutz des National Trust, so vor allem die steil abfallenden Klippen des Nare Head und der vorgelagerte Gull Rock, ebenso das Ende der Halbinsel: St. Anthony Head und Zone Point. Auf dem Weg dahin, im fernen Westen der Gerrans Bay, das »Doppeldorf« *Gerrans – Portscatho,* bis vor Jahren noch getrennte Wege gehend, heute aus unerfindlichen Gründen vereint. Die noch trennenden vier Minuten Fußmarsch lohnen durchaus, denn die Charaktere der ungleichen Eigenwilligen bieten eine interessante und sonderbare Atmosphäre; eine Mischung aus verträumt vertäuten Hummerfängern im Hafen von Portscatho und der mittelalterlichen Kirche inmitten der lieblichen Landschaft um Gerrans.

Das besagte Ende der Peninsula bildet zugleich ihren lieblichsten Teil: eine parkähnliche, sattgrüne Landschaft, die sich sanft zu den Wassern der breiten *Carrick Roads* und seinen Seitenarmen hinabneigt. Hoch über allem, und nun wirklich am Ende, *St. Anthony Lighthouse,* Schlußlicht und Signalgeber für einfahrende Schiffe in der Falmouth Bay.

Unterkunft

■ **Old Stables,** Tel. 0872/50 17 83. Inmitten der »Prärie« und nicht leicht zu orten, alternatives Cottage in unendlicher Ruhe mit sehr umweltbewußter »Besetzung«. Zwei schöne Zimmer, B+B 12 £. Von Tregony nach St.Mawes, hinter Ruan Highlanes der Beschilderung nach Veryan folgen, »The Old Stables« liegen dann linksseitig.

■ **Treberrick Farm,** in unmittelbarer Nähe des *Caerhayes Castles*, Te. 532 47. Bester Gegenwert im üblichen *farmhouse style.* Große Zimmer mit edlem Inventar und schönem Blick für 13 £.

■ **Roseland Place**, Tel. 583 93. Ein wahres Kleinod in St.Anthony, dem westlichen Ende der Halbinsel. Drei Zimmer in privater Herrenhausatmosphäre, zauberhafter Blick, Leuchtturm und romantische Küste in verführerischer Nähe. B+B 14–17 £.

■ **Trewince,** Tel. 582 89. Auf dem Weg nach St. Anthony; ehemals elegantes Anwesen, das heute in geschickter Weise vermarktet wird: Camping, Ferienwohnungen – und Bed & Breakfast, falls die Wohnungen nicht vermietet sind. Wohnungen 90–350 £, je nach Typ und Saison. B+B für die Wohnungen im Herrenhaus um 18 £.

■ **Lugger Hotel,** Portloe, Tel. 50 13 22. Hier tummeln sich überwiegend Stammgäste des traditionsreichen Hauses; der Gegenwert zählt jedoch nicht zu den besten in Cornwall. Zimmer ab 48 £ inkl. Dinner; falls nicht gewünscht, abzüglich 10 £. Ab sieben Tagen Aufenthalt 6 £ off.

Sehenswertes

■ **Caerhays Castle,** auf dem Weg von Boswinger nach Portholland, leider in Privatbesitz. Erst zu Beginn des 19. Jahrhunderts durch John Nash für *J. B. Trevanion* erbaut. Trotz der gehörigen Portion *fake* ist es einen Besuch wert. Zumeist nur von außen zu sehen; immerhin an Ostern Besichtigung des Gartens möglich, verbunden mit einer »pflanzlichen *charity*«.

■ **Portholland,** Minibucht der Kategorie »sieben Häuser ohne Pub«, stellt so ziemlich das kleinste Nest dar, das es zu besuchen gilt. Läßt sich schön in einen Tagesmarsch an der Küste einbauen (Portloe ca. 3 km, Dodman Point und weiter Mevagissey jeweils etwa 8 km)

■ **Carne Barrow,** größtes Hügelgrab Cornwalls am Nare Head, vermutlich letzte Ruhestätte *King Geraints.*

Weiterreise

■ **Busse:** von Portloe und Veryan Mo, Mi und Sa 4 x täglich nach Truro.

■ **Fähre** von Place nach St.Mawes, bequem für Küstenwanderer, um die Roseland Peninsula zu erwandern: Mai bis September, täglich im Halbstunden-Rhythmus zwischen 10 und 16.30 Uhr, Fahrzeit 10 Minuten; 1,50 £. Der gepäckgeplagte Wanderer sollte vor dem Ausflug die Zeiten noch einmal checken – denn bei einer Einstellung des Fährbetriebs, wie vor Jahren schon einmal geschehen, sind die Karten in Plaice schlecht verteilt.

■ **Coastal path:** nach St. Mawes entlang der Roseland Peninsula etwa 17 km, falls ein Boot ab Place aufgetrieben werden kann. Nach Mevagissey etwa 16 km.

St. Mawes

Am Anfang stand die Angst, die unter den Engländern bis heute nicht gänzlich überwundene Sorge *Henrys VIII.* vor einer französischen Invasion über den Kanal. So sah er sich veranlaßt, seine Küstenverteidigung erneut zu überdenken, was schließlich mit dem Bau der beiden *round castles* endete, dem St. Mawes Castle und seinem kleineren Gegenüber, dem Pendennis Castle in Falmouth – an den wohl strategisch günstigsten Positionen, die gesamte Einfahrt der *Carrick Roads* kontrollierend.

Die französische Invasion blieb aus, dafür sammelte sich wenig später die spanische Armada zum Sturm auf England – ein hoffnungsloses Unterfangen. 1588 verlor Spanien 160 Schiffe im Wert von etwa 200 Millionen Dukaten im Kampf gegen den englischen Nationalhelden *Sir Francis Drake* und übergab damit das Zepter der Seemacht an die Insulaner.

Aber auch dies ist vorüber. Geblieben ist eines der schönsten Relikte mittelalterlicher Wehrbefestigungen in Cornwall, mit erhebenden Ausblicken auf die Weiten der Bucht mit ihrem auch heute noch deplaziert wirkenden Yachthafen. Doch die Segler haben es erkannt. Der Riviera ähnlich liegt die Bucht vor den frischen Nordwinden geschützt und wartet daher mit subtropischer Freundlichkeit auf. In zartem, ligurischen Licht schmiegen sich die weißen Häuser den Hang hinauf; den Kamm jedoch haben prächtige Villen für sich beansprucht, die über noch weitaus berauschendere Panoramen verfügen, als sie der Burg schon zustehen.

St. Mawes ist weitgehend von den Massen des Touristenstromes verschont. Lediglich in den Monaten Juli und August kann es zu Engpässen kommen, dann allerdings auch bei der Zimmersuche. Das Gros der Besucher kommt für den Tag, mit der Fähre aus Falmouth. Sie besehen die Burg, erfreuen sich an der ruhigen und gelösten Atmosphäre am Hafen – und verlassen ihn schnell wieder, um in ihr turbulentes »Feriendorf« zurückzukehren. Ausnahmen bilden die Skipper, die ihre Boote in dem Yachthafen vertäut haben und als Stammgäste des Ortes jede freie Minute bei ihren Seglern verbringen.

Unterkunft

■ **Newton Farm,** Tel. 0326/27 04 27, und **Lower Meadow,** Tel. 27 00 36. Mutter und Tochter vermieten Zimmer für 13–16 £. Beide auf dem Hügel über St. Mawes, vom oberen »Lower Meadow« der Tochter sogar mit Blick auf die Bucht.

■ **Meeresblick,** in St. Just-in-Roseland, Tel. 27 03 94. Das B+B mit dem überraschenden Namen wird von einer Österreicherin geleitet. Zimmer in normalem Stil 12–14 £. Ebenfalls kleines Café mit cornischen *cream teas*.

■ **Braganza,** Tel. 27 02 81. Eine jener weißen Villen über St. Mawes, mit wundervoller Aussicht auf das runde, grüne Ende der Roseland Peninsula, sympathische Privatatmosphäre, Zimmer für 18–21 £.

■ **Idle Rocks Hotel,** am Hafen, Telefon 27 07 71. Geschmackvolles und gediegenes Interieur, bezaubernde Blicke auf die Bucht, Zimmer ab 23 £ für B+B.

■ **Tresanton Hotel,** unweit der Burg, Tel. 27 05 44. Preislich dem Nare Hotel am Carne Beach, Veryan, verwandt. Hier jedoch familiärere Atmosphäre und gelungeneres Design der Räumlichkeiten; alle Zimmer genießen seaview. Zimmer ab 60 £ inkl. Dinner; falls nicht gewünscht abzüglich 17,50 £.

■ An dieser Stelle sei noch einmal auf das **Alverton Manor** verwiesen, vorgestellt unter »Truro«.

Verpflegung

■ St. Mawes hält einige alte und schön gelegenen Pubs bereit, manche davon stehen direkt am Meer. Empfehlenswert sind das **Rising Inn** und das **Victory.**

Sehenswertes

■ **St. Mawes Castle:** unter den Fittichen des English Heritage, April bis Oktober täglich 10–18 Uhr, November bis März Mi–Sa 10–16 Uhr; 1,35 £.

■ **St. Just-in-Roseland,** wenige Kilometer nördlich von St. Mawes. Ein kleines Dorf mit einer romantischen Kirche, die am Rande eines bewaldeten Seitenarmes der *Carrick Roads* liegt. Dichte Vegetation umgibt das dreischiffige Gebäude, der viereckige Turm hat eine Ecke erhöht, als Zinne gewissermaßen. Das bezaubernde Gotteshaus aus dem späten 13. Jahrhundert besitzt ein *lych gate,* ein giebelförmig überdachtes Friedhofstor, das den kleinen Gemeinden ebenfalls zur Aufbahrung der Verstorbenen dient, für die Zeit des Gottesdienstes.

Verschiedenes

■ **Segler-Informationen:** Tel. 0326/ 27 04 43 oder 27 05 53. Am Kai nur begrenztes Anlegen möglich. Liegeplätze sind jedoch im Yachthafen vorhanden.

Weiterreise

■ **Busse:** 3 x täglich nach St. Just in Roseland und Truro.

■ **King Harry Ferry,** Philleigh – Feock, halbstündige Verbindung von 8.15 bis 20.15 Uhr, im Winter nur bis 18.15 Uhr und in der Hochsaison im Juli und August bis 21.15 Uhr. Auto 2,40 £, Fahrräder 1,10 £.

■ **Fähre** nach Falmouth, nur für Fußgänger und Fahrräder. 2,85 £ return, Fahrrad 1,10 £. Im Sommer täglich, im Winter Mo–Sa 9–18 Uhr.

■ **Coastal path:** nach Falmouth siehe »Fähre«, nach Place auf der Roseland Peninsula siehe dort.

Truro

Den höchsten Turm hat sie nicht (der ist in Probus, auf dem Weg nach St. Austell, zu finden, mit seinen alles überragenden, wundervoll gemeißelten 123 Feet), doch sie ist die gewaltigste und interessanteste Kirche, die Kathedrale von Truro, und natürlich auch die wichtigste – in ihrer Funktion als Repräsentation des Bischofssitzes von Cornwall. Diese Aufgabe lag, vor knapp einem Jahrtausend, in den Händen der Hirten von St. Germans, genauer, bis zum Jahre 1050. 1876 erst, acht Jahrhunderte später, wurde Cornwall erneut ein eigenes Bistum, mit Truro als neuem Bischofssitz.

Erst 34 Jahre später war sie vollendet, die Grazie in Granit, erbaut auf dem Grund der Kirche von *St. Mary's* aus dem 16. Jahrhundert, deren Relikte an der Südwand der Kathedrale zu sehen sind. Architekt *John L.Pearson* hatte sich der Gotik verschrieben; in seinem recht anachronistischen Gebrauch diesen Baustils zeigt sich erneut die mögliche Vollkommenheit in der Anknüpfung an große, mittelalterliche Bautraditionen. »Überzeugte Kunstgeschichtler« jedoch werden dies, gemessen an rein romantischen Ästhetikern, wahrscheinlich weit weniger zu schätzen wissen.

Doch Truro stellt nicht nur die »kirchliche Hauptstadt« Cornwalls dar. Sie ist es auch in geschäftlicher und verwaltender Hinsicht – spätestens heute, nach der Einweihung des *crown court,* der zuvor lange Zeit seinen Platz in Bodmin hatte.

Der kleinen, beschaulichen Marktstadt Truro sieht man ihre schier »endlose« Vergangenheit nicht auf den ersten Blick an. Bereits vor etwa 2.500 Jahren wurden hier, oberhalb des Flusses, Rituale gefeiert. Die erste bekannte Befestigungsanlage stammt aus der normannischen Zeit; doch an sie erinnert lediglich der Name: *Castle Hill,* im Zentrum des Modernen. Truros mittelalterliche Vergangenheit war dem kulturell so hochgestellten Bath in Somerset über alle Maßen verwandt, aber auch hier behauptete sich die geschäftsorientierte Neuzeit schnell und unnachgiebig. Als Relikt jener glanzvollen Epoche begreift sich die *Philharmonic Society,* die mit ihren rund dreißig Konzerten im Jahr Musikliebhaber aus allen Winkeln Cornwalls zusammenbringt.

Unterkunft

So hübsch und sehenswert sich Truro auch gibt, so lausig begegnen dem Besucher die Hotels der gehobenen Art, bis auf die rühmliche und bereits zitierte Ausnahme, das Alverton Manor. Die preiswerten Unterkünfte präsentieren sich durchweg normal. Stilvoll sind jedoch die kleinen B+Bs in der Tregolls Road, in Schnupperweite des besagten Manors.

■ **Woodview,** 12 Highertown, Telefon 0872/728 59. Einfache Zimmer, nette Besitzerin, Zimmer 14,50 £. Nebenan auch noch andere B+Bs.

■ **Conifers Guest House,** 36 Tregolls Road, Telefon 799 25. Viktorianisches Schmuckstück, lockere und freundliche Atmosphäre. Zimmer 16,50 £.

■ **Rock Cottage,** Blackwater, Telefon 56 02 52. Urgemütliches Kaminzimmer, individuell gestaltete Zimmer für 17,50 £, inkl. eigenem Bad. Nette Familie, eigene TV-Lounge, preiswerte Snacks à la carte erhältlich, nur nichtrauchende Besucher erwünscht. Von Truro auf der A 390 westwärts, am roundabout mit der A 30 Beschilderung nach Blackwater folgen, »Rock Cottage« liegt dann rechtsseitig.

■ **Tregony House,** Tregony, etwa 14 km östlich von Truro, Tel. 087253/671. Privates, anspruchsvolles »Kleinsthotel« aus dem 17.Jh., von außen nur schwer als solches zu erkennen. Liegt gegenüber des King's Arms an der Hauptstraße. Gelungenes Design der Räumlichkeiten, ungezwungene Atmosphäre, Bibliothek- und Gartennutzung, aus dem die meisten Kräuter für das abendliche Menü stammen. Zimmer inkl. Frühstück und weit gelobtem Dinner für 27 £.

■ **Alverton Manor,** Tregolls Road, Tel. 766 33. Falls der Reisende überhaupt in der Lage ist, echtes Erleben zu »kaufen«, so bietet dieses ehemalige Kloster aus der viktorianischen Zeit die dafür wohl erlesenste Möglichkeit: Grober Granit in gotischen Bögen, edles Holz, warmes Licht und pastellene Stoffe bilden die unwiderstehliche Verführung in den traditionellen, altehrwürdigen Gemäuern. Mit Preisen ab 59 £ für B+B sicherlich nicht für jedes Portemonnaie geeignet, doch längst nicht das teuerste aller Hotels in Cornwall – wohl aber das erlebenswerteste schlechthin. Dinner ab 12 £.

■ **Camping** auf weitgerühmtem Leverton Place (Tel. 56 04 62) an der westlichen A 390. Recht normal und überraschungsarm, typischer Fall von »Einer empfiehlt, alle schreiben darüber«. Nicht schlechter, weil kleiner und unbekannter, aber weit sympathischer der Liskey (Tel. 56 02 74), 200 Meter dahinter.

Oder auf dem Carnon Downs (Tel. 86 22 83) an der A 39 Richtung Falmouth, ca. 4 km außerhalb Truros. Familiärer Platz mit großzügigen Stellplätzen.

Verpflegung

■ **The City Inn,** Pydar Street, unweit der Kathedrale. Restaurant und hübscher Biergarten, die üblichen Kleinigkeiten.

■ **The Feast,** 15 Kenwyn Street. Sehr gutes Vollwertrestaurant mit reichhaltiger Auswahl. Ebenfalls Weine aus ökologischem Anbau. Mo–Do 10–17 Uhr, Fr–So bis 21 Uhr.

■ **The Wheelhouse,** Tresillian, etwa 4 km auf der A 39 Richtung St. Austell. Romantischer Pub mit seinem bezeichnenden Wagenrad auf dem strohgedeckten Dach; er datiert zurück auf das 14.Jh. Am New Year's Eve steigt hier die Party mit der alljährlichen, weitbekannten *super pastie,* knapp zwei Meter lang und etwa 50 kg schwer. Doch auch die kleinen, normalen lohnen das Kommen durchaus.

■ **Terrace Restaurant,** Alverton Manor, Tregolls Road. In Gemäuern voller Atmosphäre vorzügliches Angebot an Erlesenem: Spezialität Lachsforelle mit einem warmen Moussé aus Meeresfrüchten! Umfangreiche Weinkarte. Dinner etwa 14– 22 £.

Sehenswertes

■ **County Museum & Art Gallery,** River Street, Tel. 722 05. Beachtliche Ausstellung über die cornische Geschichte: Mineralien, Töpferwaren, Gemälde, Silber- und Goldwaren. Nicht zu vergessen die ägyptische Mumie...

■ **Trewithen House and Gardens,** unweit von Probus. Ebenfalls georgianischer Landsitz mit weiter Parklandschaft, meist nur wenig besucht. März bis September Mo–Sa 10–16.30 Uhr, Führungen durch das Haus von April bis Juli, Mo, Di 14–16.30 Uhr. Eintritt Garten 2 £, Haus 3 £.

■ **Truro Wildlife Park:** über 700 Vogelarten, darunter Eulen, Papageien, Flamingos... Täglich 9–17 Uhr, 2,50 £. Liegt an der A 3076 Richtung Newquay, etwa 5 km außerhalb Truros.

Trelissick Gardens

Einer der schönsten Gärten in Cornwall, etwa 6 km südlich von Truro gelegen, unweit der Anlegestelle der King Harry Ferry. Fährreisende beginnen vermutlich hier ihre Truro-Exkursion; an einem Ort, dessen Besuch sich leicht zu einem der Höhepunkte dieser Region entwickeln kann.

Cornische Gärten entfalten ihren betörenden Reiz vor allem im Frühling, und auch Trelissick gestattet sich da keine Ausnahme. Doch auch zu anderer Zeit genießt der Besucher wahre Massen an Magnolien, Rhododendren, Kamelien und japanischen Kirschbäumen, immer wieder wohlpointiert durch weite, bezaubernde Ausblicke auf die südcornische Fjordlandschaft, die Ausläufer der Carrick Roads und Teile des Hafens von Falmouth. Große gehörende Waldgebiete – mit einem Naturpfad des National Trust, allein schon über 6 km lang – laden zum Wandern ein, auch dann, wenn die eigentlichen Tore verschlossen sind. Die *Trelissick Gallery,* in einem Teil des Gebäudes, bietet von Mai bis Dezember Ausstellungen auch von Werken junger Künstler an. Der Schieferboden in den Räumlichkeiten stammt aus der *Delabole Slate Quarry* bei Camelford.

Der Besichtigung des prachtvollen georgianischen Herrenhauses allerdings steht Mr. Spencer Copeland entschieden im Wege, dessen Mutter, Mrs. Ida Copeland, das Anwesen samt Park und Wäldern im Jahre 1955 dem National Trust überschrieb. Das Wohnrecht jedoch ist ihm geblieben und seine Entscheidung, angesichts der gewählten Eleganz des Gebäudes, durchaus nachvollziehbar.

März bis Oktober täglich 11–18 Uhr, So ab 13 Uhr. Im März und Oktober schließt der Park bereits um 17 Uhr. Die Wanderwege in den Wäldern am Fluß sind ganzjährig begehbar. Eintritt Garten: 3 £. Die Galerie ist täglich ab 11 Uhr geöffnet, So ab 13 Uhr.

Verschiedenes

■ Informationen über Truro und Umgebung im Zentrum in der Boscawen Street, Municipal Buildings, Tel. 0872/745 55.

■ **Tauchen**: *Seaways,* Truro Diving Services, 38 Lemon Street, Tel 776 52.

■ **Golf** im *Truro Golf Club,* Treliske, Tel. 786 84. Etwa 3,5 km von Truro entfernt, an der A 390 Richtung Redruth, parkähnliche Anlage.

■ **Sprachenschule:** Dr. L. Jenkin, An Gresen Gernewek, Tregarne, Cusgarne, Telefon 86 41 57. Hier auch Unterricht in Cornisch.

■ **Autovermietung** bei *Carental,* Infirmary Hill, Tel. 767 97. – Oder bei *Godfrey Davis Europcar Ltd,* St. James Place, Tel. 768 25.

■ **Camping-Bedarf** bei *Penrose Camping and Leisure Ltd,* Town Quay, Tel. 721 16. Hier alles vom Zelt über Schlafsäcke und Wanderschuhe bis zu Lampen und Kleinkram, auch Reparatur von Geweben.

■ **Segler-Informationen:** Tel. 0872/781 31. Hier auch Informationen über *moorings* in Malpas.

Weiterreise

■ **Park & Ride:** Parkplatz an der Umgehungsstraße, der Verbindung Redruth-St. Austell, hinter dem Kreisverkehr, der zum Bahnhof führt, auf der rechten Seite. Vom 9. Juli bis zum 7. September 10.30–17.30. Bustickets 50 p hin und zurück. Nur wochentags!

■ **Busse:** mehrmals täglich nach Probus, St. Austell, Newquay, St. Ives, Penzance, Perranporth, Helston, Porthleven und Falmouth, nur 2 x täglich nach Camborne, 1 x morgens nach Bodmin. Lizard nur Sa mittags und nachmittags. Täglich sieben Verbindungen nach London, preislich wie Penzance.

■ **Bahn:** Truro liegt an der Hauptstrekke Penzance-Plymouth/London, täglich mehrere Verbindungen. Ebenfalls mehrere Züge pro Tag auf der Stichlinie nach Falmouth, So jedoch nur sieben. Im Winterhalbjahr nur Mo bis Sa.

■ **Boote nach Falmouth** wochentags mindestens um 10.30, 11.30, 14.15, 15.30 und 17.30 Uhr. Einfach 2,30 £, hin und zurück 3,50 £. Bei Niedrigwasser erst ab Malpas, etwa 3,5 km flußabwärts. Es existieren Busverbindungen.

■ **King Harry Ferry** von Feock nach Philleigh, interessant für Autoreisende nach der Roseland Peninsula und St. Mawes. Halbstündig Verbindungen von 8–20 Uhr im Sommer und 8–18 Uhr in den Wintermonaten, in der Hochsaison im Juli und August bis 21 Uhr. Pro Auto 2,40 £, Fahrräder 1,10 £.

Malpas

Ein kleiner, verträumter Ort, nur wenige Kilometer flußabwärts von Truro gelegen. Außer dem örtlichen Pub, dem *Heron Inn,* gibt es nicht viel zu sehen – wohl aber zu erinnern. Malpas ist Station der bewegten Legende um Tristan und Isolde, auf ihrer Fahrt der Liebe durch Unwillen und Wirren ihrer Zeit. Eine moralisch nicht ganz einwandfreie Episode – dafür aber umso gewitzter:

Tristan war natürlich längst vom Hofe *King Marks* verbannt und der gewünschte Friede eingekehrt; doch die Barone setzten ihrem Gebieter so lange zu, bis der sich bereit erklärte, Isoldes Treue durch ein »Gottesgericht« unter Beweis stellen zu lassen. Überraschend schnell willigte diese ein, machte jedoch zur Bedingung, das gegenüberliegende Flußufer, Blanchelande, als Schauplatz zu wählen. In aller Eile ließ sie Tristan wissen, er solle sie am hiesigen Malpas-Ufer erwarten – verkleidet, als Aussätziger.

Der Tag kam, und sie begab sich zum Ufer, allein – denn ihr Gefolge hielt sich aus Angst vor der Gefahr des Aussatzes weit zurück. Der verkleidete Tristan wartete schon und trug sie unbehelligt über die Furt nach Blanchelande, wo sie dann ihren fälligen Schwur leistete, ohne meineidig zu werden.

Daß nämlich bisher kein Mann, außer ihrem Gatten natürlich und eben jenem aussätzigen Fremden, je zwischen ihren Beinen gewesen war...

Weiterreise

■ **Busse:** täglich mehrmals nach Truro.

■ **Boote** etwa 5 x täglich nach Falmouth und Truro, nur werktags.

Falmouth

Als von der Natur über alle Maßen verwöhnt – anders kann man Falmouth wohl nicht bezeichnen. Die Mündungen von gleich sieben Flüssen speisen den imposanten Fjord, an dessen beschaulichen Ufern sich die cornische Parklandschaft sanft ihren Weg ins Landesinnere sucht. Das tiefe, vor den Gewalten der oftmals rauhen See geschützt liegende Wasser und der sich keck hervorreckende *Pendennis Point* bilden hier einen Naturhafen, der seinesgleichen sucht.

Verständlich, daß sich bereits das Falmouth der Tudor-Zeit aufmachte, zum wichtigsten Hafen des fernen englischen Südwestens zu werden. Eine Entwicklung, die Falmouth den bezeichnenden Namen »the Front Porch of Britain« einbrachte und den damaligen Herrscher Henry VIII. dazu bewegte, diesen für England so bedeutenden Stützpunkt, sowohl in wirtschaftlicher als auch in militärischer Hinsicht, durch den Erbau jener zwei *round castles* zu sichern.

Linienschiffe nach Amerika, dem Mittelmeer und Indien lagen hier vor Anker – auf Versorgung mit Waren und Proviant wartend, oder auf günstigeren Wind. Im Jahre 1699 wurde Falmouth zur westlichsten Postpaketstation Englands, Anlaufstelle der schnellen »Linien-Windjammer« über den Atlantik, und fungierte lange Zeit als der zweitemsigste Hafen in England, nach London selbst. Die Verbindung nach London galt als hervorragend: Moderne Postkutschen verließen Falmouth gewöhnlich montags und erreichten samstags bereits die nebligen Ufer der Themse.

Das Ende der Ära begann 1819, als das erste Schiff ohne Segel den Atlantik überquerte, von den USA nach Europa in 26 Tagen. Die Dampfmaschine hielt Einzug in die seefahrende Welt.

1863 dann, 4 Jahre nach der Eröffnung der Royal Albert Bridge in Saltash, erreichten die eisernen Schienenstränge nun auch Falmouth – eine Stichlinie der Verbindung London/Plymouth – Penzance. Mit den ersten Erholungsreisenden erblühte ein neues Geschäft.

Die Auswirkungen dieser rasch zunehmenden Invasion sind noch heute zu überblicken: Bewohner der Jugendherberge befinden sich eindeutig im Vorteil, denn diese füllt heute die Räumlichkeiten der sogenannten Kasernengebäude des *Pendennis Castle:* eine nur als traumhaft zu bezeichnende Umgebung an historischer Stätte. Das *round castle* selbst wurde etwa drei Jahre nach seinem kleineren Gegenüber bei St. Mawes erbaut und bietet naturgemäß den besten Ort, der lebhaften Vergangenheit des alten und neuen Falmouth zu begegnen.

Ein Bummel durch die ehrwürdigen Gassen der Hafenstadt reizt natürlich besonders und hält so manch Interessantes für den Besucher bereit. So zum Beispiel *The Moor,* das Zentrum des Alten, bis zum Jahre 1860 noch feuchtes Marschland, heute zum einen Standort der Verwaltungsgebäude der Stadt, vor allem jedoch der Bibliothek, mit großer und sehenswerter Auswahl an cornischem Lesestoff.

Oder vielleicht *Arwenack,* das Herrenhaus der Killigrews aus dem 17.Jahrhundert. Ihr schillerndstes Familienmitglied war offenbar *Sir John Killigrew,* der Begründer der Stadt und eine skurrile cornisch-personifizierte Eigenheit schlechthin. Ein gefundenes Beispiel für die Verbindung von Staatsgewalt und Anarchie, gleichzeitiger Repräsentation von Gesetz und Unterwelt, Räuber und Gendarm. Er bekleidete das Amt des Vizeadmirals von Cornwall; seine Haupteinnahmequelle jedoch schöpfte er aus Schmuggel und Piraterie – die er zumeist persönlich betreute. Er selbst leitete die Überfälle auf vornehmlich französische und spanische Schiffe, und in den Pubs der Altstadt erzählt man sich von jener nicht gerade lieblichen Zeit. Ob allerdings tatsächlich Lady Killigrew eigenhändig nach einer Schlacht die Seeleute eines gekaperten, spanischen Schiffes ertränkte? Die Geschichte lebt!

Unterkunft

Falmouth ist einer der begehrtesten Urlaubsorte Cornwalls, die Leistungen der Hotels halten sich dementsprechend arg in Grenzen, die Zimmer sind oftmals von vorsintflutlichem Design, der Service ist traurig. Doch Truro ist nur knappe 18 km entfernt (»Alverton Manor«, siehe dort).

■ **Youth Hostel** im Pendennis Castle, Tel. 31 14 35. Vom Zentrum in Falmouth etwa 1,5 km. 90 Betten, Januar geschlossen, im Dezember Sa und So.

■ **Selwood Cottage,** 38 Melvill Road, Tel.0326/31 41 35. Vor allem das Zimmer mit den Erkerfenstern auf den preisgekrönten Garten der Besitzerin Alison besticht durch Großzügigkeit und Harmonie, B+B 13–16 £. Entlang der Melvill Road unzählige andere B+Bs, preislich ähnlich.

■ **Gayhurst,** Pennance Road, Telefon 31 51 61. Saubere und komfortable Zimmer für 14 £, inkl. eigenem Bad. Vermieten auch Wohnungen, je nach Wahl und Saison 90–180 £.

■ **Green Lawns Hotel,** Western Terrace, Tel. 31 27 34. Das verwinkelte, kleine Hotel überzeugt vor allen anderen »first class hotels«. Allerdings sind die »Kabinen« im modernen Trakt zu meiden, überaus ästhetisch und ihr Geld wert die Räumlichkeiten im alten Gebäudeteil. Himmelbetten, sanfte und wohlabgestimmte Farben, teils mit jacuzzi: dann ist es das »Honeymoon Hotel«... Zimmer ab 42 £, in der Nebensaison ca 20 % off.

Unterkünfte außerhalb

■ **Higher Kergilliack** in Budock, Tel. 722 71. Georgianisches Farmhaus in weitem Garten, frühere Residenz des Bischofs von Exeter, 15 £. Auf der B 3291 etwa 2 km Richtung Constantine.

■ **Carwinion Vean,** Grove Hill, Mawnan Smith, Tel. 25 05 13. Vor allem Vermietung von Cottages, 125– 270 £. Im Haus selbst im Sommer auch B+B für 15 £, bester Gegenwert.

■ In **Mawnan Smith,** etwa 8 km südwestlich, gleich drei Landhotels der Luxuskategorie. Preis und Gegenwert stehen nicht gerade in einem reellen Verhältnis, deshalb hier nur die Namen: Nansidwell Country House (ca. 40 £), Meudon (45 £) und das Golfhotel Budock Vean (ca. 45 £ inkl. Dinner).

■ **Trebah Farm,** unmittelbar hinter dem gleichnamigen Garten bei Mawnan Smith, Tel. 25 02 95. Äußerst preiswert, ruhig und gepflegt. Zimmer ab 12,50 £.

■ **Tregew Farm,** Flushing, auf der kleinen Halbinsel nördlich von Falmouth, Tel. 743 69. Einfache Zimmer, Gebäude aus dem 18. Jhs. B+B 13,50 £.

■ **Camping** im Carnon Downs Caravan Park, siehe unter »Truro«. – Oder im »Mean Valley«, dem Schild »The Beaches« folgen, dann gelbe Beschilderung beachten. Normaler Platz mit normalen Parzellen und normaler Atmosphäre. Vielleicht doch Camping am Schloß? Siehe unter »Lizard«, »Trelowarren«.

Verpflegung

■ **Seven Stars,** The Moor. Zentral gelegener Pub, hier wurde auch für die Verfilmung der »Schatzinsel« gedreht.

■ **Seafood Bar,** Lower Quay Hill. Guter Fisch und Meeresfrüchte zu zivilen Preisen.

■ **The Pandora Inn,** Restronguet Passage bei Mylor Bridge, nördlich von Falmouth. Ein strohgedeckter, geweißter Pub aus dem 13. Jh. Romantisch am Wasser gelegen, bekannte Köstlichkeiten, guter Wein. Restaurant der anspruchsvollen Kategorie im ersten Stock.

Sehenswertes

■ **Falmouth Maritime Museum,** Bell's Court, Market Street. Cornwalls und natürlich Falmouths Geschichte der Seefahrt. Täglich 10–16 Uhr, von April bis Okt. zu gleichen Zeiten Besichtigung des Dampf-Schleppers St. Denys möglich, liegt am Custom House im Hafen.

■ An den Gärten vorbei zur **Austernfarm** nach Porth Navas, einem versteckten Örtchen an einem Seitenarm des Helford Rivers. Wandermöglichkeiten in den verschlungenen Wäldern.

Verschiedenes

■ **Tourist Office,** 28 Killigrew Street, The Moor, Tel. 0326/31 23 00.

■ **Tauchen:** *Cornish Diving Services,* Bar Road, Tel. 31 12 65.

■ **Golf** im *Falmouth Golf Club,* Swanpool Road, Tel. 405 25. Teils bewaldete Anlage, reizvolle Blicke über die Falmouth Bay.

■ **Segelschule** und Bootsverleih: *Fal Sail,* The Ark, North Quay, Telefon 31 32 08. – Oder bei *Cornish Cruising,* Old Chapel, Arwenack Street, Telefon 31 83 09.

■ **Rundfahrten** auf der Fal-Mündung täglich für etwa 2 Stunden (3,50 £). – Oder in den Helford bis zum Frenchman's Creek, ebenfalls etwa 2 Stunden (4 £).

■ **Autovermietung:** *Fiesta Motors,* Bar Road, Tel. 31 93 57. – Oder *Godrevy Davis Europcar Ltd,* Brook Street, Tel. 31 10 93.

■ **Fahrradverleih:** *Aldridge Cycles,* 1 Swanpool Street, Tel. 31 86 00.

■ **Segler-Informationen:** Telefon 0326/31 22 85. Zahlreiche Anlegeplätze, allein über 230 in der *Falmouth Yacht Marina.* Weitere *moorings* möglich in Mylor und Penryn (Tel.733 52).

Weiterreise

■ **Park & Ride:** Großer Parkplatz am Castle Drive, vom 9. Juli bis zum 7. Sept. nur wochentags 10.30–17.30 Uhr. Busticket 50 p.

■ **Busse:** mehrmals täglich ab The Moor nach Truro, Camborne, Penzance und Helston. Nach London täglich morgens, ebenfalls ab The Moor, etwa 6,5 Stunden.

■ **Bahn:** Anschluß an die Hauptverbindung Penzance-London in Truro, mehrmals täglich ab Falmouth. Von Okt. bis Mai So keine Verbindung.

■ **Fähren** nach St. Mawes ab »Prince of Wales Pier«, im Sommerhalbjahr täglich 17 Verbindungen, die letzte um 17.45 Uhr, sonntags eingeschränkter Fahrplan (letzte Fähre 17 Uhr). Im Winterhalbjahr nur 7 Verbindungen täglich, sonntags keine. Tickets einfach 1,70 £, hin und zurück 2,85 £, Fahrräder 1,10 £. Von diesem Pier auch Fähren nach Flushing.

Nach Truro wochentags mindestens um 10.30, 11.45, 14.30 und 16.30 Uhr. Die etwa einstündige Fahrt kostet einfach 2,30 £, hin und zurück 3,50 £. Bei Niedrigwasser nur bis Malpas, von dort Anschlußbusse.

■ **Coastal path:** nach Helford auf dem Lizard 15 km. Die Fähren über die Mündung des gleichnamigen Flusses verkehren von Ostern bis Oktober, zwischen 9.30 und 17.30 Uhr, nach Bedarf. Nach St. Mawes siehe unter »Fähren«.

Im Crocker Fox Country

Der Engländer und sein Garten; wohl kaum ein anderes Sujet hat den Kontintaleuropäer mehr beschäftigt und belustigt als die akribische Liebe des Briten zu seinem gehegten Stückchen Land. Pflanzenauktionen, Bildbände und »Selbsthilfegruppen« zum Thema Gartengestaltung sowie perfekt angelegte Show-Gärten und Parks runden das Bild ab; für den Nicht-Engländer schwer zu verstehen.

Vielleicht wurde Cornwall geboren, um diesem Unverständnis ein Ende zu setzen. Diese kleine, wohlig-warme, von der Sonne verwöhnte und der Natur üppig ausstaffierte Spitze des englischen Stiefels: mit Gärten übersät, und was für welchen!

Es sind neunundsechzig, um nun akribisch zu sein; wovon sich die Hälfte allerdings in privater Hand befindet und für Besucher nur nach Absprache zu besehen sind. Die verbliebenen 30 etwa verteilen sich über die gesamte Fläche Cornwalls, an der oberen Atlantikküste und im Umkreis des Bodmin Moores jedoch lichtet sich die Garten-Landschaft naturgemäß ein wenig.

Subtropische Üppigkeit begleitet beinahe jedes Erscheinungsbild: Rhododendren, Magnolien, Kamelien und Chrysanthemen – in Massen und voller Blüte, Palmengewächse und Riesenfarne weisen den Weg. So faszinierend, daß man leicht vergißt, den Blick zu erleben, hinunter ins Tal, auf die See, den Fjord oder Fluß.

Von seiner engen und genußvollen Bindung zu Falmouth erzählen die Gärten des *George Croker Fox,* der im Jahre 1759 in diesen Teil Cornwalls kam, um als Kaufmann und Bankier eine neue Existenz aufzubauen. Bereits zur Jahrhundertwende besaß die Familie acht der prachtvollsten Anwesen in der Falmouther Region. Fox, als bald bedeutendster Agent der Schiffahrt in der Stadt, hatte Verbindungen in alle Welt und orderte im Laufe der Jahre wahre Massen an exotischen Pflanzen, um seiner Liebe, dem Gartenbau, in angemessener Weise frönen zu können.

Seine Leidenschaft war von großem Talent begleitet. Dieses Geschick, verbunden mit dem Entgegenkommen der milden, für England so ungewohnt »wuchernden« Natur, schuf drei der außergewöhnlichsten Gärten im Südwesten Englands: *Penjerrick, Glendurgan* und *Trebah:* eine Ansammlung subtropischer Üppigkeit, gepaart mit der gediegenen Eleganz vornehmen englischen Lebens; dichtes Palmen- und Buschwerk, von denen morgens die gespeicherte Feuchtigkeit, sich zu Nebel verdichtend, aufsteigt – den Tropen nachempfunden. Und weite, befreiende Rasenlandschaften nahe der Gebäude; eine Vollkommenheit in der Verbindung zweier Extreme, die, wenn überhaupt, wohl nur noch übertroffen wird in den *Tresco Abbey Gardens* der Scillies.

Eigenen Charakter besitzen sie alle, die gehegten Kinder der Fox-Familie; gemeinsam ist ihnen da nur der Blick auf die cornische See oder den verträumten Helford. Ein irgenwie typisch cornischer Charakterzug...

Öffnungszeiten Penjerrick: März bis September Mi und Sa 10–17.30 Uhr. – Glendurgan: März bis Oktober Mo, Mi und Fr 10–17.30 Uhr. – Trebah: täglich 10–17.30 Uhr. – Eintritt jeweils um 2,50 £)

Helston

Ein ruhiges Fleckchen Cornwall, an der belebten A 394 von Falmouth nach Penzance gelegen, deren Verkehr jedoch über die für England so typischen *roundabouts* galant die Stille umfährt.

Schon Tage vor dem achten Mai indes ist es mit der Beschaulichkeit vorbei: Ganz Helston ist auf den Beinen, in allen Ecken und Winkeln des Ortes wird emsig vorbereitet, geplant, entworfen und geschmückt. Die »Pub-eigene« Brauerei des *Blue Anchor Inn* läuft auf Hochtouren, wahre Unmengen an Blumen und Kränzen werden aus den umliegenden Dörfern herbeigeschafft, und die schmucken historischen Gewänder erhalten die letzten Stiche ihrer Vollendung.

Um sieben Uhr am Morgen ist es dann soweit. Die engen und steilen Gassen werden geradezu gesprengt von quirligen und hüpfenden Massen; feiernde Zuschauer der blumengeschmückten Tanzgruppen, die nahezu unermüdlich ihrem eher formalen Tanzritus folgen, dem einer hopsenden Gigue nicht unähnlich...

Es ist *Flora Day,* und es hat mit *carnival* natürlich nichts zu tun. Die Bewohner der kleinen Gemeinde heißen stattdessen den Frühling willkommen – sagt man, obwohl dieser laut gregorianischem Kalender eigentlich bereits seit runden sieben Wochen für erste Wonnen sorgen müßte.

Der Erfolg dieses Festes spricht jedoch für sich und bedarf keiner intellektuellen Untersuchung. Die Sonne scheint und verwöhnt die Menschen wohl nirgendwo so sehr wie in diesem Teil des britischen Inselreiches – die hier wohnenden Tänzer wissen dies am besten.

In den verwinkelten Gassen von Helston stehen einige interessante Gebäude aus der georgianischen und der Regentschaftszeit. Daneben erfreuen die viktorianische *Guildhall* und die Stadtkirche, letztere durch einen Blitz im Jahre 1727 zerstört und erst hundert Jahre später wiederaufgebaut.

Unterkunft

■ **Lyndale Guest House,** Meneage Road, Tel. 0326/ 56 10 82. Nach dem Kreisverkehr einfach zu finden. Die Zimmer sind einfach, adrett und sauber, jedoch, der nächsten Adresse, vielleicht eine Spur zu normal. 14,50–17,50 £, letztere dann *ensuite.*

■ **Crasken Farmhouse** an der Ausfallstraße nach Falmouth, Tel. 57 26 70. Eine der besten Adressen in Cornwall, wählt man ein Zimmer auf einer Farm; obwohl auch Crasken längst keine richtige *working farm* mehr ist. Eine üppige Gartenlandschaft umgibt die herrschaftlichen Gemäuer aus dem 17. Jahrhundert, drei *cottages* und vier, nach Süden gerichtete, Zimmer werden vermietet. B+B 15,50 £, ab der zweiten Nacht 2 £ Ermäßigung. Die *self-contained cottages* bewegen sich von 80 bis 290 £, je nach Saison und Wahl. Viele der Besucher favorisieren *The Granary,* von dessen Wohnraum eine »hölzerne Freitreppe« in einen »eigenen« Teil des Gartens führt – samt Blick auf einige der kunstvoll restaurierten oder noch zu bearbeitenden Oldtimer Mr. Ingrams, dem sympathischen Herrscher über allem.

■ **Nansloe Manor,** Meneage Road, Tel. 57 46 91. In Helston ohne Konkurrenz, hält jedoch mit Preisen von 35 bis 60 £ einem »innercornischen« Vergleich nur schwer stand. Schöne Villa in eigenem, über vier *acre* großen Park, überwiegend antikes Mobiliar in den sieben Zimmern, relaxte Atmosphäre.

Verpflegung

■ **Angel Hotel,** vorzügliches »Pub-Food« in historischen Mauern des 16. Jahrhunderts, zu empfehlen die *jacked potatos.* Das attraktive Äußere des Hotels pflegte sich auch in den Räumlichkeiten fortzusetzen, man begann jedoch mit Renovierungsarbeiten, die vor allem zunächst die Gästezimmer betrafen – samt Preisen. Die interessante Atmosphäre des Pub selbst ist nach wie vor gegeben.

■ **Mellanoweth Restaurant,** Gweek, Telefon 222 71. Renommierte Adresse, urige Atmosphäre. Dinner aus frischen und teilweise selbst angebauten Zutaten für etwa 13 £. Im Sommer wird im romantischen Hof serviert. So geschlossen.

Sehenswertes

■ **The Cornish Seal Sanctuary,** Gweek, Tel. 032622/3 61. Aufzucht- und Rettungsstation für Seehunde. Besichtigung möglich; die Station finanziert sich durch die Einnahmen an der Kasse. Ganzjährig 9–18 Uhr; 3,30 £, in den Wintermonaten um 80 p reduziert.

Verschiedenes

■ **Sprachenschule:** *The West Cornwall Field Centre,* The Old Vicarage, Breage, Tel. 56 36 76.

■ **Autovermietung** bei *Helston Garages,* Meneage Street, Tel. 57 34 15.

Weiterreise

■ **Busse:** mehrmals täglich nach Penzance, Falmouth und Truro, nach Porthleven, Gweek, zum Lizard und nach Coverack.

Loe Pool

Vor langer Zeit war Helston durch einen geschäftigen Binnenhafen mit der übrigen Handelswelt verbunden. Der heutige *Loe Pool* existierte lediglich als Lagune in der gewaltigen *Mount's Bay.* Im dreizehnten Jahrhundert jedoch schob eine steinige und grobsandige Bank, die sich vor der Flußmündung bildete, dem Handel endgültig ihren Riegel vor und schuf den größten Süßwassersee Cornwalls.

Verständlich, daß dies die Dichter und Denker beflügelte. So auch *Lord Tennyson* in seinem gedichteten Monumentalwerk *The Passing of Arthur,* der diesen See wohl zum Schauplatz seines Artus-Verständnisses macht. Auf Befehl Artus« begibt sich sein Sir Bedivere auf einen »engen Landstreifen zwischen Meer und See«, um dort das magische Schwert *Excalibur* zu versenken. Erst bei seinem dritten Besuch bringt er es über sich, worauf eine Hand in einem kostbaren Seidenbrokatärmel dem Wasser entwächst, das Schwert ergreift und es dreimal in der Luft schwingt, um damit in der Tiefe des Sees zu verschwinden. Ein Wanderweg führt in etwa vier bis fünf Stunden um den *pool* mit seiner rund 200 m breiten *Looe Bar.*

Porthleven

Der südlichste Hafen Englands, so wirbt man in den Ferienprospekten des cornischen Südwestens. Verständlich, daß hier, am fernen Ende des britischen Inselreiches die Superlative nicht abreißen, auch wenn dies für Kontinental-Europäer schon weniger aufregend erscheint.

Die Geschichte des heutigen Hafens geht zurück bis zum Beginn des 19. Jahrhunderts. Bereits davor waren zahllose vorbeiziehende Schiffe durch die heftigen Südweststürme und die aufgebrachte See in die *Mount's Bay* gedrückt worden, hatte die felsige Küste zumeist ihr Schicksal besiegelt.

So auch die »HMS Anson«, die 1807 an der *Looe Bar* auf Grund lief und über hundert Menschen mit sich in den Untergang riß. *Tobias Roberts,* ein Bürger des Dorfes Porthleven, der bereits um seiner Verdienste der Rettung Schiffbrüchiger wegen von höchster Stelle geehrt worden war, bemühte sich auch diesmal um die Überlebenden der Katastrophe. Er war es dann auch, der wenig später die Idee des *Port of Refuge* ins Leben rief, mit deren Umsetzung im Jahre 1811 begonnen wurde. Drei Jahre später – die Abtragung einer Sandbank und der Bau des 465 ft. langen Piers aus Granit erwiesen sich als unvorhergesehen zeitaufwendig – nahm der Hafen seine Arbeit auf. Zunächst durch Beauftragte der Regierung verwaltet, entschloß man sich im Jahre 1856, nachdem der erwartete Erfolg auf sich warten ließ, zum Verkauf des Hafens samt der umliegenden Gebäude. Seit 1869 kümmert sich die *Harbour & Dock Co* um das Wohlergehen des Ports, der bis auf einige kleine Veränderungen noch heute dem damaligen Bild entspricht.

Die Superlative kursieren noch in den Pubs rund um den Hafen; Erzählungen, die hin und wieder an cornisches Anglerlatein erinnern. Das Faszinierendste, das der Besucher Porthlevens zu hören bekommen wird, ist vermutlich die Geschichte von dem *Royal Sturgeon,* der im Mai 1983 aus den Gewässern gefischt wurde. Der Stör, mit einer Länge von 6 Feet und einem Gewicht von nahezu 35 kg, wurde der walisischen Königsfamilie angeboten, die jedoch dieses Geschenk standesgemäß nicht annahm. Daraufhin auktionierte man den Fund in Newlyn: Das *Grosvenor House* in London erhielt den Zuschlag – für 2.018,25 Pfund.

Unterkunft

■ **Seefar,** Peverell Terrace, Tel. 0326/ 57 37 78. Im wahrsten Sinne des Wortes *see far:* wundervolle Aussicht auf Bucht und Hafen, gerade auch vom großen, verglasten Wintergarten. Einfache, saubere Zimmer, unkomplizierte Atmosphäre. Jan und Frank Hallam berechnen 12 £ pro Nacht.

■ **Tye Rock Hotel,** Tel. 57 26 95. Auf den Klippen zwischen Porthleven und Loe Pool gelegen, mit herrlichen Ausblicken auf die Küstenlandschaft von Lizard bis Land's End. Sieben geschmackvoll eingerichtete Zimmer bieten exzellenten Gegenwert, der Außenpool setzt den letzten Akzent. Preise um 16 £, per Woche ab 14,50 £ täglich, alle Zimmer mit Bad. Drei kleine Cottages stehen ebenfalls zur Wahl, die jedoch – Atmosphäre und Stil betreffend – nicht mit den Räumlichkeiten des *manors* konkurrieren können. Wochenpreise 102–369 £.

■ **The Harbour Inn,** Telefon 57 38 76. Dem Namen nach direkt am Kai. Neu gestylte Zimmer, vor allem die beiden mit Erkerfenstern auf den Hafen lohnen die Ausgabe von 23 £ pro Nacht.

Verschiedenes

■ **Ship Inn,** der *local pub* in Porthleven. – Oder im besagten »Harbour Inn«.
■ **Segler-Informationen:** Tel. 0326/ 56 30 42. Segler willkommen, bestes Anlegen direkt am Harbour Inn.

Weiterreise

■ **Busse:** mehrmals täglich nach Helston und weiter nach Truro.
■ **Coastal path:** nach Marazion 15 km entlang der weiten Mount's Bay, etwa 17 km zum Lizard Point.

Lizard Peninsula

Die etwa 18 km in den Kanal ragende Halbinsel ist maximal 15 km breit und wird im Norden von der fördeartigen Mündung des *Helford* begrenzt.

Natürlich entgeht man auch hier nicht den cornischen Superlativen britischen Verständnisses, überquert man doch auf dem Weg zum *Lizard Point* den 50. Breitengrad – einfach einzigartig für die Britischen Inseln.

Neben dem so oftmals rauh umtosten Land's End – von Wind und Wellen ebenso wie auch von drängenden Touristenschwärmen – bietet der *Lizard* die bessere Alternative. Atlantischen Sturm und Regen findet man auch hier, doch in gemäßigter Form – und auch immer noch eher allein. Ein Paradies für Wanderer; die 57 Kilometer Küstenverbindung von der Mündung des Helford nach Porthleven zählen zu den Höhepunkten des südcornischen Coastal path.

Eine grandiose Küstenlandschaft, das romantische Naturbett des Helford, kleine, verschlafene Fischerdörfer, eine Vielzahl an gemütlichen Unterkünften und guten Restaurants sowie nicht zuletzt der moderne Kontrast der Satellitenstation in den Goonhilly Downs schaffen ein abwechslungsreiches Bild, wie es cornischer nicht sein könnte.

Lizard

Der gleichnamige Ort bildet zugleich ihren südlichsten Punkt und damit natürlich auch Englands: den *Lizard Point.* Ein 19 m hoher Leuchtturm markiert die etwa 50 m hohen Klippen weithin sichtbar – auch heute noch ein unverzichtbares Signal für die Schiffahrt an diesen gefährlichen Küstengebieten. Die erste Idee für ein »Licht am Lizard« reifte in *Sir John Killigrew* aus Falmouth. Seines Zeichens eher Pirat als Vizeadmiral, sorgte dafür vermutlich weniger eine Regung philanthropischer Art als die Hoffnung, sich von seiner Schuldenlast zu befreien – durch die Zahlungen vorbeiziehender Schiffe. Böse Zungen behaupten indes, das Licht auf den Klippen sollte die Seefahrer vor Schaden in dieser Region bewahren – um dann vielleicht ein wenig näher an Falmouth zu stranden. Dort nämlich, wo Killigrew die *wrecking rights* besaß...

Der heutige Leuchtturm stammt von 1751 und beherbergt eines der stärksten Lichter überhaupt. Die geballte Kraft von 4 Millionen Candela treibt das Signal bis zu einem Radius von 50 Kilometern über die See. Interessierte können die faszinierende Technik von Ostern bis Oktober täglich besichtigen. Der Eintritt ist frei.

Der kleine Ort Lizard selbst bietet nur wenig urige Atmosphäre und ist zudem der Ort mit den naturgemäß größten Besucherzahlen auf dem Lizard. Freunde verträumter Fischerhäfen sollten sich vor allem im Ostteil des Lizard umsehen, zum Beispiel in Cadgwith oder Coverack.

Unterkunft

Im südlichsten Dorf Englands drängen sich natürlich Hotels und Pensionen, die alle Anteil an dem bewegenden Augenblick nehmen möchten. Doch keine Angst, selbst in der Hochsaison bleibt der Ort, bedenkt man seine Lage, erstaunlich ruhig.

■ **Tregullas Farm,** Tel. 0326/29 03 51. Die absolut südlichste Farm Englands, an dem schmalen Weg zum Leuchtturm gelegen. Drei geschmackvoll eingerichtete Zimmer für 13 £, üppiges Frühstück, Blick auf »das Ende«...

■ **Parc Brawse House,** Penmenner Road, Telefon 29 04 66. Auf der anderen Seite des Lizard Point: schmucke weiße Villa mit blauen Fensterläden, hat ein wenig von »vergangener Pracht«, vermutlich daher so günstig. 13–15 £, zu empfehlen vor allem das linke Eckzimmer mit weitem Blick auf die Küste. Ab drei Nächten Rabatt.

■ **Kynance Bay Hotel,** Off Penmenner Road, Telefon 29 04 98, am Ende des kleinen Weges gelegen, der neben dem »Parc Brawse House« beginnt. Die gehobene Alternative zu eben diesem. Große Zimmer, auch hier faszinierender Blick aus den Eckzimmern der Villa. Über den *coastal path* ist die Kynance Cove in Minuten zu erreichen. 21–24 £, Table D'Hote Dinner 9,50 £. In den Sommermonaten Kuchen, Kaffee und *Cornish cream teas* im Obstgarten, auch für hungrige vorbeiziehende Wanderer.

■ **The Polbrean Hotel,** Tel. 29 04 18. Es gibt gleich zwei Hotels, die sich darum streiten, das südlichste schlechthin zu sein. Das teurere und bekanntere »Housel Bay Hotel«, das neben diesem Anspruch nicht gerade viel für den Preis bietet, und das sympathische, kleine Polbrean, unterhalb des Leuchtturms. Die Preise beginnen bei 14 £ für ein Einzelzimmer mit Blick auf den Hang. Der Versuchung sollte man jedoch widerstehen, denn für diesen Preis bieten die vorgenannten Hotels weitaus mehr. Schön wird es im Polbrean ab 20 £, mit großen Zimmern im lockeren Rattan-Stil und bezaubernden Blicken auf den Lizard Point. Ruhiger gelegen bleibt allerdings das »Kynance Bay Hotel«, denn nahezu jeder Besucher, der die Halbinsel besucht, weilt am Lizard Point für ein Picknick...

Weiterreise ab Lizard

■ **Busse:** mehrmals täglich nach Helston, Sa morgens nach Truro.

■ **Coastal path:** nach Porthleven 17 km, viele bezaubernde Buchten, grandioses Licht, über die Loe Bar. Nach Coverack 13 km, recht fordernd.

Im Osten des Lizard

Von Cadgwith nach Helford

Die Küste des weitaus größeren Ostteils des Lizard – die Trennung erfolgte der Einfachheit wegen an der die Halbinsel spaltenden A 3083 – gibt sich auf den ersten Blick weniger dramatisch als die zerklüftete Felsenlandschaft der *coves* im Westen. Doch der Schein trügt. Die Porthoustock südlich vorgelagerten *Manacles* haben immer wieder Schicksal gespielt an der cornischen Südküste – und

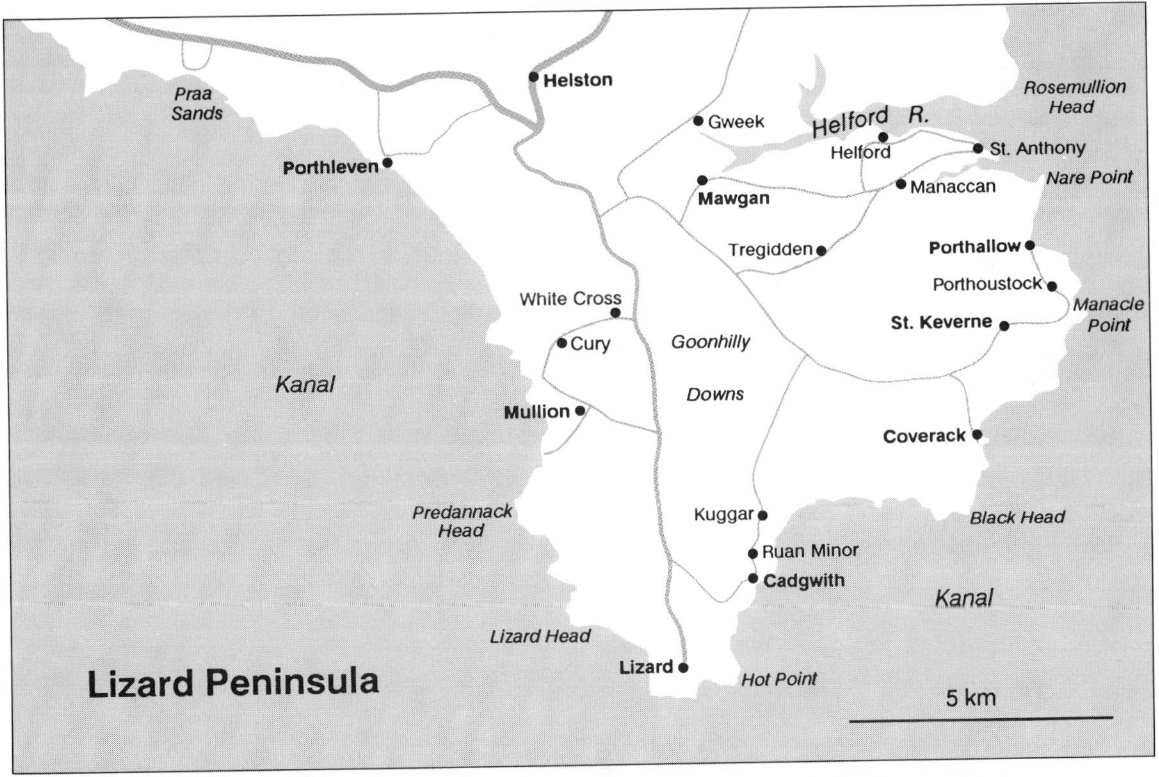
Praa Sands
Helston
Gweek
Helford R.
Helford
Rosemullion Head
St. Anthony
Nare Point
Porthleven
Mawgan
Manaccan
Tregidden
Porthallow
Porthoustock
Manacle Point
St. Keverne
White Cross
Cury
Goonhilly
Downs
Kanal
Mullion
Coverack
Predannack Head
Kuggar
Black Head
Ruan Minor
Cadgwith
Kanal
Lizard Head
Lizard
Hot Point
Lizard Peninsula
5 km

diese wußte seit jeher schon mehr zu erzählen als irgendein anderer Küstenstreifen Englands.

■ Wanderer des ersten Parts von Lizard aus sollten **The Devil's Frying Pan** bei Cadgwith nicht auslassen: einer gigantischen »Bratpfanne« gleich, sammeln sich bei Sturm aus Südwest die Wellen in dem schmalen Felsdurchlaß und spritzen nach oben. Ab Windstärke 11 verflüchtigen sich auch die letzten Fragen nach des Teufels Verbindung zu dieser Stätte ganz von selbst.

■ **Cadgwith** mit seinen hübschen *pink and whitewashed cottages,* deren riedgedeckte Dächer zum Schutz gegen die heftigen Winterstürme, Hüten gleich, tief hinunter gezogen sind, besitzt einen Miniatur-Hafen im Spielzeugformat. Klein, aber geschäftig war er noch im 19. Jahrhundert, denn die Fischer von Cadgwith hielten den Rekord im »Sardinenfangen«: 1,3 Millionen *pilchards* – an einem Tag. Heute dagegen sind es eher *crab and lobster,* die die geschäftstüchtigen Bewohner an Land bringen.

■ Ein kurzer Spaziergang nach Norden führt zum **Poltesco Valley,** in dem der mattgrüne Serpentin gewonnen wurde; heute vor allem in Souvenirform in den kleinen, verschrobenen Läden des Lizard erhältlich.

■ Das romantische Gegenstück zu Helford liegt an der Küste, zwischen *Black Head* und *Lowland Point,* und nennt sich **Coverack.** Die verträumte Atmosphäre im Hafen und der sichere Strand ziehen schon größere Besuchermengen in diesen Teil des Lizard. Ein Besuch im Herbst bleibt unvergessen, wenn in der Ruhe nach dem Touristensturm die rauhe und aufgebrachte See ihre Wellen über das schmale Pier springen läßt und die Sonne nur mühsam durch die dichte Bewölkung die geduckten Schieferdächer der Cottages belebt.

■ Die Kirche von **St. Keverne** hat ihren Zweitnamen ihrer nahen Position zu den Manacles zu verdanken: »the church of heartbreak«. Die meisten der an der Küste aufgefundenen Opfer aus den Schiffswracks wurden hier beigesetzt. Noch heute dient der achteckige Kirchturm des etwa 1 km inländisch liegenden Ortes als Orientierungshilfe der Fischer bei Tag.

■ Der urige Pub *Five Pilchards* in **Porthallow** hält eine beeindruckende Sammlung von Fotografien einiger »Manacle wrecks« bereit, doch eine Einkehr lohnt auch der guten Küche wegen. Die Bewohner der ehemaligen Fischerorte Porthallow und Porthoustock verdingen sich heute überwiegend im *roadstone quarrying,* der Vorform des Straßenbaus also gewissermaßen... Das reine cornische Flair dieser Region zeigt sich auch in der Aussprache jener Ortsnamen: *P'raller* und *P'rewstock.*

■ Der Weg nach Helford im Norden führt durch kunstgeschichtlich interessantes Gebiet. Viele der Kirchen in den umliegenden Dörfern stammen aus dem 12. Jahrhundert, wobei die von **Manaccan** mit einer faszinierenden Verknüpfung von Kunst und Natur aufwartet: Neben dem granitenen, normannischen Portal sprießt ein zweihundertjähriger Feigenbaum durch die Südwestwand des Gebäudes...

■ Die natürliche Begrenzung des Lizard im Norden bildet der *Helford* mit seiner langgestreckten, fördeartigen Mündung. Ein rechter »Garten Eden« für Romantiker, dies auch schon zu Zeiten *Daphne Du Mauriers,* die diese berückend schöne Flußlandschaft in ihrem Roman *Frenchman's Creek* literarisch bedachte.

■ **Helford** selbst gefällt durch die romantische Ausstrahlung der riedgedeckten und weißgekalkten Katen an den Ufern der ruhigen Flussmündung, in dessen Tiefen die cornische Antwort auf Loch Ness schlummern soll. *Morgawr,* im Jahre 1926 zum ersten Mal gesichtet und beschrieben als »hideous humpbacked creature with stumpy horns«: eine entsetzliche, bucklige Kreatur mit stämmigem Geweih...

Unterkunft

Zwischen Lizard und Coverack:

■ **Tea Room,** Trevaze House, Ruan Minor, Tel. 0326/29 05 31. Geschütztes Gebäude von 1830, die Küche stammt aus dem Jahre 1742, offene und sympathische Atmosphäre. Der Besitzer befuhr jahrelang als »Kapitän zur See« die Weltmeere, das Interieur der Räumlichkeiten zeugt davon. 13 £. Dem Namen nach natürlich auch Ausschank von Tee und Kuchen, leider nur im Sommer.

■ **Treworder Farm,** direkt neben der Kirche in Ruan Minor gelegen. Ebenfalls 13 £ pro Nacht und Person. Trotz der zentralen Lage schöne Aussicht über die Felder nach hinten.

■ **High Massetts,** Cadgwith, Telefon 29 05 71. Liegt auf dem Südhügel über dem kleinen Fischerort, unweit des National-Trust-Gebietes an der Küste. Helles, weißgetünchtes Haus mit blauen Akzenten an der Fassade. Kleinere Zimmer ab 14 £, große Zimmer mit unverbautem Blick auf die Bucht ab 16 £, Wochenpreise bei Selbstverpflegung 130 £. Die Auffahrt erweist sich als recht steil und eng; oben sind jedoch genügend Parkplätze vorhanden.

In Coverack:

■ **Youth Hostel,** Coverack, Tel. 0326/28 06 87. Die einzige Jugendherberge auf dem Lizard. Faszinierende Einrichtung aus alten Wrackteilen der gestrandeten Schiffe; der imposante Aufgang in der Eingangshalle des Landhauses stammt aus der *SS Mohegan,* der die Manacles Rocks 1898 zum Verhängnis wurden. Sicht auf Coverack und Bucht; ungewöhnlich lockere Atmosphäre, da der Warden zugleich eine Surfschule der yha im Ort betreibt (natürlich Preisnachlaß mit Jugendherbergsausweis).

■ **Boak House,** Tel. 28 06 08. An der steilen Straße zur Jugendherberge gelegen, hübsche Aussicht auf die felsige Küstenlandschaft. Drei Zimmer in normaler Ausstattung, freundliche Atmosphäre. 13,50 £ pro Nacht.

■ **Chy-An-Garek,** Sunny Corner, Tel. 28 03 66. Ein wenig schwierig zu finden: Eine kleine Gasse entweicht der vorgenannten steilen Straße, um nahe der Klippen ebenfalls bergan zu führen. Das Chy-An-Garek liegt kurz vor dem Ende dieser Gasse und bietet in Coverack wohl den besten Gegenwert. Für 14,50 £ berückende Aussicht, behagliches Interieur. Im Winter reduziert sich der Preis auf 11 £.

■ **Harbour Lights,** Telefon 28 05 07. Inmitten des Ortes, direkt am Kai. An stürmischen Tagen, vor allem im Winter, ist die Berührung mit der schäumenden Gischt nicht auszuschließen, die über die schmale Straße schlägt. Ebenfalls 14,50 £, die ihre Berechtigung mehr in der Lage finden. In dem kleinen Häuschen gibt es nur zwei Zimmer, Wochenpreise des Cottages, also beider Zimmer zusammen, 110– 250 £, dann ohne Frühstück.

Zwischen Coverack und Mawgan:

■ **Ridgewood Cottage,** Commercial

Road, direkt am Markt in St. Keverne. Angenehm private Unterkunft, zwei Zimmer, Dinner nach Vereinbarung, 12 £.

■ **Tregildry Hotel,** Gillan, Manaccan, Tel. 0326/233 78. Empfehlenswertes Hotel der Mittelklasse; für die, die nicht den Preis des »Riversides« in Helford bezahlen wollen, ruhige Lage. 26–32 £, Dinner ab 12 £, günstige Wochenpreise.

■ **Menifters,** Gillan, Tel. 28 07 11. Hier ebenfalls B+B, 14 £. Interessant sind jedoch die steinernen Cottages unterschiedlicher Größe, 115–275 £. Großzügig angelegt, hübsche Aussicht.

■ **Treworgie Farm,** Manaccan, Telefon 233 27. Bezaubernde Lage, jedoch schwierig zu finden: Manaccan-Gillan, etwa 2 km außerhalb Manaccans, in einer scharfen Linkskurve Schild »Farmhouse B+B« beachten; notfalls anrufen. Zwei Zimmer, 12 £, das süße Cottage wird leider von einer Agentur verwaltet, daher preislich zu hoch.

■ **Landrivick Farm,** Manaccan, Tel. 232 49. Vor der Kirche Manaccan links, erste Farm auf der linken Seite. Übernachtung für 12 £, überraschend gut und begehrt sind jedoch die Menüs für den gleichen Preis – auch für Nicht-Gäste, Buchung 24 h zuvor erbeten.

■ **Tregevis Farm,** St. Martin, Tel. 232 65. Traumhaftes Bauernhaus mit drei nutzbaren Etagen, reichlich Platz auch für kinderreiche Familien, malerische Aussicht über die Felder. Nur Ostern bis Oktober, 120–280 £. Die Farm liegt etwa 1 km vor St.Martin.

■ **Riverside,** Helford, Tel. 234 43. Ein weiteres, exzellentes Beispiel für die gelungene Gastronomie der Kategorie *restaurants with rooms,* Gemütlichkeit und Gaumenschmeichel in Vollkommenheit. Der Besitzer stammt aus Südafrika, versteht und spricht daher ein wenig Deutsch. Dinner mit frischgefangenem Fisch schlagen mit 28 £ zu Buche, die großen, hellen Zimmer mit 75 £ für zwei Personen.

■ **Schloß-Camping** im Reich der Vyvyan Familie: Trelowarren bei Mawgan, Tel. Warden 226 37. Von allen Seiten gut beschilderte, bewaldete Anlage mit gigantischem Platzangebot (60 acre). Ostern bis Ende September, siehe mehr unter »Sehenswertes«.

■ **Camping** en masse in Kennack Sands, zwischen Coverack und Ruan Minor/ Cadgwith. Gleich drei Anlagen nebeneinander in bäuerlicher Umgebung, teils mit *seaview*, Pool etc. Die Anfahrt kann, je nach Wetter, beschwerlich werden: Es gilt, eine Furt zu überqueren; den Rest des Schlammes liefern die umliegenden Bauernhöfe.

Verpflegung

■ **Old Lifeboat House,** Coverack. Alles von *cream tea* bis zu frischem Meeresgetier: Krabben, Hummer...

■ Im **The Bay Hotel,** Tel. 28 04 64. Vorzügliche Menüs ab ca. 11 £. Die Zimmer allerdings sind für ihre 24 £ ein wenig zu normal.

■ Natürlich das **Riverside** in Helford, siehe auch »Unterkunft«. Fisch in höchster Vollendung, lachsgefüllte Kartoffeln, erlesenes Weinangebot. Dinner täglich, Sa und So auch Lunch.

■ Preiswerter und mit faszinierendem Blick auf den Helford der **Shipwright Arms,** Helford. Riedgedeckter, uriger Pub mit viel Original-Atmosphäre. Allein sein Aussehen lohnt den Spaziergang bis zum Ende des Weges.

Sehenswertes

■ **Trelowarren,** bei Mawgan. Seit 1427 dient das Schloß als Heim der Vyvyan-

Familie. Die trutzigen und guterhaltenen Gemäuer sind allerdings nicht zu besichtigen, sie datieren zurück bis ins 11. Jahrhundert. Dagegen locken Ausstellungen der *Cornwall Craft Association,* die auch die Galerien in Trelissick und Pencarrow unterhalten. Sonst zu besichtigen: die Arbeiten der Schloß-Töpferei und -Weberei; Pflanzen- und Kräuterverkauf im Hof. Von Kaffee bis Dinner Ungewöhnliches im *The Yard Bistro,* Tel. 225 95, So abend und Mo geschlossen.

■ **Goonhilly Satellite Earth Station,** an der B 3293 von Helston nach St. Keverne. Im krassen Gegensatz zu der natürlichen Schönheit des Lizard und doch nicht unvereinbar, wirken die elf weißen, übergroßen, futuristisch wirkenden Scheiben, die über der bräunlichen Heidelandschaft zu schweben scheinen. Sie senden unaufhörlich Signale zu Satelliten, die sich etwa 36.000 km über dem Äquator bewegen. Daß heute Millionen von Telefonverbindungen, Faxübermittlungen und zig Fernsehprogramme gerade von hier den Ort ihrer Bestimmung erreichen, liegt an der Bodenbeschaffenheit dieses Gebietes. Denn nur hier waren die natürlichen »granitenen Fundamente« tief genug, um die ungeheure Last der beeindruckenden Giganten aufzunehmen. Von Ostern bis Oktober täglich 10–18 Uhr. Eine Besichtigung der Ausstellung inklusive vierzigminütiger Busrundfahrt kostet 3,50 £.

Weiterreise

■ **Busse:** 4 x täglich ab Coverack über Mawgan und die Goonhilly Earth Station nach Helston, dabei einmal täglich über Porthallow, Gillan, Manaccan, Helford und Mawgan.

■ **Coastal path:** zum Lizard Point in etwa 13 km, vorbei an der *Devil's Frying Pan.* Über Porthoustock nach Helford etwa 15 km, von hier Fähren über die Flußmündung, nach Bedarf von Ostern bis Oktober, 9.30–17.30 Uhr. Von Helford nach Falmouth 15 km.

Der Westen des Lizard

Der Westteil des Lizard besticht durch seine gewaltige Küstenlandschaft. Dramatisch sind die steilen Klippen schon bei normalem Wetter, bei Sonnenuntergang verwandelt sich das tosende Spiel der Gewalten jedoch in eine romantische Eskalation der Verbindung von Fels und Wasser, Gischt und Macht. Dem Wanderer gehört das Reich, auch wenn Parkplätze an den Buchten von *Kynance, Mullion* und *Poldhu* bereitstehen, die Automassen der sommerlichen Stunden-Besucher aufzunehmen. Auch an dieser Küste des Lizard ist der grüne Schlangenstein, der Serpentin überwiegend, aus dem die heimischen Künstler die überall angebotenen Souvenirs herstellen.

Unterkunft

■ **Trenance Farm,** in Mullion, Tel. 0326/24 06 39. Hier vor allem Vermietung von Cottages, die aus den Stallgebäuden entstanden; 100–330 £. Ein Außenpool steht allen Gästen gemeinsam zur Verfügung. Im Haupthaus vorzügliches B+B für 14 £, behagliche Einrichtung. Krönung jedoch bleibt das *Smokehouse,* ein uriges, winziges Einzimmer-Häuschen im Garten. 16 £, inkl. eigenem Bad und liebevoll serviertem Frühstück.

■ **Trudnoe Farm,** Mullion, Telefon 24 02 45. An der Hauptstraße nach Mullion nach links Beschilderung beachten.

Typisches Beispiel von überraschend anspruchsvollen Zimmern auf Farmen, freistehendes Bauernhaus. 14 £ für die erste Nacht, folgende billiger.

■ **Mounts Bay Inn,** Mullion, Telefon 24 02 21. Pub und Restaurant. Große Zimmer mit Ausblick, geschmackvolle Einrichtung; 16,50 £.

■ **Henscath House,** Mullion Cove, Tel. 24 05 37. Hier Zimmer nur inkl. Dinner. Erinnert zunächst ein wenig an ein Sanatorium, die weite Aussicht und ungezwungene Atmosphäre trösten aber schnell darüber hinweg. 26 £, per Woche billiger.

■ **Polurrian Hotel,** Mullion, Telefon 24 04 21. Weitgerühmt und wohlempfohlen. Der einflußreichen Francis-Familie gehört auch das »St. Martin's Hotel« auf den Scillies. In beiden ist der Preis überhöht, der Gegenwert beschämend. Die nach Sturmschäden renovierten Zimmer sind noch die besten, Pool und sonstiger Luxus obligatorisch. 49–78 £ inkl. Dinner, ohne Dinner 8,50 £ Nachlaß.

■ **Riverside,** Nantithet, Cury, Telefon 24 10 27. Gelungene Architektur: grobgehauener Granit, weiße Sprossenfenster. Helle, freundliche Zimmer für 14,50 £; das Studio für 17 £ inkl. eigenem Bad.

■ **Burnuick Farm,** Gunwalloe, Telefon 56 13 08, zwischen der R.N.A.S. Culdrose und Gunwalloe. Hübsche Farm mit zwei wohnlichen Zimmern für 12 £.

■ **Camping** im »Franchis«, Cury Cross Lanes, Tel. 24 03 01. Gepflegte, weitläufige Anlage.

Verpflegung

■ Auch vegetarisch im **Cottage Restaurant,** Mullion, Tel. 24 10 61. Alle Speisen sind hausgemacht; Reservierung wird empfohlen.

Sehenswertes

■ **R.N.A.S. Culdrose,** bedeutet ausgeschrieben *Royal Naval Air Station,* kurz die größte Helikopter-Basis in Europa. »come and see the navy flying«, locken die Informationszettel – nun, hinein kommt keiner, aber durch den Zaun sehen darf und soll jeder. Kleine Snackbar mit Sitzgelegenheit und ein Shop des »Fleet Air Arm Museums' in Ilchester, Somerset. Viel Lärm um stolze Helden. Ostern bis Ende Oktober.

■ **Marconi Memorial,** in der Nähe der Poldhu Cove. Ein kleiner Obelisk erinnert an eine Sensation der Jahrhundertwende. Dem Italiener Guglielmo Marconi gelang 1901 von hier die erste drahtlose Kommunikation über den Atlantik, genauer nach St. Johns, Neufundland.

Verschiedenes

■ **Golf** im *Mullion Golf Club,* Cury, Tel. 24 06 85. Natürlich der südlichste Golfplatz Englands, auf den Klippen der Poldhu Cove gelegen, Traumblicke über die Mount's Bay.

Marazion

Marazion, die Betonung liegt auf dem »seion«, zunächst ein echter Zungenbrecher, selbst für angelsächsische Besucher.

Ein wenig bekanntes Städtchen, im Schatten der monumentalen Klosterfestung *St. Michael's Mount* in der gleichnamigen Bucht. So wälzen sich im Sommer wahre Besuchermassen durch die Gassen – auf dem Weg zu jener Sehenswürdigkeit –, und kaum einer bemerkt die ihm zu Füßen liegenden kleinen Schönheiten dieser Hafenstadt.

Marazion ist Cornwalls älteste Stadt: Bereits 1257 verlieh ihr *Henry III.* die-

Gewaltige Küstenformationen im Westen des Lizard ▶

se Rechte – zu einer Zeit, als Penzance, noch ein Dorf, von künftigen Taten träumte. Wie die meisten Hafenstädtchen an der Südküste, schöpfte auch Marazion seinen frühen Reichtum aus den umliegenden Minen, deren Erze im Hafen verschifft wurden. Der Fischfang bildete ebenfalls einen Teil des wirtschaftlichen Bildes. Er wurde wichtig, als die Minen Ende des 19. Jahrhunderts nach und nach, aufgrund des allgemeinen Abbaus, zu schließen begannen.

Marazion ist heute eine attraktive Stadt mit einer Reihe an interessanten Gebäuden aus der viktorianischen und georgianischen Zeit, und die Handvoll Pubs stammen noch aus jenen Tagen, als Marazion den Pilgern nach St. Michael's als letzte Station auf ihrer beschwerlichen Reise diente.

Unterkunft

■ **Cutty Sark Hotel,** mitten im Ort, Tel. 0736/71 03 34. Das nächstgelegene Hotel zur Festung, so erklärt man seinen Gästen. Von hier natürlich Blick auf dieselbe und die Mount's Bay. Angenehme Zimmer, Restaurant im Tudor-Stil, hier auch das Frühstück für die Gäste. Je nach Saison 12–19 £.

■ **Glenleigh Hotel,** Higher Fore Street, Tel. 71 03 08. Alle Zimmer mit Bad, nette Atmosphäre. 14,50–18 £, saisonabhängig.

■ **Chymorvah-Tolgarrick Hotel,** an der Bucht, in Sichtweite östlich von Marazion, Telefon 71 04 97. Liegt ein wenig versteckt hinter dem kastenförmigen »Mount Haven Hotel« an der Turnpike Road. Granitener Bau des mittleren 18. Jhs., großer Garten zum Meer, Blick auf St. Michael's, individuell und wohltuend gestaltete Zimmer. 16–21 £, mit Panoramablick 3 £ Zuschlag.

■ **Old Eastcliffe House,** Eastcliffe Lane, Tel. 71 02 89. Georgianische Residenz mit Blick über den Garten auf St. Michael's Mount, beliebter Aufenthaltsort für britische und ausländische Journalisten. 18–24 £.

■ Traumhafte Zimmer auf der Farm: **Ennys** in St. Hilary, Tel. 74 02 62. Freistehendes Herrenhaus aus dem 16. Jh. Weitläufige, bewaldete Flußlandschaft des Hayle, schattiger Garten. Private Bäder, feines Interieur, ein Zimmer mit gewaltigem Himmelbett. 20 £. Weitbekannte Dinner (13,50 £) aus eigenen Produkten und frischem Fisch; täglich selbstgebackenes Brot. St. Hilary liegt an der B 3280 nach Norden. Nach dem Ort den dritten Weg links nehmen (kurze Einfahrt nicht mitzählen!), der Weg mündet in die Farm.

■ **Rock Inn** in Long Rock, zwischen Marazion und Penzance, Tel. 71 04 16. Etwas unscheinbarer Pub, jedoch akzeptable Zimmer für 12 £.

■ **Camping** im Wheal Rodney Carapark, Gwallon, Tel. 71 06 05. Mittelgroße Anlage, etwa 1 km nördlich von Marazion, 800 m zum Strand.

Weiterreise

■ **Busse:** mehrmals täglich nach Penzance und Helston.

■ **Coastal path:** nach Penzance 5 km, leichter Weg am Rande der Mount's Bay mit schönen Panoramen. Nach Portleven 15 km.

St. Michael's Mount

Das britische Gegenstück zum Mont St. Michel in der Bretagne, auf einer felsigen Insel, bei Ebbe durch einen schmalen, gepflasterten Weg zu erreichen. Steigt die Flut, helfen nur noch die Boote der Fischer, die die modernen Pilger in den Hafen des felsigen und grünen, nach Norden bewaldeten Klosterberges bringen.

Das alte Schloß auf dem trutzigen Eiland wurde ursprünglich im 12. Jahrhundert unter *King Edward* als Kloster erbaut, eine Tochterburg der Benediktiner von St. Mont Michel. Trotz dieser generösen Freigabe und obwohl im Jahre 710 den Fischern hier Erzengel Michael erschienen war und den Ort zu seinem heiligen erhoben hatte, war die strategisch-politische Bedeutung dieses Felsens zu allen Zeiten größer als seine religiöse. Im Hundertjährigen Krieg, aber auch im Rosen- und im Bürgerkrieg wurden hier die erbittertsten Kämpfe gefochten – den wenigen, friedliebenden Mönchen blieb in ihrer Kirche nur noch das Beten.

Die Familie der *St. Aubyns* erwarben das Schloß und seit 1660 diente es als Residenz. Die im 18. Jahrhundert ebenso aufwendig wie kunstvoll umgebauten Räumlichkeiten bilden noch heute die Höhepunkte der Führungen: der *Blue Drawing Room,* mit seinen faszinierenden Stuckarbeiten an der Decke über blauem Chippendale-Mobiliar, und der *Chevy Chase Room,* der ehemalige klösterliche Speisesaal.

Stätten wie diese umhüllen Legenden. Erstaunlicherweise haben die Heldentaten *König Artus'* jedoch nur am Rande damit zu tun. Er ist es nämlich, der in Begleitung von *Sir Kay* und *Sir Bedivere* auf dem französischen Mont St. Michel einen unliebsamen Riesen erschlägt. In der cornischen Mount's Bay vertritt ihn *Jack-the-Giant-Killer,* ein tapferer junger Sohn der cornischen Nation, der den Riesen *Cormelian* (auch Cormoran genannt) von hier verjagte.

Der kleine Hafen am Fuße des Felsens paßt genau in das Bild, das die antiken Geschichtsschreiber von der Insel Ictis malten, über dessen Hafen man in der Eisenzeit Zinn in die Mittelmeerländer verschifft haben soll. Schon mehr Einblick gewährten die Funde, die die seichte Mount's Bay vor Marazion freigab: fossile Bäume, Buchen größtenteils, die noch Bucheneckern an den Zweigen hatten. Auch Werkzeuge aus der Steinzeit und Überreste vorgeschichtlicher Siedlungen wurden gefunden und lassen die Annahme entstehen, daß die gesamte Mount's Bay einst Festland war.

Also hat es dann vielleicht doch existiert, das sagenumwobene, verlorene Königreich *Lyoness,* das sich einst bis zu den *Scillies* erstreckte...

Von April bis Ende Oktober freier Zugang Mo–Fr 10.30–16.45 Uhr; im Winterhalbjahr Mo, Mi und Fr nur geführte Touren um 11, 12, 14 und 15 Uhr, die Boote fahren dann ebenfalls nicht immer. Eintritt 3 £, Boote 65 p pro Weg. Auf St. Michael's kleines Café, auch mit Snacks. Sonntags von April bis Oktober Messen in der Kirche um 11 Uhr.

Penzance

Penzance ist die größte Stadt an der cornischen Riviera. Sie ist vor allem auch die bekannteste und wird daher von vielen Besuchern irrtümlicherweise zunächst als die Hauptstadt Cornwalls betrachtet. Seit der Errichtung der Eisenbahnverbindung 1859 nach Plymouth und weiter nach London stiegen die Besucherzahlen kontinuierlich, erreichen heute aber längst nicht die Ausmaße wie in Newquay.

Die geschützte Lage in der *Mount's Bay* läßt große Klimaveränderungen nicht zu und hüllt die belebten, großzügig angelegten Straßen und Gärten in ein subtropisches Wetterkleid. Der kühlende atlantische Wind unterliegt dem Wohlwollen des Golfstromes; selbst im Winter erfreuen sich die Besucher an Blumen, die bei normalem englischen Wetter erst Mitte des Frühlings zu sprießen beginnen. Inmitten der Stadt betört der *Morrab Garden* in seiner Üppigkeit, »ordinäre« Palmen stehen beinahe an jeder Ecke; ein leiser und einstimmender Vorgeschmack auf die *Scillie Isles,* zu denen Penzance das Sprungbrett darstellt (siehe dort).

Die Anfänge der sympathischen Stadt gehen zurück bis ins 11. Jahrhundert: Als kleine Siedlung trotzte es den Tücken des Meeres. Die Spanier kamen 1595 und brannten, wie auch in Newlyn und Mousehole, einen beachtlichen Teil der entstehenden Stadt nieder; aus Rache für das Jahr 1588, als die Engländer mit dem ungewöhnlichen Einsatz von Artillerie-Kanonen anstelle des damals üblichen Enter-Nahkampfes die spanische Armada versenkt hatten. 1614 wurden Penzance die Stadtrechte verliehen.

Die langen, schützenden Arme des Piers enstanden im frühen 17. Jahrhundert, vor allem auch, um einem erneuten Übergriff der Spanier entgegenzuwirken. Der Fischfang florierte, und das Eintreffen der Eisenbahn ermöglichte eine schnelle Versendung des Fanges, aber auch von Blumen und in der Umgebung angebautem Gemüse nach London – der Wohlstand wuchs.

Das heutige Penzance bietet trotz der Zerstörungen durch die Spanier, französischer und algerischer Piraten und der erheblichen Bombardierung im Zweiten Weltkrieg eine bunt gestaltete Palette an architektonisch und kunstgeschichtlich interessanten Bauwerken. Spaziergänge lohnen überall, besonders in der Umgebung der oberen *Market Jew Street* und natürlich der *Chapel Street,* in denen ästhetische Fassaden aus dem 18. und 19. Jahrhundert das Bild bestimmen.

Unterkunft

In der bekanntesten Stadt Cornwalls kann es in den Sommermonaten zu Schwierigkeiten bei der Zimmersuche kommen. Ohne Reservierung bleibt nur das Tourist Office, dort Information und Buchung. Oder man begibt sich direkt in die Straßen Penzances, in denen sich die preiswerten B+Bs tummeln: Alexandra Road und Morrab Road. Beinahe jedes Gebäude beherbergt hier Gäste.

■ **Youth Hostel,** Castle Horneck, Alverton, Tel. 0736/626 66, etwa 1,5 km außerhalb an der Alverton Road, Richtung Land's End. Gegenüber dem »Pirate Inn« rechts in die Straße einbiegen; ab dort beschildert. Aufgrund der großen Nachfrage ganzjährig geöffnet, kein Ruhetag.

■ **Y.M.C.A.,** The Orchard, Alverton, Tel. 625 47. Preislich und angebotsmäßig dem Youth Hostel verwandt, allerdings hier keine Mitgliedschaft vonnöten. Liegt an der Alverton Road, ca. 1 km außerhalb der Stadt.

■ **Pendennis Hotel,** Alexandra Road, nahe des Kreisverkehrs, Telefon 638 23. 10 £, 12 £ mit eigenem Bad, guter Gegenwert.

■ **Tremont Hotel,** unweit des obigen, Tel. 626 14. Ebenfalls hübsche Zimmer, 12 £ mit privatem Bad.

■ Weitere Hotels in der Alexandra Road für telefonische Zimmeranfrage, preislich ähnlich: **Dunedin** (Tel. 626 52), **Pen-**

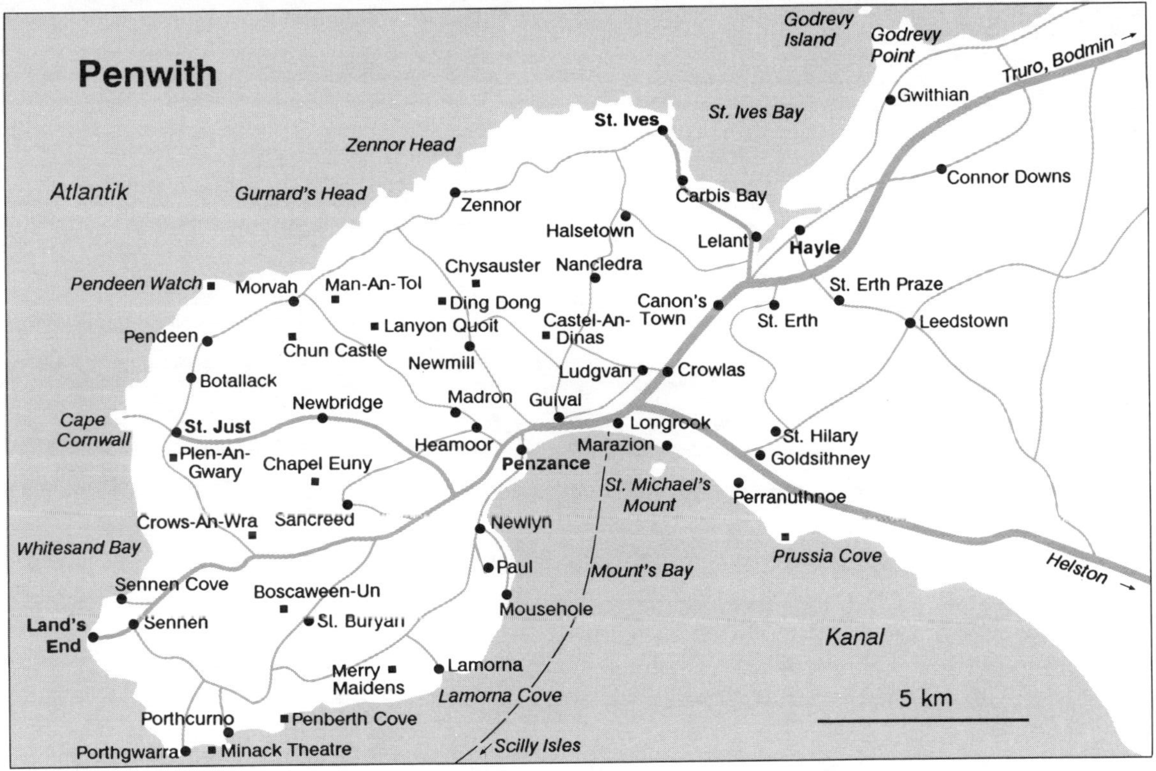
Penwith
Atlantik
Zennor Head
Gurnard's Head
Pendeen Watch
Cape Cornwall
Whitesand Bay
Godrevy Island
Godrevy Point
St. Ives Bay
Truro, Bodmin
Gwithian
Connor Downs
St. Ives
Carbis Bay
Lelant
Hayle
Zennor
Halsetown
Nancledra
Chysauster
Morvah
Man-An-Tol
Ding Dong
Lanyon Quoit
Castel-An-Dinas
Canon's Town
St. Erth Praze
St. Erth
Leedstown
Pendeen
Chun Castle
Newmill
Ludgvan
Crowlas
Botallack
Madron
Gulval
Newbridge
St. Just
Longrook
St. Hilary
Heamoor
Marazion
Goldsithney
Penzance
Plen-An-Gwary
Chapel Euny
St. Michael's Mount
Perranuthnoe
Crows-An-Wra
Sancreed
Newlyn
Prussia Cove
Paul
Mount's Bay
Helston
Sennen Cove
Boscaween-Un
Mousehole
Land's End
Sennen
St. Buryan
Kanal
Merry Maidens
Lamorna
Lamorna Cove
5 km
Porthcurno
Penberth Cove
Porthgwarra
Minack Theatre
Scilly Isles

morvah (Tel. 637 11), **Pentrea** (Telefon 695 76), **Holbein** (Tel. 650 08).

■ **Camilla Hotel,** Regent Terrace, Tel. 637 71. Schmuckes, weißes Häuschen, schöner Blick Richtung Bucht. 15 £, mit eigenem Bad 17 £.

Auch hier noch andere Hotels nebenan.

■ **The Longboat,** gegenüber vom Bahnhof, Tel. 641 37. Individuelle und gemütliche Zimmer oberhalb des Pubs, aufgrund der zentralen Lage nicht gerade ruhig; 15 £.

■ **The Abbey Hotel,** Abbey Street, Tel. 669 06. Charmantes, stilechtes Kleinod der gehobenen Kultur. »Stadthaus in Blau« aus dem 17. Jahrhundert, im Inneren echte Antiquitäten, weiche Stoffe: einfach erlebenswerte Kompositionen englischer Gemütlichkeit. Auch eine Adresse für Reisende, die eigentlich überhaupt nicht in Penzance bleiben wollten. 30–42 £, Dinner für »Noch-Nicht-Gäste« (16,50 £).

■ **Camping** im Bone Valley Touring & Camping Park, Heamoor, Tel. 603 13. Etwa 1,5 km nördlich von Penzance, auf der A 30 nach Heamoor, durch das Dorf, dann beschildert. Ruhige, kleinere Anlage, Strand 1,5 km.

Verpflegung

■ **Turk's Head,** sehenswerter und Penzances ältester Pub in der Chapel Street, der Name stammt aus der Zeit der Kreuzzüge des 13. Jahrhunderts.

■ Steaks preiswert und gut im **Longboat,** gegenüber vom Bahnhof. Menü ab 4 £. Ebenfalls vegetarisches und Vollwertessen erhältlich. Im Pub abends regelmäßig Live-Musik.

■ **Sea Dragon,** 34 A Alverton Street. Kleines chinesisches Restaurant, erstaunlich gute Küche für ein Lokal in der englischen Provinz. Empfehlenswert.

■ **Ma Cuisine,** französisch, dem Namen nach. Zu Beginn der Alverton Road. Klein, aber weitbekannt in Penzance und Umgebung. Mittlere Preiskategorie, Tischreservierung unter Tel. 638 14.

■ **Berkley's,** Abbey Street, Tel. 625 41. Edle Teigwaren, aber auch die obligatorischen Steaks. Besitzer ist gleichzeitig »chef«. Die Räumlichkeiten im Stil der 30er Jahre. Dinner ab ca. 15 £, nur von 19.30 bis 22.30 Uhr. So geschlossen, von Oktober bis Mitte Juni Mo–Mi.

Oder doch vielleicht ins Restaurant des Abbey Hotels? Siehe »Unterkunft«.

■ Italienisch, aber richtig, bei **Enzo's** in Newbridge, an der A 3071 nach St. Just. Eigentlich multinational, denn seit fünf Jahren kochen die *Blows* aus Schottland hinreißend italienisch – in einem original cornischen Steinhaus mit typisch englischem *conservatory:* dem Wintergarten. Natürlich *pasta,* Edelfisch und *Tiramisu.* Freunde einer ordentlichen Knoblauchwürzung kommen hier auf ihre Kosten. A propos Kosten: Diner für etwa 13 £, mit der Gelegenheit, seine Italienisch-Kenntnisse zu überholen...

Sehenswertes

■ **The National Lighthouse Centre,** Trinity House, Wharf Road. Alles über Leuchttürme, eine Faszination im Zeitalter der unbemannt blinkenden Riesen. Täglich 10–18 Uhr; Eintritt 2 £. Information unter Tel. 600 77.

■ **Penlee House Museum,** off Morab Road, Tel. 636 25. Das Museum bietet einen geschichtlichen, auch archäologischen Überblick der Stadt Penzance, verbunden mit einer Gemäldeausstellung der Newlyn School.

■ **Egyptian House,** Chapel Street. Eine Kuriosität schlechthin. Erbaut im Jahre

1835, ursprünglich für die Beherbergung eines geologischen Museums, erregt die ägyptisch anmutende Fassade unter den georgianischen Nachbarn unverändert großes Aufsehen. Im Erdgeschoß ein Shop des National Trust.

■ **Trengwainton Garden,** etwa 4 km nordwestlich von Penzance, zu erreichen über die A 3071, Penzances-St. Just, Tel. 630 21. Großer, zum National Trust gehörender Garten mit weiter Sicht über die Mount's Bay. Exotische Pflanzenwelt, die nahezu frostfrei gedeihen kann, ungewohnt für mitteleuropäische Verhältnisse. März bis Oktober Mi–Sa 11–18 Uhr; 1,60 £.

Verschiedenes

■ **Tourist Office,** Station Road, Tel. 0736/622 07. Im Sommer täglich 9–18 Uhr, in den Wintermonaten nur Mo bis Fr. Hier auch Informationen und Buchungen für die Scilly Isles.

■ **Autoverleih** bei *Economy Hire* am Heliport, vor den Toren Penzances. Sehr günstige Tarife ab 11 £ pro Tag für kleine Renaults, pro gefahrene Meile dann 3,5 p. Tel. 666 36. – Oder bei *Godfrey Davis Europcar,* Tel. 603 56, im Bahnhofskiosk.

■ **Fahrräder,** Mopeds und Surfbretter,in der Albert Street bei *Blewett & Pender,* Tel. 641 57. Fahrrad pro Tag 8 £, Moped 10 £, Surfbrett 5 £, Surfanzüge 5 £. Auch Verkauf und Reparatur, Motorradersatzteile und Hilfe!

■ **Sprachenschule:** *Penzance Language School,* 21 Regent Square, Telefon 677 60.

■ **Angelzubehör** im *Ken's Tackle & Trophy Shop,* 9 Beachfield Court, The Promenade, Tel. 619 69.

■ **Schließfächer** im Bahnhof, zwischen 30 und 50 p, je nach Größe.

■ Schmutzige **Wäsche waschen** kann man gegenüber vom Bahnhof, neben dem »Longboat«. Münzeinwurf, Nachschub nicht vergessen.

■ **Segler-Informationen:** Telefon 0736/661 13. 50 Liegeplätze im Wet Dock, einem Nebenbecken des Hafens.

Weiterreise

■ **Busse:** mehrmals täglich in alle Himmelsrichtungen, ab Albert Pier (Telefon 694 69). Etwa stündlich nach Mousehole, 3 x täglich nach Lamorna und Porthcurno, 5–8 x täglich nach Land's End. Überlandbusse nach London mehrmals täglich für 24 £, Return schon ab 37 £.

■ **Bahn:** Ende der Hauptlinie von London Paddington Station über Plymouth, Liskeard, Bodmin, St. Austell, Truro und Camborne. Neunmal täglich nach London einfach für 37 £, Return das doppelte. Günstige Return-Angebote täglich außer Fr von 46, 40 und sogar 25 £, dann ohne Fahrtunterbrechung und mit jeweils größeren Einschränkungen bei der Zugwahl (zu 40 £ noch genügend Auswahl). Die Fahrkarten ab London kosten mehr (Single 46 £, Return ab 45 £)! Fahrräder nach London 3 £, in Cornwall Beförderung umsonst, jedoch nicht im Intercity.

■ **Scilly Isles:** per Schiff, Ablegestelle der »Scillonian III« entweder Albert Pier oder Lighthouse Pier. Der *Heliport* für den Flug mit den Hubschraubern liegt an der A 30 Richtung Marazion, etwa 3 km östlich der Stadt. Mit zweimotorigen Flugzeugen ab *Land's End Aerodrome,* zwischen St. Just und Land's End. Preise und Zeiten siehe unter »Scillies«.

■ **Coastal path:** nach Mousehole 4 km über Newlyn. Nach Marazion etwa 5 km.

Newlyn

Der neben Penzance unscheinbar wirkende Fischerort besitzt den größten Hafen Cornwalls. Noch heute machen die großen Hochseefänger hier an dem etwa 100 Jahre alten Kai fest; das schmale Pier stammt aus dem 15. Jahrhundert. Der Fang wird nur zu einem Teil auf den Märkten der Umgebung verkauft; die meisten Fische verlassen Penzance auf dem Schienenweg – eingedost. Kleine, urige Fischerkneipen und umgebaute Fischkeller am Hafen bestimmen unverändert das Bild Newlyns, wenn auch das Gros der Vorbeiziehenden eher Touristen aus Penzance als einheimische Fischer sind. Hoch über Newlyn, mit weiten Blicken über die Bucht, erhebt sich der *Mount Misery.* Hier standen einst in sturmgepeitschten Nächten die Frauen der noch nicht zurückgekehrten Fischer, in banger Erwartung des Morgengrauens.

Das klare Licht und die für Außenstehende malerische Hektik des Hafens machte Newlyn schon früh zu einem Magneten der Künstlerwelt. Einer der bekanntesten und ersten war *Stanhope Forbes,* der Begründer der *Newlyn School of Artists.* Der irische Maler kam 1884 zum ersten Mal nach Newlyn, für ein paar Tage – und blieb. Sein prächtiger Landsitz auf den Hügeln über der Stadt, *Higher Faugan,* steht heute der Nachwelt als sehr persönlich geführtes Hotel zur Verfügung.

Unterkunft

■ **Smuggler's Hotel,** Newlyn Harbour, Tel. 0736/642 07. Direkt am Hafen mit Blick auf die weite Mount's Bay, das weiße Fachwerkhaus wurde 1711 erbaut. Mit Preisen ab 18 £ nicht billig, bietet jedoch gemütliche Zimmer in ruhiger Atmosphäre. 14 Zimmer, mit eigenem Bad 21 £, im Winter (Oktober bis Ostern) günstiges Angebot: 3 Nächte für 45 £. Zudem *Cellar Bar* und Restaurant im gleichen traditionsreichen Stil.

■ **Higher Faugan,** Country House Hotel, Tel. 620 76. Eine wahre Entdeckung verbirgt sich hinter den scheußlich gestalteten Prospekten, deren verblaßte Fotos aus uralten Zeiten zu stammen scheinen (Plüsch in Purpur und Braun-Orange...).

Ein traumhaft schönes Anwesen, erbaut aus grauem Granit um die Jahrhundertwende, in einem etwa 10 acre umfassenden Park. Obwohl nicht direkt an der Küste gelegen, Blick über Penzance und die Mount's Bay mit seiner Klosterinsel. Zwölf individuell eingerichtete Zimmer erwarten den Gast und verwöhnen mit allem Komfort. Trotz der stilechten Atmosphäre wird das Haus zwang- und formlos geführt. Tennisplatz und beheizter Außenpool. Je nach Zimmer 29–38 £, Dinner 12 £.

■ **Rose Farm,** Chyanhal, Buryas Bridge, Tel. 73 18 08. Eine der reizvollsten *farmhouse accomodations* in Cornwall: drei in zarter englischer Eleganz eingerichtete Zimmer, jeweils mit eigenem Eingang. Alle Zimmer sind *ensuite* und bieten echten, aber ungezwungenen Hotelkomfort; der Traum schlechthin jedoch ist »The Barn Room«, eine wahre Suite in der umgebauten Scheune neben dem zweihundertjährigen Wohnhaus: reichlich Platz im ersten Stock, antikes Mobiliar mit einem gigantischen Himmelbett des 16. Jhs. und weite Ausblicke auf das Chyanhal Moor. Preise um 17 £. Entweder Newlyn-Drift bis Chyanhal, oder von Penzance die A 30 Richtung Land's End, in Drift links bis Chyanhal.

Sehenswertes

■ **Newlyn Art Gallery,** am Nordrand der Stadt, Tel. 637 15. Beachtliche Ausstellung von Werken bekannter cornischer Künstler, ebenfalls Verkauf. Die Galerie ist eine Stiftung von Passmore Edwards aus dem Jahre 1895. Ganzjährig 10–17 Uhr.

Verschiedenes

■ **Segler-Informationen:** Telefon 0736/625 23. Nur Festmachen über Nacht möglich, längerer Aufenthalt in Penzance.

Weiterreise

■ **Busse:** nach Penzance und Mousehole, nahezu stündlich.

Mousehole

Obwohl auch für Autofahrer handelsüblicher Kleinwagen ein echtes »Mauseloch«, wird der winzige Ort »mausel« ausgesprochen – der ursprüngliche Name stammt angeblich von dem cornischen »Porth-enys«, was in der englischen Sprache mit »Island Cove« übersetzt wird.

Neben Hayle besitzt Mousehole einen der ältesten Häfen Cornwalls. Der Sardinenfang brachte auch hier den Fischern ihren bescheidenen Wohlstand. Nach dem Einfall der spanischer Freibeuter, die 1595 das Dorf dem Erdboden gleichmachten – nur der nicht mehr als Pub dienende *Keighwin Arms* überlebte den Ansturm –, entwickelte sich Mousehole zu einem der Sardinen-Zentren in Penwith. Innerhalb der kleinen, pittoresken Hafenmauern, die heute überwiegend Freizeitmalern Modell stehen, drängten sich bis zu 400 Fischerboote – dies noch zum Ende des vergangenen Jahrhunderts.

Jedes Jahr am 23. Dezember zelebriert Mousehole den *Tom Bawcock's Eve.* Im Ortspub »The Ship« steigen dann wahre Eßorgien, vor allem mit dem Hauptdarsteller, der *Starry-gazy-pie:* eine fast gewöhnliche pastie, nur, daß den Hungrigen Fischköpfe entgegenblinzeln. Ein Fest zu Ehren des mutigen Fischers, der in einer stürmisch-gefährlichen Nacht ausfuhr, um die Bewohner Mouseholes vor der Hungersnot zu bewahren.

Ein anderes Ereignis brachte Mousehole im Dezember 1981 in die Schlagzeilen der englischen Presse. Acht Männer, die Besatzung des Rettungsbootes *Solomon Browne,* rückten bei schwerer See aus, um der in Not geratenen »Union Star« zu Hilfe zu kommen. Die Crew kehrte zurück.

Unterkunft

■ **Raginnis Farm,** am Südende des Dorfes, den Hang hinauf Richtung Lamorna, Tel. 0736/73 13 33. Riedgedecktes und geweißtes Cottage aus dem 18. Jh. Von umwerfendem Charme, Blick über Mount's Bay, ca. 800 m bis zum Hafen. Zimmer für 13 £, ab der zweiten Nacht billiger.

■ Am unteren Raginnis Hill einige private **B+Bs** im Sommer, hübsche Aussicht, um 12 £.

Verpflegung

■ **The Ship Inn** aus dem 17. Jahrhundert, mit reizvollen Blicken über den Hafen.

■ **The Lobster Pot,** Tel. 73 12 51. Weitgerühmte Küche, traditionsreiches Haus, ebenfalls direkt am Hafen. Vor allem Hummer und Menüs aus frischgefangenem Fisch, ab etwa 10 £. Auch Vermietung von Zimmern, die für ihre 26–38 £ jedoch nicht das halten, was die gelungene Einrichtung des Restaurants und der Lounge zu versprechen scheinen.

Sehenswertes

■ **Church of St. Paul,** etwa 1,5 km landeinwärts gelegen. Hier befindet sich ein Gedenkstein der 1777 verstorbenen *Dolly Pentreath,* die angeblich letzte Person, die noch das Cornische als Muttersprache beherrschte. Der Kirchturm dient der Küstenseefahrt als Orientierungshilfe.

■ **Wild Bird Hospital and Sanctuary,** Raginnis Hill. Seit 1928 betreuen die Mitarbeiter in Not geratene Vögel. Bekannt wurden sie, als sie während des Unglücks der »Torrey Canyon« 1967 über 8.000 verölten Vögel halfen, so gut es ging. Der Besuch ist gratis; ein kleiner Shop dient der Finanzierung, Spenden sind willkommen.

Weiterreise

■ **Busse:** nahezu stündlich nach Newlyn und Penzance.

■ **Coastal path:** nach Lamorna Cove 4 einfache und beschauliche Kilometer, nach Penzance über Newlyn 3 km.

Lamorna

Eine alte Wassermühle am rauschenden Forellenbach, eine kleine Handvoll Häuser mit Postamt, der »Lamorna Inn« und ein renommiertes Hotel; all das in einem dichtbewaldeten Tal – eine Atmosphäre, von der Künstler träumen und sie auch häufig darzustellen versuchten. Die *Lamorna Cove,* die kleine Bucht am Ende des Tals, gilt den Schaffenden dieser Gegend als Geheimtip. An sonnigen wie auch an stürmischen Tagen sitzen sie dann in den weichen Gräsern der Klippen und malen die Gewalten der anstürmenden See.

Unterkunft

■ **Lamorna Pottery,** an der B 3315 Lamorna-Newlyn, Tel. 81 03 30. Sehr gemütliches B+B in ruhiger Lage am oberen Ende des Lamorna Valleys; 12 £. Hier auch Verkauf von Töpferwaren und anderen kunstgewerblichen Kleinigkeiten.

■ **Lamorna Cove Hotel,** Tel. 73 14 11. Hierher der Ruhe wegen, absolut ungestörter Aufenthalt in den 18 Zimmern, die allerdings eine Renovierung vertragen; 28–52 £, Dinner 12 £. Beheizter Außenpool. Im Winter günstige Pauschalangebote inkl. Dinner, diese dann lohnenswert.

■ **Camping** auf der Boleigh Farm, selbige Straße, Tel. 81 03 05.

Sehenswertes

■ **Merry Maidens,** an der westlichen B 3315, vollständiger Kreis aus 19 Steinen, vermutlich frühe Bronzezeit. Die Legende erzählt von der Verwandlung von 19 Mädchen, die am Sonntag das Tanzverbot mißachteten (ähnlich den »Hurlers« im Bodmin Moor).

Nur 300 m davon entfernt befindet sich an der Straße die *Tregiffian Barrow Burial Chamber,* eine guterhaltene bronzezeitliche Grabkammer.

■ **The Pipers,** unweit der Merry Maidens. Zwei ebenfalls aus der Bronzezeit stammende, etwa dreieinhalb Meter große freistehende Steine.

Weiterreise

■ **Nach Mousehole:** Ein verschwindend schmaler Weg ohne Schilder beginnt am Postamt, hinter der kleinen Mauer, und führt an besagter Mühle (heute Verkauf von kunstgewerblichen Gegenständen) vorbei Richtung Mousehole. Cadillac- und Chevrolet-Fahrern seien hier die eigenen Füße empfohlen...

■ **Busse:** etwa dreimal täglich nach Portcurno, Land's End und Penzance.

■ **Coastal path:** nach Land's End etwa 16 km, einer der schönsten Abschnitte an der Kanalküste. Nach Mousehole 4 km.

Porthcurno

Die einzige, aber echte Attraktion von Porthcurno ist das *Minnack Theatre,* ein hoch über dem Meer in den Klippen gelegenes Amphitheater, griechischen Vorbildern nachempfunden. Erst 1923 begann *Miss Rowenna Cade* mit den Arbeiten in dieser dramatischen Klippenlandschaft: 750 Sitze, in den granitenen Fels gehauen, bilden die grandiose Akustik, zum Meer hin ist die Bühne offen. Kleinere Seiteneinstiege und Emporen ermöglichen auch Aufführungen komplexerer Art, so stehen natürlich *Shakespeare* mit seinem »Macbeth«, »Romeo & Juliet« und »A Midsummer Night's Dream«, aber auch *Daphne du Mauriers* »Rebecca« auf dem Programm. In den Sommermonaten beinahe täglich Aufführungen, für 5 £ ein »geschenktes Erlebnis'! Besichtigung außerhalb der Vorstellungen 1,50 £.

Es gestaltet sich allerdings schwierig, das Theater mit öffentlichen Verkehrsmitteln zu erreichen, und zur 20-Uhr-Vorstellung ist es schlicht unmöglich, da der letzte Bus bereits um 17 Uhr nach Portcurno fährt. Eine Taxifahrt kostet um 10 £ pro Weg; falls noch andere Zuschauer mifahren, hält sich der Preis jedoch im Rahmen.

Normal dagegen scheint es, sich seinen Picknickkorb mitzubringen und sich während der Vorstellung gemütlich kulinarischen Genüssen zu widmen. An warme Kleidung denken, denn abends frischt der Wind von See gerne auf.

Unterkunft

■ **Grey Gables,** St.Levan, Telefon 0736/663 02. Am Ende der Straße, die am Minnack Theatre vorbeiführt. Idyllische Lage mit Ausblicken auf Tal und Küste. 6 Zimmer um 15 £.

Sehenswertes

■ **Treryn Dinas,** gut erhaltene eisenzeitliche Klippenbefestigung, etwa 2 km östlich von Porthcurno und über einen schönen Abschnitt des Küstenweges zu erreichen.

■ **St. Levan Church:** normannische Kirche, benannt nach dem bretonischen Heiligen St. Selevan des 5. Jahrhunderts. Keltisches Kreuz auf dem Friedhof.

Weiterreise

■ **Busse:** nach Land's End, Lamorna und Penzance, etwa 3x täglich.

Land's End

Der nun wirklich westlichste Punkt Englands, eine durchaus erfreuliche Tatsache, der jedoch vielleicht mit ein wenig zu großem Brimborium in allen Varianten Beachtung geschenkt wird.

Dabei ist die Klippenszenerie schon vom Feinsten, was das englische Reich zu bieten hat, und bedarf eigentlich gar keiner Vermarktung. Im Gegenteil, das in den letzten Jahren beachtlich verstärkte Schlagen auf die Werbetrommeln unter dem Aspekt des »westlichen Extrems« nimmt sich zunehmend frevelhaft aus. Das Resultat der Aktionen ist es allemal.

Wer vor 10 Jahren Land's End über die einsame und schmale Straße besuchte, hat sich vielleicht noch an den anderen Besuchern gestört, die an den wenigen Tischen des »first and last houses« saßen und sich mit einem steifen Grog die Kälte aus dem Körper trieben. Wie schön mochten die alten Zeiten gewesen sein.

Der Besucher der 90er Jahre wird durch eine sich verjüngende Straße zu den Kassenhäuschen geschleust, paarweise, ohne eine Möglichkeit des Entrinnens. Nach der Bezahlung von 3,30 £ pro Person (Kinder 1,50 £) stehen ihm die großzügig bemessenen Parkplätze zur Verfügung – und die Attraktionen des modernen, ach so schön alten Land's End. Alles ist inklusive, der Gegenwert mißt sich an Disney- oder Phantasialand und schneidet dabei gar nicht mal schlecht ab. Das »Greeb Cottage«, »The Ocean Floor«, die »Man against the Sea Exhibitions« und vor allem »The Last Labyrinth«, eine Megamediashow mit Spezialeffekten á la Hollywood zum Thema »Cornwall«, sind allesamt interessant und sehenswert. Letzteres gerät zu einer echten Berauschung der Sinne, ein Vergnügen für Auge und Ohr, multidimensionales Kino der ungekannten Art. Nach dem Auftauchen wünscht man sich lediglich, in Penzance oder Newquay zu sein, an einem Ort, wo derartige technische Unterhaltungs-Giganterie besser plaziert wäre.

Gesehen haben sollte man es. Auf den Klippen zu stehen und neben den aufgeregten Engländern zu versuchen, ein Stück Amerika zu erblicken, sich den heftigen atlantischen Wind durch die Seele und das Gemüt stürmen zu lassen, in der Ferne der *Longships Lighthouse* und noch weiter dahinter die Silhouetten der *Scillies* (siehe nächstes Kapitel).

Wanderungen hier an der Küste sind ein Traum. Sowohl Richtung Lamorna Cove als auch nach Norden, zu den Minenresten bei Botallack. Land's End wird immer schöner, dramatischer und einsamer, je mehr man sich auf dem Küstenweg davon entfernt...

Unterkunft

■ **The State House Hotel,** im »Vergnügungspark Land's End«, Tel. 0736/87 18 44. Man mag zu dem Disney-Rummel stehen, wie man will: Bei einer objektiven Beurteilung des gastronomischen Angebots bietet dieses Hotel mehr als andere. Englische Gemütlichkeit in Form, Farbe und Phantasie, wie man sie bei etablierten Häusern oft vergeblich sucht, umwerben hier den Gast. Großzügig angelegte Zimmer mit faszinierendem Blick auf die See mit dem vorgelagerten Long-Ships-Leuchtturm.

In der cornischen Hotelwelt scheint der Besitzer, der Millionär *Peter de Savary,* nicht besonders beliebt zu sein; sein innovatives Verständnis von luxuriöser Hotellerie zu angemessenen Preisen entspricht vermutlich nicht dem Ideal der Etablierten. Die Preise rangieren, je nach Zimmerwahl, von 25,50 bis 29,50 £ im Winter und von 35 bis etwa 70 £ in den Sommermonaten. Dinner im Wintergarten nach Westen für 16 £.

Weiterreise

■ **Busse:** nach Penzance, 2x täglich über St. Just nach St. Ives.

■ **Coastal path:** nach Sennen Cove, vorbei am Mean Castle, etwa 2 km, nach Lamorna Cove 16 km.

Die Scilly Isles

Das kleine, subtropische Archipel besteht aus über 100 Inseln, von denen aber nur 6 bewohnt sind: *St. Mary's, Tresco, St. Martin's, St. Agnes, Bryher* und *Gugh* – letztere lediglich durch eine einzige Familie. St. Mary's ist mit Abstand die größte Insel, mißt etwa 4 mal 3 km und ist mit ihren 1.600 Einwohnern auch am dichtesten bevölkert. Die anderen Inseln bewohnen etwa zwischen 76 und 146 Menschen, wobei Tresco mit seinen etwa 3,5 mal 1,5 km die zweitgrößte Insel darstellt.

Die Lage der Scillies – etwa 45 km südwestlich von Land's End – unterstreicht, daß es sich um etwas Außergewöhnliches handeln muß: Die Nähe zum Golfstrom läßt den Frühling zeitig einziehen, der Sommer wird in der Regel trockener und sonniger als auf dem cornischen Festland, und der Winter zeigt sich von einer ungewohnten Milde. Subtropische Pflanzen wachsen hier vor jedem Haus – eine Vergünstigung der Natur, die die Bauern zu Blumenzüchtern werden ließ. Die Saison beginnt im November, und bis Mai wird die blühende Pracht – Narzissen blühen zuerst – auf Provinzmärkten des Festlandes und im Covent Garden in London verkauft.

Die Scillies sind ein Paradies für *bird watcher,* die jeweils zu den passenden Zeiten auf die Insel strömen. Die Vögel nutzen die Inseln als Station auf ihrer Reise in den Süden – und zurück: weiße Bachstelzen, Hausrotschwänze und Schwalben, aber auch Seevögel wie Papageientaucher, Tordalken und Kormorane.

Die Anreise per Flugzeug oder Helikopter gehört schon zu den beeindruckenden Erlebnissen einer Scillies-Reise. Erst aus der Luft zeigt sich der geologische Zusammenhang der Inseln untereinander und auch mit dem Festland. Sich ändernde Schattierungen des Blaus, von Hellblau über Türkis nach Dunkelblau, verraten die Hügel und Täler auf dem Meeresboden, deren höchste Berggipfel und Plateaus »The Isles of Scilly« heißen.

Eine Reise auf die Scillies ist zu jeder Jahreszeit empfehlenswert. Ist es im Sommer die subtropische Wärme mit der Üppigkeit der Pflanzen, die einen Besuch zum Erlebnis macht, kann es im Winter die Ruhe sein. Denn ruhig wird es ab Oktober allemal – dann zeigen die Scillies nämlich ihr atlantisches Gesicht, aus Regen und viel frischem Wind, der ungehindert auf die Westküsten der Inselchen stürmt. Das ist die Zeit für einen Tag in der infernalischen *Hell Bay* auf Bryher... sofern noch Boote übersetzen.

Die kleineren *Off-Islands,* wie die unbewohnten Inselchen genannt werden, sind nur unregelmäßig zu erreichen. Die häufigsten Verbindungen gehen noch nach *Samson;* da besteht gelegentlich Touristen-Interesse. Generell fahren die Boote nur bei genügender Anzahl von Passagieren (mindestens etwa 8–10), die natürlich bei den anderen, bewohnten Inseln leicht zusammenkommen. Die *Eastern Isles, St. Helen's, Men-a-vaur,* die *Western Rocks* und *Round Island* bilden noch echtes Entdecker-Country. Boote können im Hafen von St. Mary's gechartert werden, bei mehreren Interessenten kein allzu großes Kostenproblem. Dann kann selbst nach der Karte bestimmt werden, wohin die Tagesreise geht.

Anreise

Per Schiff

Die »Scillonian III« verläßt das Lighthouse Pier in Penzance (bei Gezeitenschwierigkeiten auch ab gegenüberliegendem Albert Pier) von April bis Ende Oktober, Mo bis Sa um 9.15 Uhr, ab St. Mary's zurück um 16.30 Uhr. Vom 21. Mai bis Anfang September ändern sich die Zeiten: Sa nach Scilly 6.30 und 13.45 Uhr, zurück um 9.45 und 17 Uhr, dann auch So um 9.15 Uhr hin, 16.45 Uhr zurück. Von Anfang November bis Ende März aufgrund des rauhen Wetters und der geringen Besucherzahlen unregelmäßige Verbindungen, jedoch mindestens zweimal wöchentlich. Die Überfahrtdauer beträgt etwa 2,5 Stunden.

Fahrpreise pro Weg 29 £, 2–16 Jahre 15 £, darunter 2 £. Tagestrips für 29, 15, 10 £, je nach Alter. Familientickets für 2 Erwachsene und zwei Kinder 65 £, jedoch nur Mi und Sa. Fahrräder 7 £ hin- und zurück. Informationen: Telefon 0736/620 09

Per Flugzeug

Ab dem Land's End Aerodrome, zwischen St. Just und Sennen, starten täglich die kleinen, zweimotorigen Flugzeuge Richtung St. Mary's. Von April bis Oktober (Mo bis Sa) 8 Verbindungen zwischen 9 und 17.30 Uhr, in den restlichen Monaten Mo–Sa um 9.20 und 14.50 nach St. Mary's, zurück um 10 und 15.30 Uhr. Die Flugzeit beträgt etwa 15 Minuten.

Flugpreise einfach 40 £, Gäste unter 16 Jahren 20 £; Tagestrips 50 und 25 £; 15 Kilogramm Freigepäck, jedes Extrakilo 20 p pro Weg.

Der Skybus fliegt ebenfalls ab Exeter, Newquay und Plymouth direkt nach St. Mary's, Preise einfach 72,50 £, 45 £ und 52,50 £.

Interessant sind die Short-Break-Fares, die bis zu drei Nächte auf den Scillies umfassen und wie folgt kosten: retour ab Land's End 45 £, Exeter 100 £, Plymouth 80 £. Ab Newquay wird dieser Tarif nicht angeboten.

Ein Zubringerbus verkehrt kostenlos ab *Penzance railway station,* vorige Buchung bei Ticketkauf erbeten. Informationen: Tel. 0736/78 70 17.

Per Helikopter

Die russischen »Sikorski S 61« bieten von April bis Oktober (Mo bis Sa) bis zu 12 Verbindungen nach St. Mary's. – Nach Tresco Mo bis Fr um 10.50 und 15.45 Uhr, Sa um 12.40 Uhr; in der Hochsaison auch Mo um 12.40 Uhr. In den Wintermonaten ist der Flugplan eingeschränkt, jedoch mindestens zweimal täglich von Mo bis Sa nach St. Mary's; täglich außer Mi und So nach Tresco. Die Flugzeit beträgt 20 Minuten.

Die Tickets kosten 41 £ pro Flug, Tagestrips für 53 £. Von Oktober bis März und gelegentlich auch in den anderen Monaten 5– Tages-Tickets für 60 £.

Auch vom Heliport Busverbindungen zum Bahnhof in Penzance. Informationen: Tel. 0736/642 96.

St. Mary's

Mit einer Küstenlänge von etwa 16 km ist St. Mary's die größte Insel des Archipels. Sie beherbergt etwa vier Fünftel der Insulaner. Der kleine Ort *Hugh*

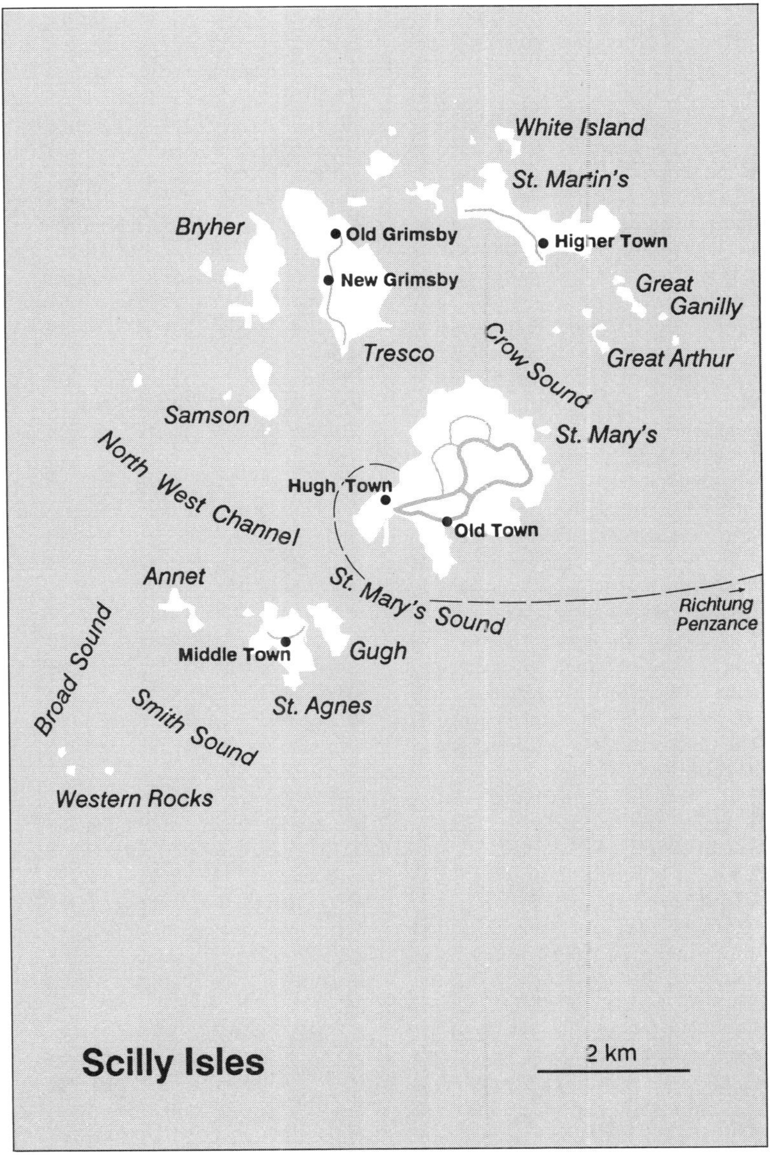
White Island
St. Martin's
Bryher
Old Grimsby
Higher Town
New Grimsby
Great
Ganilly
Tresco
Crow Sound
Great Arthur
Samson
St. Mary's
North West Channel
Hugh Town
Old Town
Annet
St. Mary's Sound
Richtung
Penzance
Broad Sound
Middle Town
Gugh
St. Agnes
Smith Sound
Western Rocks
Scilly Isles
2 km

Town liegt genau dort, wo sich zwei Buchten aufs engste gegenüberstehen und beinahe berühren, an der Taille der etwas unförmigen Insel – er bildet das Zentrum des Archipels, politisch, geschäftlich und auch touristisch. Hier gibt es das Hauptpostamt, die Fährstation, den etwa 1,5 km außerhalb liegenden Flughafen – und jede Menge Pubs, die sich in traditioneller Gewohnheit um das Wohlergehen der Einheimischen und Touristen kümmern.

Für viele der eintreffenden Besucher gilt St. Mary's nur als Sprungbrett für Fahrten auf die anderen, ruhigeren Inseln, in den gelegentlich turbulenten Sommermonaten durchaus verständlich. Doch St. Mary's selbst hat einiges Interessantes zu bieten, eine Atmosphäre, die an den geringer besuchten Tagen im Jahr außerordentlich faszinieren kann.

Die befestigte, schmale Straße, die der Insel einen kreisförmigen Verbindungsring auferlegt, kann an einem längeren Nachmittag vom Anfang bis zum Ende »abgelaufen« werden. Von hier zweigen schmale Wege ab, die zu kleineren Buchten führen oder den Verlauf der Straße abkürzen. Eine Autovermietung gibt es in Hugh Town; Fahrräder oder die eigenen Wanderschuhe sind jedoch das geruhsamere und sinnvollere Transportmittel.

Unterkunft

Die angebotenen Räumlichkeiten auf den Inseln stehen im oftmals krassen Gegensatz zu der üppigen Schönheit der Natur. Für das Gebotene wird in der Regel zu viel Bares verlangt; bei dem beschränkten Zimmermarkt mit ständig vorhandener Nachfrage kein Wunder. Reservierungen empfehlen sich im Sommer, von Juni bis August, aber auch im Spätherbst, wenn die *bird watcher* die Inseln überbevölkern – entweder im Tourist Office in Penzance (Gebühr) oder direkt per Telefon die Hotels kontaktieren. Die Stellplätze auf den *campgrounds* sind ebenfalls limitiert, Ausweichmöglichkeiten gibt es offiziell nicht, eventuell bei Bauern nachfragen. Eine Liste der angebotenen Wohnungen und Cottages (zwischen 80 und 350 £) kann beim Tourist Office angefordert werden.

Aufgrund der gelegentlich schwierigen Zimmersuche hier einige Adressen mehr:

■ **Mrs. Sims,** 2 Matthews Field, Church Road, Telefon 0720/227 84. Für 14,50 £ einfache Zimmer, ruhige Lage, Bungalow.

■ **Mincarlo,** Carn Thomas, am Ende des Town Beach an der Lifeboat Station, Tel. 225 13. Für 15 £ Zimmer mit Blick auf die Bucht, helle Atmosphäre, ruhige Lage.

■ **Belmont,** Church Road, Tel. 225 41. Ein nicht mit dem Tourist Office zusammenarbeitendes B+B, schöner Blick. Fünf hübsche Zimmer; 16 £.

■ **Anjeric,** The Strand, Tel. 227 00. Anspruchsvolles Haus mit persönlicher Atmosphäre; ab 16 £, in der Saison bis 18 £.

■ **Seaview Moorings,** The Strand, Tel. 223 27. Nette Besitzer. Zimmer mit Blick aufs Meer; 17 £.

■ **The Boathouse,** Thorough Fare, Tel. 226 88. Ungezwungene Atmosphäre, ein Zimmer auch mit bezauberndem Patio, Blick auf die Bucht; 19 £, inkl. Dinner 26 £.

■ **Hotel Godolphin,** Church Street, Tel. 223 16. Ruhig gelegenes Hotel der Oberklasse, für die Scilly Isles guter Gegenwert. Zimmer ab 22 £, inkl. Dinner ab 32 £.

■ **Tregarthen's Hotel,** Garrison Hill, Tel. 225 40. Das z.Zt. führende Haus auf St. Mary's. Zimmer ab 40 £ inkl. Dinner.

■ **Camping** auf der Garrison Farm, Tel. 226 70, 120 Plätze. Hier auch einige bereits aufgebaute Zelte, Ausrüstung kann geliehen werden.

Unterkünfte außerhalb

■ **Annet Cottage,** Porthlow, Tel. 224 41. Am Porthlow Beach gelegen, daher noch in Gehweite: etwa 15 min bis zum Zentrum. Ungewöhnlich gutes B+B, auch für cornische Verhältnisse hervorragende Gegenleistung. Schön dekorierte Zimmer für 15,50 £, gemütlich Gäste-Lounge; die Zimmer mit Blick auf den Strand. Unkompliziertes Ehepaar, wohnliche Atmosphäre.

■ **Edna Holt,** Porthloo, Telefon 229 61. Neben dem obigen B+B. Die beiden sind die äußeren der vier aneinandergebauten Häuschen. Ebenfalls sehr schöne Zimmer, allerdings ohne Blick auf die Bucht; 16 £.

■ **Atlantic View,** High Lanes, Telefon 226 84. Weiter außerhalb gelegener Bauernhof, von außen eher Bungalow-Style. Innen jedoch gemütliche Zimmer; 14 £, inkl. Dinner 20 £. Auch Reitschule und Fahrradverleih.

■ **Carnweathers,** Pelistry, Telefon 224 15. Reizvolles Haus auf großem Grund. Schöne Zimmer für 25 £ inkl. Dinner.

■ **Carn Vean,** Pelistry, Tel. 224 62. Das Haus liegt sehr ländlich, großer Garten. Einfache Zimmer; 14 £.

Verpflegung

In Hugh Town finden sich einige gemütliche Pubs, die, ganz Tradition, überwiegend von Fischern besucht werden.

■ **The Corner House Restaurant,** Tel. 222 21. Kleinere Köstlichkeiten, Lunch und Dinner.

■ **Nut Rock Café** am Quay: Frühstück ab 8 Uhr. Snacks bis abends, vorwiegend junges Publikum.

■ **Juliet's Garden,** Porthloo Hill: Snacks, Salate, Erfrischungen, geöffnet bis 19 Uhr.

■ **Carn Vean Teagarden,** an der Pelistry Bay, von Ostern bis Oktober *Cornish cream teas* und Gebäck, kleinere Snacks, wird innen oder im Garten serviert.

Sehenswertes

■ **Isles of Scilly Museum,** Church Street. Seit 1967 zeigt dieses Museum die Geschichte der Inseln, von der Stein- und Bronzezeit bis zur Gegenwart.

■ **The Garrison and Star Castle:** Auf dem Hügel über Hugh Town liegt die ehemalige Befestigung aus dem 18. Jahrhundert, von einer Mauer umgeben, mit Schießscharten für die Kanonen der früher hier stationierten 18 Batterien. Nach dem Sieg über die spanische Armada 1588 errichtete man dieses Fort, um eventuellen Angriffen seitens der Spanier standhalten zu können. Das achteckige, sternenförmige *Star Castle* beherbergt heute ein Hotel. Der Spazierweg um den Hügel herum offenbart weite Aussicht auf Hugh Town und die Küstenlandschaft; besonders schön gerät er kurz vor der Dämmerung.

■ **Peninnis Head,** südlich von Hugh Town. Zwei Wanderwege führen dorthin, die sich nach einigen Verzweigungen am Leuchtturm treffen. Schöne Sicht auf die vorgelagerten Felsen, die im Laufe der Zeit durch die rauhe Gewalt des Wassers in eigenartige Formationen verwandelt wurden. Die *Old Church,* an der

Ostseite der Halbinsel gelegen, stammt in dieser Form von 1891, war ursprünglich jedoch wesentlich massiver konstruiert worden.

■ **Bant's Carn,** im Ancient Village, hinter dem Golfplatz. Gut erhaltene Grabkammer aus vermutlich der Jungsteinzeit, etwa 2.000 v. Chr.

Weitere Grabkammern, die jedoch aus der Bronzezeit stammen, befinden sich bei *Innisidgen,* am Nordende der Insel.

Verschiedenes

■ **Tourist Office,** Porthcressa Bank, Tel. 0720/225 36. Ganzjährig Mo–Fr 8.30–17 Uhr, im Sommer auch Sa 9–17 Uhr.

■ **Tauchen** bei *Nowhere* Old Town, Tel. 227 32. Dreistündige »Diving Safaris« für 21 £, alles inklusive. Hier auch Wasserski (15 £/15 min), Verleih von Maske und Schnorchel (3 £/Tag), Surfbretter und Anzüge.

■ **Golf** im *Isles of Scilly Golf Club,* Carn Warvell Down, Tel. 226 92. Hübsche Anlage mit weiter Sicht auf die Küstenlandschaft.

■ **Autovermietung** und Fahrradverleih bei *Buccabu Hire,* The Strand, Telefon 222 89, 227 65. Ein R 5 kostet pro Tag 13,80 £, der R 11 16,80 £. Fahrräder für 3,50–4 £, halbtägig 2–3 £. Auch Verleih von Mountain Bikes.

■ **Bootsverleih** bei *John Nicholls,* Tel. 220 66. Boot für 12 Personen ab 30 £ per Stunde (high speed). Tagestouren mit normalen Booten ab 80 £ pro Tag.

■ **Surfen** bei *The Isles of Scilly Windsurf & Sailing Centre,* Telefon 220 37. Anfängerkurse und Verleih, Surfen und Segeln.

■ **Segler-Informationen:** im Hafen von St. Mary's kein *mooring* möglich, Wasseraufnahme schon. – Auf der Privatinsel Tresco sind Anlegemöglichkeit gegeben, Informationen unter VHF/16/14, *St. Mary's Harbour.*

Transport

■ Busse: auf St. Mary's fahren von Ostern bis Ende Oktober in etwa 25 Minuten rund um die Insel, zwischen 7 und 11 Verbindungen täglich. Vom **Flughafen** Anschlußbusse an und zu den Flügen, zwischen 60 p und 1 £ pro Weg.

■ **Taxis:** Tel. 227 12/223 97.

■ **Boote** der *St. Mary's Boatsmen's Association* bedienen die umliegenden Inseln. Zuverlässiger Service, Fahrten täglich gegen 10 Uhr, sofern das Wetter es erlaubt. Am Kai und in Hugh Town befinden sich Anzeigetafeln.

Preise für die Hin- und Rückfahrt: Bryher, Samson, St. Agnes, St. Martin's 3,70 £; East Isles 2,90 £; Tresco 5,20 £; Bishop Rock Lighthouse 6,50 £. Kinder zahlen die Hälfte.

Tresco

Die zweitgrößte Insel im Scilly-Archipel befindet sich in privater Hand, durch einen Vertrag mit dem *Duke of Cornwall,* der jeweils für 99 Jahre gilt. So hat der Besucher eine »Landegebühr« zu bezahlen, die jedoch in den kalkulierten Bootspreisen ab St. Mary's bereits enthalten ist.

Mit dem Hubschrauber kann Tresco leicht erreicht werden: Der Landeplatz befindet sich auf einer »Wiese mit Tower« hinter den *Abbey Gardens.*

Die Insel kann unterteilt in einen Süd- und einen Nordteil werden. Im Süden herrschen weite Sandstrände und eine wellige Dünenlandschaft vor, denen sich die subtropischen Abbey Gardens anschließen. Nördlich davon beginnt die weite Seenlandschaft des *Abbey Pool* und des *Great Pools,* auf denen sich Gänse und Enten still vergnügen.

Der Norden der Insel gibt sich rauh und zerklüftet, felsig und einsam. Inmitten dieses Kontrastes zum Süden stehen das *Cromwell Castle* und das *King Charles Castle,* Ruinen von Befestigungen aus dem 16. Jahrhundert.

Unterkunft

■ **The New Inn,** Tel. 0720/228 44. Die preiswertere Alternative auf Tresco. Gemütliche Zimmer zu »Privatinsel-Preisen« von 33 bis 50 £ inkl. Dinner. Im Winter *special arrangements* mit Direktflug nach Tresco: drei Tage 137 £, 4 Tage 166 £.

■ **The Island Hotel,** Tel. 22883. Das ehemals teuerste Hotel der Scillies, heute durch das »St. Martin's Hotel« auf den zweiten Rang gesetzt – zumindest was den Stil angeht. 64–115 £, je nach Zimmerwahl und Saison, inklusive Dinner.

■ **Tresco Estate,** Telefon 228 49. Vermietung von luxuriösen Cottages; 155–1.200 £ pro Woche. Hochglanzprospekte werden verschickt.

Sehenswertes

■ **Tresco Abbey Gardens,** vermutlich der »subtropischste« Garten Englands, mit überdimensionalen Yuccas, Baumfarnen und in üppiger Blüte stehenden Bäumen und Pflanzen, die normalerweise ihren Nährboden in Australien und Neuseeland finden. Die Ruinen eines kleinen Klosters fügen sich romantisch in die Umgebung ein, auf den Mauern sind Gravuren aus dem 16. Jahrhundert zu erkennen.

■ An den nahe gelegenen beiden Seen, dem **Abbey Pool** und dem **Great Pool** sammeln sich die *bird watcher* in der »Vogelschau-Saison'. In dieser weiten Landschaft gibt es einige Wanderwege, auch für »normale Spaziergänger«.

■ **Valhalla Gardens**, inmitten dieser Pracht. Im Museum Sammlung von hölzernen Galionsfiguren von über 70 an den Scillies gestrandeten Schiffen. Das Gebäude stammt von 1860 und wurde von *Augustus Smith* errichtet.

■ **Cromwell's Castle**, gut erhaltene Ruine eines runden Wehrturmes, 1651 im Auftrag von Admiral *Blake* erbaut. Etwa 20 m im Durchmesser, kontrollierte er die Durchfahrt zwischen Tresco und Bryher. Bryher wirkt von hier zum Greifen nahe – und ist es auch bei extremer Ebbe.

Transport

■ **Boote** zu den anderen Inseln starten von St. Mary's aus, von Tresco dann die Möglichkeit nach Bryher, Samson oder St. Martin's zu fahren.

St. Martin's

Die etwa 3,5 km langgezogene Insel bietet ebenfalls den Kontrast von Felsen und Sand, von Klippen und Strand; hier ebenfalls unterteilt in Nord- und Südküste, auch wenn die Trennung in diesem Fall der Länge nach erfolgt.

St. Martin ist die Blumeninsel unter den Scillies; viele der etwa 100 Bewohner verdingen sich neben dem Fischfang in diesem blühenden Geschäft. Drei kleine Ortschaften bestimmen das Bild: *Higher Town,* in dessen Nähe auch die Anlegestelle ist, *Lower Town,* auch Standort des »St. Martin's Hotels« – und *Middle Town,* das kleine Etwas dazwischen.

Die größte Attraktion für die wenigen Gäste, die die Insel besuchen, sind zweifellos die weiten und weißen Strände: *Par Beach, Perpitch* und *Lawrence Bay* an der Südseite, *Great Bay* an der Nordküste. Am *St. Martin's Head,* auf der Nordostseite der Insel, befindet sich eine rot-weiße Orientierungshilfe für die Fischer (1683). Etwa 11 Kilometer nordwärts erkennt man an klaren Tagen das *Seven Stones Reef,* der Ort, an dem der Tanker »Torrey Canyon« 1967 sein unvergessenes Ende fand.

Unterkunft

■ **Polreath,** Mrs. G. Watt, Telefon 0720/220 46. Zimmer inkl. sehr gutem Dinner 19 bis 24 £. – Zu gleichen Preisen im **Glenmoor Cottage,** Tel. 228 16. Auf beiden Farmen jeweils nur 6 Zimmer, Reservierung also empfohlen.

■ St. Martin's Hotel, Tel. 220 92. Die Familie *Francis* besitzt auch das »Polurrian Hotel« bei Mullion, Lizard. Das »St. Martin's Hotel« wurde vor wenigen Jahren erbaut; nahezu jeder Stein mußte per Boot auf die Insel geschafft werden. Man schätzt die Baukosten auf über 2.000.000 £; verständlich, daß die Preise nicht umwerfend günstig sind. Die Einrichtung ist in sich stilecht und wohnlich, wirkt jedoch in dieser Umgebung ein wenig deplaziert. Zimmer 65–95 £ inkl. Dinner.

■ **Cottages** bei Hilary and Andrew Julian, Churchtown Farm, Tel. 221 69. Die Preise für die schön ausgestatteten Häuschen rangieren von 190 bis 340 £.

■ **Camping** bei Mr. Savill, Middletown, Tel. 228 88. 100 Plätze.

Verschiedenes

■ **Verpflegung** im *Polreath* (siehe »Unterkunft«): Erfrischungen, Tee und kleinere Snacks.

■ ***Tauchen*** bei *Mr. T.Allsop,* Higher Town, Tel. 228 48.

Transport

■ **Boote** nahezu täglich von St. Mary's, die alle wieder zurückfahren; gelegentlich auch Boote von St. Martin's ausgehend.

St. Agnes

St. Agnes ist die südlichste Gemeinde der Scillies und unterscheidet sich erheblich von den anderen Inseln. Umgeben von tiefen Gewässern entwickelte sich die heute etwa 80 Personen ausmachende Bevölkerung recht isoliert. Viele historisch bedeutende Schiffe fanden in den unberechenbaren Küstengebieten ihr Grab, und die Familien von St. Agnes verdienten daran nicht schlecht. Neben dem *wrecking* verdingten sie sich als *freetrader* und besaßen auch den Ruf, die besten Seeleute der Scillies zu sein.

■ Über die Sandbank *The Bar* ist **Gugh** bei Ebbe zu erreichen, die kleinste bewohnte Insel im Archipel. Wanderer sollten sich über die Gezeiten informieren: Die Flut kommt schnell und schneidet dann den Rückweg ab. Eine Besteigung des Hügels am Nordende der winzigen Insel lohnt sich, die Rundumsicht von hier ist atemberaubend. Einige megalithische Relikte aus der Bronzezeit sind auf Gugh zu finden, die jedoch eher verlassen und vernachlässigt zwischen den Farnen und Sträuchern stehen.

■ Westlich von St. Agnes befindet sich **Bishop Rock Lighthouse,** der höchste Leuchtturm Englands, auf einem winzigen Stückchen Fels im Meer. Unter großen Mühen und Verlusten errichtet, sichert er die Einfahrt zum Kanal – bei klarem Wetter sieht man die Tanker und Frachter vorbeiziehen.

Unterkunft

■ **Downs Cottage,** Telefon 0720/227 04. Hübsche Zimmer für 21 £ inkl. Dinner.
■ **Cottages** bei Penny Crowther, St. Agnes Post Office, Tel. 223 60. Preise zwischen 100 und 220 £.
■ **Camping** bei Mrs. Hicks, Troy Town Farm, Tel. 223 60. 80 Plätze.

Verpflegung

■ **Rosemary Bird Teagarden,** Telefon 220 05. Tee, Gebäck und kleinere Snacks.

Transport

■ **Boote** zu den anderen Inseln bei gutem Wetter; sie starten meist von St. Mary's aus.

Bryher

Die Sturm- und Regeninsel, von einer moorigen und hügeligen Landschaft überzogen. Die Küste gibt sich vor allem an der Westseite rauh und unnahbar. Hier befindet sich dann auch die größte Natur-Attraktion der Insel: die *Hell Bay.*

Es ist die Bucht, in der sich die Winde des Atlantiks austoben. Kleinere Pools sammeln das Wasser und geben es später wieder an die Brandung zurück. Im Winter nimmt das tobende Inferno beängstigende Ausmaße an: Die aufspritzende Gischt erreicht dann sogar den kleinen Weg an den Hängen der grasbewachsenen Hügel. Ein Traum für nicht wetterscheue Individualisten...

Unterkunft

■ **Pera,** Mrs. Barbara Ticehurst, Tel. 223 25. Sehr private und sympathische Unterkunft, nur ein Zimmer in dem Bungalow zu vermieten, mit Blick auf die Bucht; 19 £ inkl. Dinner.
■ **Bank Cottage Guesthouse,** Telefon 226 12. Hübsche Zimmer, die meisten mit *bayview.* Preise um 24,50 £ inkl. Dinner, mit eigenem Bad 2,50 £ zusätzlich.
■ **Hell Bay Hotel,** Telefon 229 47. Die Zimmer sind groß, wirken jedoch ein wenig verwohnt (Renovierung steht an); 46– 55 £, inkl. Dinner im Restaurant. Im Winter Angebote ab 37 £ bei einem Mindestaufenthalt von drei Tagen.
■ **Cottages** bei Mrs. G. Langdon, Hillside, Tel. 228 23. Faszinierend ist das *Atlanta* mit Blicken über die Küste, jedoch nicht ganz freistehend. Offener Kamin, neues Interieur; 110–250 £.
■ **Camping** bei Mrs. Stedeford, Jenford, Tel. 228 86. 75 Plätze.

Verpflegung

■ **Harbour View,** Mrs. Hopkins, Tel. 222 22. Kleinere Snacks, Tee und Getränke.

Transport

■ **Boote** zu den anderen Inseln unregelmäßig von der *Bryher Boat Services.* Sie organisieren auch Tagestrips ab 12 £ pro Person. Nahezu täglich bei gutem Wetter kommen die Boote der *Boat Association* von St. Mary's.

Die Atlantikküste

Dem stetigen, oftmals gewaltigen Meereswind ungeschützt ausgesetzt, ist die Atlantikküste Cornwalls in keiner Weise mit ihrem zahmeren Gegenüber am englischen Kanal zu vergleichen. Man kann und sollte sie aber unterteilen, in den Abschnitt bis *Padstow* etwa, und das, was danach kommt:

Der erste Teil der Küste führt durch historisches, ehemals intensiv genutztes Bergbaugebiet: Zinn- und Kupferminen, vor allem zwischen Botallack und Pendeen, hinterließen gigantische, dunkle Maschinenhäuser und Schmelzanlagen, nicht selten direkt am tosenden Meer gelegen. Durch die architektonisch interessante Rundbogenfenster und Öffnungen pfeift der ewige Wind. Pferde und Schafe weiden scheinbar ohne Zugehörigkeit zwischen den Ruinen der vergangenen Industriewelt. Die Küste gibt sich zunächst felsig und rauh, flacht jedoch später zur *St. Ives Bay* hin ab, um in weite und schier endlose Strände auszulaufen.

Das Wechselspiel aus Wildheit und Anmut, Unnahbarkeit und Betörung setzt sich fort; beruhigende und großzügige Strandlandschaften finden sich vor allem vor *St. Agnes,* einem weiteren Bergbauzentrum Cornwalls, in der *Perran Bay* bei Perranporth und um die Touristen-Metropole *Newquay,* zum Beispiel in der beeindruckenden *Watergate Bay.*

Die Küste jenseits von Padstow ist für viele eine Welt jenseits jeder Vorstellung. Es ist das Land des niemals vergehenden König-Artus-Reiches, dessen Zentrum *Tintagel* die wohl größten Besucherzahlen an der nördlichen Atlantikküste verzeichnet. Eine Landschaft der Steilklippen und ungezügelten Winde, der blauen Weite und des sich auflösenden Horizontes, getragen von einer Mystik ungebrochener Macht, von Legenden und Sagen. Schon seit frühester Zeit scheinen Menschen hier gewohnt zu haben, wie Siedlungsreste in den Klippen und auf den Hügeln zeigen.

Die Szenerie eskaliert bei *Crackington Haven.* Danach verflacht die Küste zunehmend, bis hinunter zur *Bude Bay,* wo erneut weite und sanfte Strände locken. Doch bereits kurz darauf, kurz vor Morwenstow, sind die beiden Felsnasen *Higher* und *Lower Sharpnose Point,* erreicht, und einmal mehr erhebt sich die Küste dramatisch zum Hartland Point, nun aber bereits jenseits der Grenze, in Devon.

Sennen

Sennen selbst liegt auf den Klippen und hat neben der weiten, grasbestandenen Landschaft Besuchern nicht viel zu bieten. Doch ein Ausflug in die unterhalb gelegene *Sennen Cove* lohnt sich allemal, ein hübsches Fischernest an der *Whitesand Bay* – nicht zu verwechseln mit der Whitsand Bay bei Torpoint.

Die Weite des Strandes lädt zum Sonnenbaden ein, auch im Sommer von störender Drängelei keine Spur. Küstenwanderer finden zwischen Land's End und St. Just traumhaftes Revier. Von der Sennen Cove ist Land's End in Minu-

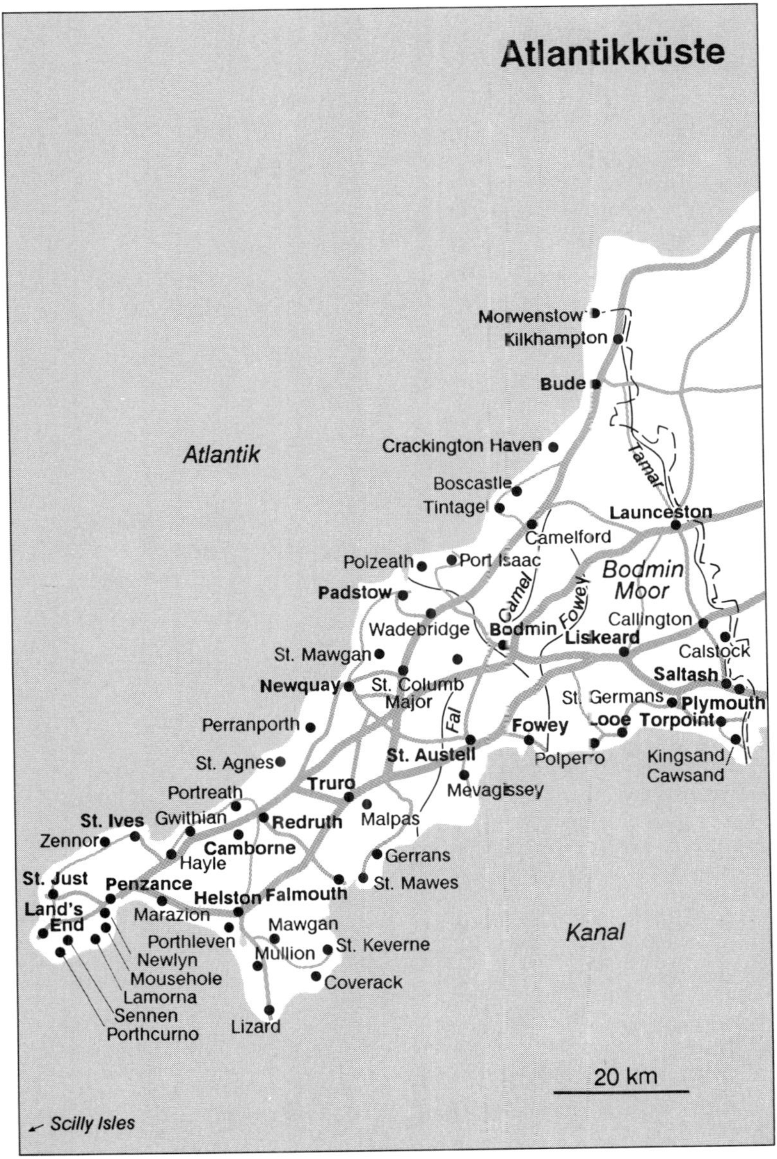
Atlantikküste
Atlantik
Kanal
Morwenstow
Kilkhampton
Bude
Crackington Haven
Tamar
Boscastle
Tintagel
Launceston
Camelford
Polzeath
Port Isaac
Bodmin
Moor
Padstow
Camel
Fowey
Callington
Wadebridge
Bodmin
Liskeard
St. Mawgan
Calstock
Saltash
Newquay
St. Columb
Major
St. Germans
Plymouth
Fal
Perranporth
Fowey
Looe
Torpoint
St. Austell
St. Agnes
Polperro
Kingsand/
Cawsand
Truro
Mevagissey
Portreath
Gwithian
St. Ives
Redruth
Malpas
Zennor
Camborne
Hayle
Gerrans
St. Just
Penzance
St. Mawes
Helston
Falmouth
Land's
End
Marazion
Mawgan
Porthleven
St. Keverne
Mullion
Newlyn
Mousehole
Coverack
Lamorna
Sennen
Porthcurno
Lizard
20 km
Scilly Isles

ten zu erreichen, eine Möglichkeit, die dortige Küste kennenzulernen, ohne den geforderten Preis am offiziellen »Eingang« zu bezahlen (die Attraktionen sind allerdings nur mit vorgezeigter Karte zu erleben).

Unterkunft

■ **Sunnybank Hotel,** Sea View Hill, Sennen, Tel. 0736/87 12 78. Liegt auf einer Anhöhe, überzeugend vor allem die Zimmer mit den hübschen Erkerfenstern. Zimmer mit eigenem Bad 14 £, Dinner 6 £.

■ **Myrtle Cottage,** Sennen Cove, Tel. 87 16 98. Liegt oberhalb des *round houses* in der Bucht von Sennen. Kleine, aber feine Zimmer mit Blick auf Sennen Cove; 12 £. In den Sommermonaten auch Café und Snackbar im Erdgeschoß.

■ **Polwyn Cottage,** Old Coastguard Row, Sennen Cove, Tel. 87 13 49. Sympathische Gastgeber. Zwei schöne, liebevoll eingerichtete Zimmer; 13 £.

■ **The Old Success Inn,** direkt am Ende des steil abfallenden Weges nach Sennen Cove, Tel. 87 12 32. Urgemütlicher Pub aus dem 17. Jahrhundert. Die wenigen Zimmer sind ebenso – und sehr individuell eingerichtet; 28–33 £, im Winterhalbjahr (November bis April) abzüglich 5 £, günstige Wochenpreise.

■ **Camping** im Sea View Caravan Park, Sennen, an der A 30 Richtung Penzance beschildert, Telefon 872 66. Von Steinmauern umgebenes, leicht abfallendes Wiesengelände, mittelgroße Anlage.

Sehenswertes

■ **Crafts** im *round house,* einer kreisrunden Fischerhütte am Hafen der Sennen Cove, die früher eine gewaltige Winde beherbergte, um die Boote bei Sturmgefahr aus dem Wasser zu ziehen: Gemälde, Porzellan und kunstgewerbliche Kleinigkeiten, hergestellt von Künstlern aus der Region.

■ **Mean Castle,** am Küstenweg Richtung Land's End. Eine der ältesten keltischen Klippenbefestigungen, entstanden um etwa 300 v.Chr.

Weiterreise

■ **Busse:** nach Land's End, Penzance und über St. Just nach St. Ives, mehrmals täglich.

■ **Coastal path** ab Sennen Cove: nach St. Just 8 km, mäßig beschwerlich, bei St. Just das *Carn Gloose.* Nach Land's End zwei anstrengende Kilometer.

Von Carns, Quoits und Menhirs

Nichts ist so ungewiß wie die Vergangenheit des Menschen. Jene vorgeschichtlichen Epochen, deren Realitäten der heutigen Menschheit nicht mehr oder vielleicht noch nicht zugänglich sind. Archäologen und Visionäre, Bibel- und Hobbyforscher sind seit Menschengedenken auf dem Weg; das Geheimnis unserer Herkunft zu lüften.

Cornwall ist nahezu übersät von Relikten alter Tage: Grabkammern, Steinzirkel und Granitpfeiler, Klippen- und Hügelbefestigungen. Stumme Zeugen aus Kulturen, über deren Struktur, Gewohnheiten und Denkweisen bis heute nur wenig bekannt ist. Sie finden sich vor allem in den weiten Flächen des *Bodmin Moores,* aber gerade auch in *Penwith,* der westlichsten Halbinsel Cornwalls: zwischen Land's End und St. Ives, St. Just und Penzance.

Am spektakulärsten, wenn auch nicht zu den ältesten Relikten gehörend, ist vermutlich *Chysauster* in der Nähe von Gulval, zwischen Penzance und St. Ives, die Fundstätte eines etwa 2.000 Jahre alten gut erhaltenen Hüttendorfes, acht Häuser mit bis zu etwa anderthalb Meter hohen Mauerresten an einer »Gemeinschaftsstraße«, die Räume gruppiert um kleine Innenhöfe; ein faszinierendes Beispiel für die frühen *farming communities:* Tiere und Menschen lebten unter einem Dach. Der Zweck des *fogou,* eines nahegelegenen kleinen, unterirdischen Tunnels, ist bis heute ungeklärt. Man vermutet, daß er zur kühlen Aufbewahrung von Lebensmitteln oder sogar religiösen Zwecken diente. Tunnel dieser Art sind ein einzigartiges Merkmal der *ancient villages* in Cornwall. (Täglich 10–18 Uhr, im Winterhalbjahr Di–So 10–16 Uhr; 85 p)

Mit Chysauster rivalisiert *Carn Euny,* westlich von Sancreed, im Herzen von Penwith: ein teilweise noch besser erhaltenes Dorf mit einem fogou von mehr als 20 Metern Länge.

Weitaus früher – es sind nun Zeitsprünge von etwa 2.000 Jahren angesagt – entstanden die *Quoits:* steinerne Grabstätten der frühen Bronze- oder späten Steinzeit. Von weitem wirken sie wie überdimensionale Tische, denn die meisten besitzen einen Kapstein, der die aufrecht stehenden Granitplatten abdeckt. Die Angehörigen wurden hier gemeinsam beerdigt; die individuelle und getrennte Beerdigung kannte man erst seit der mittleren Bronzezeit. Der *Lanyon Quoit,* etwa 6 km nordöstlich von Penzance, und der gewaltige *Zennor Quoit* bei Zennor, mit seinem etwa 12 Tonnen schweren Kapstein, sind exzellente Beispiele für die Kraft der vergangenen Kultur, eine Energie, die der Betrachter unweigerlich verspürt.

Auf dem Weg nach St. Just, vor Morvah, liegt *Men-an-Tol,* ein eigenartiger und nachdenklich stimmender Bote der Vergangenheit. Ein etwa 1,20 m hoher, stehender Granitring, eingerahmt von zwei kleineren *Menhirs,* massiven Granitpfeilern (cornisch: men = Stein, hyr = lang). Wissenschaftler vermuten einen astronomischen Zusammenhang: Der Kreis diente möglicherweise der Beobachtung des Sonnenstandes oder der Mondphasen. Im 18. Jahrhundert wurden Wunderheilungen publik. Alte heilten sich angeblich vom Rheumathismus, indem sie durch die Öffnung krochen.

Bei St. Just, an der Küste etwa 500 m südlich von Cape Cornwall, befindet sich das mysteriöse, wenig bekannte *Carn Gloose,* eine Klippenbefestigung aus der Steinzeit, wie man heute annimmt. Erkennbar ist eine gewölbte Kammer, umgeben von 1 m dicken Steinwällen, wohl auch zum Schutz gegen den kräftigen Südwestwind.

St. Just

St. Just ist die westlichste Stadt in England, halb scherzhaft auch *the first and last town* genannt – je nachdem, von welcher Seite man sie eben betritt. Eine erstaunliche Geschäftigkeit prägt noch immer die Atmosphäre um den Marktplatz, vermutlich ein Relikt aus alten Tagen, als St. Just der Hauptversorger der umliegenden Zinn- und Kupferminen war.

Zwei gewaltige, für die Ortsgröße überdimensioniert anmutende Methodisten-Kirchen sowie eine »gewöhnliche« aus dem 15. Jahrhundert bestimmen das Stadtbild. Letztere ist für eine etwa einen Meter hohe Säule bekannt, den *Selus Stone* mit einer romanischen Inschrift.

Das Kulturzentrum des mittelalterlichen St. Just ist heute mit Gras überwuchert. Es befindet sich ein wenig abseits des Marktplatzes: *Plen-an-gwary,* ein offener, runder Versammlungsplatz, auf dem Mirakelspiele in cornischer Sprache gezeigt wurden. Es ist vermutlich eines der ältesten feststehenden Theater Englands.

Die Wellen des Tourismus machen denen des etwa 1,5 km entfernten Atlantischen Ozeans noch keine Konkurrenz. Vereinzelte Küstenwanderer sind in den meisten Wochen des Jahres die einzigen Besucher, die sich hierher verirren.

Unterkunft

■ **Youth Hostel,** Letcha Vean, Tel. 0736/78 84 37. Irreführend offiziell *Land's End Youth Hostel* genannt, liegt jedoch außerhalb von St. Just. Vom Markt der Straße hinter der Kapelle folgen (Schild), bis zum Ende, dann rechts. In den Wintermonaten So und Mo geschlossen. Küstenwanderer können der Straße von Porth Nanven folgen, ca 1 km. Siehe auch »Nanjulien Farm«.

■ **Boscavern House,** Boscavern, an der Straße St. Just-Sennen, etwa 2 km außerhalb von St. Just, Telefon 78 83 01. Herrenhaus aus dem 17. Jahrhundert. Zimmer in hübscher Ausstattung; ab 13,50 £.

■ **Nanjulien Farm,** Nanquidno Valley, Tel. 78 83 22. Bezaubernde, einsame Lage, 500 m zur Küste, etwa 1,5 km zum Aerodrome; ideal geeignet für Küstenwanderer und Scilly-Flieger. Herzliche und unkomplizierte Atmosphäre. Drei einfache, aber große Zimmer à 11 £.

Wegbeschreibung: Straße von Land's End nach St. Just, hinter dem Flugplatz links, nach einigen Kurven liegt die Farm linksseitig. Wanderer an der Küste: Cape Cornwall – Whitsand Bay, nach Porth Nanven (der Ort, an dem der Küstenweg auf einer schmalen Talstraße Richtung Meer führt) weiter bis zur ersten Bucht, in die der Weg hinabsteigt. Nach zwei provisorischen Holzbrückchen führt ein schmaler Weg landeinwärts, vorbei an der alten Wassermühle. Die Farm liegt nach etwa 200 m ab hier auf der rechten Seite. Das klingt kompliziert, leuchtet jedoch während des Gehens schnell ein. (Cape Cornwall-Nanjulien Farm etwa 4 km, Whitsand Bay etwa 2 km)

■ **Boscean Country Hotel,** St. Just, Tel. 78 87 48. An dem Weg Richtung Cape Cornwall gelegen. Elf Zimmer, alles ein wenig »alte Pracht«, aber unkompliziert und freundlich und für den Preis von 16 £ uneingeschränkt empfehlenswert. Alle Zimmer mit Bad, Dinner 11 £. Großer Garten.

■ **Manor Farm,** Botallack, Telefon 78 85 26. Ein Traum von Farm, mehrmals in TV-Serien erschienen, so als »Nanpara« in der Serie »Poldark«. Herrenhaus aus dem 17. Jahrhundert, üppige und filmreife Ausstaffierung der Zimmer; 14 £, mit eigenem Bad 16 £. Etwa 500 m bis zur Küste, 2 km bis St. Just.

■ **Camping:** Trevaylor, Botallack, Tel. 78 70 16. Schöner, kleinerer Platz mit Lädchen als praktische Einkaufsmöglichkeit.

Verpflegung

■ **Count House,** Botallack, Telefon 78 85 88. Restaurant der gehobenen Mittelklasse, Menüs um 13 £. Tatsächlich umwerfend ist hier das Panorama: Aus großen Fenstern blickt man auf die steinernen Überreste der Zinnminen, hinter

Am Tinner's Way (s. S. 120) ▶

der – auf Bestellung – die Sonne im Meer versinkt...

Sehenswertes

■ **Pendeen Watch Lighthouse,** Pendeen. Im Jahre 1900 durch Trinity House erbaut. Zu besichtigen Mo–Sa.

■ **Geevor Tin Mine,** Pendeen. Eines der faszinierendsten Erlebnisse, die eine Cornwall-Reise zu bieten hat. Seit der Einstellung der Minenaktivität 1986, als der Preis des Zinns unter die Schmerzgrenze fiel, beschäftigt man nur noch wenige Arbeiter, die die Ausrüstungen in den Stollen warten und wasserfrei halten – die Hoffnung auf ein Steigen der Preise ist noch nicht aufgegeben.

Seit 1989 werden Gäste gegen Bezahlung in die Stollen geführt, um die immensen Stromkosten der Pumpen (man spricht von 4 Mio Litern Wasser täglich) auszugleichen. Die komplette Exkursion dauert über vier Stunden, wovon etwa eineinhalb über Tage in einem Museum, mit einem Videofilm sowie der Besichtigung der erzverarbeitenden Teile der Mine verbracht werden. In den restlichen zweieinhalb Stunden führt *Ken* die Interessierten unter Tage, zunächst auf ein Level von 1.500 ft, später dann durch einen schräg abfallenden Schacht auf über 2.000 ft – dann bereits über 1.000 m von der Küste entfernt, unter dem Meer.

Ausführliche Erklärungen und Selbstversuche unter Tage machen dieses Erlebnis unvergeßlich. Ostern bis Oktober So bis Fr Führungen um 10 Uhr; die ganze Tour kostet 12,50 £, ohne »Abfahrt« nur 2,95 £.

Verschiedenes

■ **Rundflüge** mit einmotorigen Flugzeugen ab Land's End Aerodrome, zwischen St. Just und Sennen, Telefon 78 87 71. Die Preise rangieren von 15 £ über die Sennen Cove, 20 £ über Porthcurno mit seinem Minnack Theatre bis zu 45 £ über ganz Penwith: St. Ives, St. Michael's Mount, Mousehole und Porthcurno.

Weiterreise

■ **Busse:** nach Penzances und St. Ives mehrmals täglich, 2 x täglich nach Land's End.

■ **Coastal path:** Nach Zennor etwa 17 km, kurz hinter St. Just Klippenbefestigung. Landschaftlich reizvolle Strecke, vorbei an den Ruinen der Maschinenhäuser. Nach Sennen Cove 8 km. St. Just liegt nicht direkt an der Küste, etwa 1,5–2 km Fußweg oder Straße.

The Tinners' Way

Die beiden Orte St. Just und St. Ives verbindend, ist der Tinners' Way etwa 20 Kilometer lang und wurde bis ins 19. Jahrhundert zum Transport des Zinns benutzt. Die Anfänge des Weges lassen sich zurückverfolgen bis in die Bronzezeit – eine Zeitspanne von nahezu 4.000 Jahren, in der Menschen auf seinen Spuren wandelten.

Der *Forth an Stenoryon,* wie er im Cornischen genannt wird, war vermutlich ein Teil des damaligen Handelswegnetzes. Er führt durch eine reizvolle Umgebung, von der Küste über das Moor und wieder zurück zur Küste, vorbei an archäologischen Sehenswürdigkeiten, die wie gerufen ins Konzept des modernen Tinners' Way zu passen scheinen.

Der Weg beginnt am *Cape Cornwall* und folgt zunächst der Küste nordwärts

Richtung Botallack, um dann wenig später landeinwärts zu biegen, die Küstenstraße bei *Truthwall* zu überqueren. Von hier führt er ins Hochmoor, vorbei an kleineren Steinzirkeln, Hünengräbern und eisenzeitlichen Befestigungen. Auf etwa 12 Kilometer Länge überquert er das einsame Moor, bis er die hübsch gelegene Kirche bei *Towednack* erreicht, dessen Tal sich bis zur Küste erstreckt. An der Küste gewahrt der Wanderer nach kurzer Zeit die ersten Zeichen von *St. Ives*.

Der Weg ist zwar recht einfach zu orten, eine gute Karte empfiehlt sich aber durchaus. Informationen über den Trail hält das Tourist Office in St. Ives oder Penzance bereit.

Cornish Mining

Zwischen Land's End und St. Ives, dort vor allem jedoch um Botallack und Pendeen, aber auch in der Region Camborne-Redruth und um St. Agnes befanden sich seit dem 18. Jahrhundert die größten Bergwerkszentren Cornwalls. Heute sind es öde und verlassene Gegenden, felsig und moorig, vom Winde verwehte Erinnerungen an eine große, aber auch schmutzige und beschwerliche Zeit. Oftmals nur Meter von den tosenden Wogen der aufgebrachten See entfernt, stehen die dunklen Maschinenhäuser, oder das, was von ihnen übrig ist.

Mitte des letzten Jahrhunderts gehörte Cornwall zu den Gebieten mit den größten Minenaktivitäten überhaupt. Hier wurden gigantische Mengen an Zinn und sogar zwei Drittel des Weltbedarfs an Kupfer gefördert. Über 50.000 Arbeiter durchwühlten neben mehr als 650 Maschinenhäusern systematisch die cornische Erde; der tiefste Schacht der *Dolcoath Mine* erreichte ein Level von über tausend Metern.

Bahnbrechende Erfindungen machten den Weg für immer tiefere Vorstöße ins Erdreich frei, und die *Camborne School of Mines* entwickelte sich zu einer Kapazität auf dem Gebiet der Erzförderung. Dem bedeutenden Erfinder *Richard Trevithick,* dem »Vater der Lokomotive«, der mit seiner Arbeit dem Dampfmaschineneinsatz unter Tage den Weg bereitete, ist ein Denkmal gesetzt, gegenüber der Stadtbücherei in Camborne.

Die Bergbaugebiete unterlagen ihren eigenen strengen Gesetzen, die von den *Stannary Courts* erlassen wurden. Die cornischen Minenarbeiter verrichteten ihre schmutzige und oftmals gefährliche Arbeit nicht für festen Lohn, sondern arbeiteten selbständig und waren aufgrund ihrer Gewinn- und Risikobeteiligung auch keinen herrschaftlichen Steuern unterworfen. Im Gegenzug jedoch wurde die geförderten Mengen in den jeweils nahegelegenen Münzstädten (Liskeard, Bodmin, Lostwithiel, Truro und Helston) »großzügig« besteuert.

Mit der Rezession im einheimischen Minengeschäft – eine Folge der neu entstandenen, preiswerter produzierenden Konkurrenz in Übersee: Zinn aus Malaysia und Bolivien, Kupfer aus Chile und Australien – zerfiel das Erz-Imperium ebenso schnell, wie es entstanden war. Schon Ende des Jahrhunderts waren die meisten Minen geschlossen und über ein Drittel der cornischen Bergleute ausgewandert. Bereits in den zwanziger Jahren waren es nur noch rund 20 Maschinenhäuser, die ihre Dienste taten. Heute, in den Neunzigern, ist keine mehr übrig. Die letzte, die *Geevor Tin Mine* bei Pendeen, stellte 1986 ihren Betrieb ein und harrt nun der Dinge, die da kommen mögen.

Zennor

Das winzige Dorf Zennor liegt inmitten einer weiten, moorigen und vor allem mystischen Landschaft. Abgeschirmt durch See und unwegsames Land, entwickelte sich das Leben über die Jahrhunderte hinweg ausgesprochen isoliert. Vielleicht der Grund für die erstaunliche »Gegenwart des längst Vergangenen«, diese ganz spezielle Atmosphäre Zennors.

In der Ortskirche, erbaut im 15. Jahrhundert, warten die schön geschnitzten Enden zweier Kirchenbänke auf den Besucher. Eine Schnitzerei, die das Bild einer Meerjungfrau zeigt, erinnert an die Legende der *Mermaid of Zennor.* Die schöne und langgelockte Nixe erschien jeden Sonntag, um dem Gottesdienst beizuwohnen und mit ihrem süßen Gesang zu bereichern. Eines Tages erlag der Sohn des Kirchenvorstehers, *Mathey Trewhella,* ein begnadeter Bariton, ihren Betörungen, folgte ihr zur nahegelegenen Pendour Cove und ward nie mehr gesehen.

Viele Jahre später lag in dieser Bucht ein Schiff vor Anker, und der erstaunte Kapitän vernahm eine süße Frauenstimme. Sie gehörte zur einer schönen und langgelockten Nixe, die ihn bat, doch seine Anker zu lichten. Natürlich entsprach er ihrem Wunsch. Sie bedankte sich und ließ ihn wissen, daß sie ohne seine Hilfe nicht in ihre Höhle hätte zurückkehren können – zu ihrem Ehemann Mathey und ihren Kindern, die in der Höhle schon auf sie warteten.

Verpflegung

■ **Tinner's Arms:** Schon *D.H. Lawrence* war hier Gast, als er während des Zweiten Weltkriegs in einem kleinen, nahegelegenen Cottage lebte; interessanter Pub, auch heute noch gutes Bier und gute Küche.

Sehenswertes

■ **The Wayside Museum,** dem Namen nach am Weg nach Zennor. Exzellente Sammlung an Werkzeugen und Geräten der Bauern und Minenarbeiter aus vergangenen Jahrhunderten, im Garten intakte Wassermühle. Originale Atmosphäre. Ostern bis Ende Oktober täglich 10–18 Uhr; 1,80 £.

Weiterreise

■ **Busse:** 3 x täglich nach St. Ives und St. Just, 2 x täglich Land's End.

■ **Coastal path:** nach St. Ives etwa 10 km, überwiegend fordernd. Nach St. Just 17 km.

St. Ives

Die Stadt der Künstler, der Begabten, das »Montmartre« im Lande. Gibt es in Cornwall eine echte Kunstszene, so ist sie in St. Ives zu finden. Seit dem Ende des vergangenen Jahrhunderts ist die kleine, verschachtelte Hafenstadt Anziehungspunkt für Künstler aus aller Welt. Maler und Kunstmaler, Bildhauer und Bildschnitzer, Künstlerprofis und Amateure zog St. Ives in seinen Bann, darunter auch in ihren Werken fortlebende Maestros.

Einer der ersten, der kam und sah, war *James Whistler,* der bereits 1883 mit seinem Schüler, dem Münchener *Walter Sicker,* in den kopfsteingepflasterten Gas-

Ziegen auf Abraum von ehemaliger Zinnmine ▶

sen nach Motiven suchte. Viele folgten, darunter *Ben Nicholson* und seine Frau *Barbara Hepworth,* die wohl bekannteste Bildhauerin im Lande, die 1939 von London nach St. Ives zogen. Ihr Atelier und Haus ist heute zum Museum erklärt (siehe unten).

Noch heute zehrt die Stadt von den Größen, die einst in ihr lebten. Doch sind es längst nicht nur jene Charaktere, die St. Ives zu dem machten, was es heute darstellt. Es war – und ist – das Licht, das rein und unfiltriert die Landschaft in immer neue Szenen setzt, die Farben erblühen und die Formen sich zu ungewohnter Klarheit verdichten läßt. Das ultraviolette Level des Lichtes ist in keinem anderen Teil des britischen Inselreiches höher als in dieser Region um St. Ives.

Schon lange vor der Ära der Künstler und Käufer war St. Ives der geschäftigste »Sardinenhafen« Cornwalls, der parallel dazu noch vom Zinn- und Kupferexport der umliegenden Minen profitierte. Am 1767 erbauten, massiven Pier im Hafen spielte sich bis zum Beginn dieses Jahrhunderts ein lebhaftes Treiben ab. Von der typisch cornischen Verknüpfung von Fischfang und Minenwesen erzählt die Unterteilung des labyrinthartig verwebten Gassennetzes: Da gibt es *Downalong,* die Unterkünfte der Fischer am Hafen, und *Upalong,* die Behausungen der Minenarbeiter, an den Flanken der Hügel.

Das heutige St. Ives zählt ungefähr 11.000 Einwohner, kein kleines Kind der cornischen Familie. In den Sommermonaten, der absoluten Hochsaison, versechsfacht sich die Zahl leicht; St. Ives ist eine der Hochburgen des Tourismus in Cornwall. Verständlich, daß gerade dann, wenn das »No-Vacancies-Schilder-und-nervende-Menschenmassen«-Syndrom den Blick auf das Wesentliche trüben und große Teile der Atmosphäre auf der Strecke bleiben.

St. Ives im Winter ist denen anzuraten, die das eigentliche, das vergehende St. Ives der strahlenden Fassade vorziehen. Eine Stadt, die auf ihre Art vermutlich ebenso in den Bann zu ziehen und berühren vermag wie Venedig oder Nizza – im Winter.

Unterkunft

Auch in St. Ives gehört es zu den schwierigeren Aufgaben des Cornwall-Reisenden, sich in den Sommermonaten um ein Zimmer zu bemühen. Der Besuch des Tourist-Office oder der Griff zum Telefon sind obligatorisch, will man nicht für Stunden die Stadt durchstreifen. Daher hier im folgenden die Gebiete, die Straßen, in denen sich die kleinen Hotels tummeln, verbunden mit herausgepickten Beispielen und ggf. weiteren Telefonnummern von Hotels, die in etwa den gleichen Gegenwert bieten.

■ **Palm Trees Guest House,** 2 Clodgy View, Telefon 0736/79 61 09. Hübsche Aussicht auf den Porthmeor Beach, vor allem von den Erkerfenstern der oberen Etagen, lockere Atmosphäre, schöner Aufenthaltsraum im Erdgeschoß. Preise von 12 £ bis 16 £, je nach Saison.

■ Entlang der **Clodgy View** und weiter in der Ventnor Terrace und der Belmont Terrace unzählige B+Bs, preislich ähnlich. Für telefonische Zimmeranfrage: Monteray (79 42 48), Carella (79 41 89), Tregony (79 58 84), Ren-Roy (79 69 71), Caerhays (79 50 51), Chy Karenza (79 41 87).

■ **Seagulls,** 4 Godrevy Terrace, Tel. 79 72 73. Den oberen ähnlich, von hier

Blick auf *The Island.* 14 £, 16 £ inklusive eigenem Bad.

■ **Carlyon,** The Terrace, Tel. 79 53 17. Eines der besten kleinen Privathotels in St. Ives. Persönlich eingerichtete Zimmer für 13 £, große Lounge für die Gäste. Dinner nach Vorbestellung (6 £).

■ **27 The Terrace,** der Name verrät bereits die Adresse, Telefon 79 74 50. Schmuckes georgianisches Stadthaus mit großen Zimmern, private Badezimmer; 15–18 £, billige Wochenangebote.

■ Ebenfalls in The Terrace: **Chy-an-Gerra,** Tel. 79 65 86. Etwa 11 £. – **St. Ives Bay Hotel,** Tel. 79 51 06. 14 £.

■ **Garrack Hotel,** Burthallan Lane, Tel. 79 61 99. Aus der Masse der anderen »Größen« des Ortes, die allesamt recht nachlässig geführte und ausgestattete Zimmer anbieten, sticht dieses Hotel hervor. Das ehemals weiße Äußere ist von üppigen Klettergewächsen überwuchert, die Zimmer gefallen vor allem im alten Teil des Gebäudes, teils mit antiken Himmelbetten. Beheiztes Hallenbad, großer Garten, Blick auf das Meer. 37,50–55,50 £, je nach Saison und Zimmer.

■ **Camping** auf der Polmanter Farm, Halsetown, Telefon 79 56 40. – Oder im Carbis Bay Camping Park, Laity Lane, Carbis Bay, Tel. 79 81 51. Beide in Küstennähe, mit beheiztem Pool und Shop.

Unterkünfte außerhalb

■ **Old Springfields,** Lelant Downs, Tel. 75 65 90. Hervorragende Alternative für Motorisierte, denen es genügt, in Reichweite von St. Ives zu nächtigen. Sehr schöne Zimmer, ruhige Lage, großer Garten. John und Nicky malen seit Jahren – die Atmosphäre zeugt davon. Künstler sind natürlich herzlich willkommen. 13–15 £.

Von St. Ives nach Hayle, hinter Lelant in die »Old Coach Road« einbiegen, dann etwa 600 m auf der linken Seite.

■ **The Countryman at Trink,** Old Coach Road, Tel. 79 75 71. Die preiswerte, aber gelungene Alternative aus dem 17. Jahrhundert zu dem angebotenen »Nepp« der Oberklasse in St. Ives. Ruhige Lage, große Zimmer mit behaglicher Landhaus-Einrichtung für 21 £.

Ab St. Ives etwa 4 km: auf der B 3306 Richtung Zennor, dann den Schildern Richtung Penzance folgen. Die »Old Coach Road« zweigt links ab nach Hayle, Lelant.

Verpflegung

Sind die Preise für die Übernachtungen noch zu ertragen, schlägt die Branche in der kulinarischen Gasse kräftig zu. Auch kleinere Snacks wie pasties oder *jacket potatoes* erfreuen sich hier eines weit höheren Preises als etwa in Penzance.

■ **The Sloop Inn,** The Harbour. Alte Fischerkneipe direkt am Meer, angeblich frühes 14. Jahrhundert, drei kleine Bars mit urigen Steinfußböden. Typische und gute Snacks.

■ Oder im **Sheaf of Wheat** in der Chapel Street. Nicht ganz so gemütlich, aber die Küche zahlt sich aus. Frisches St. Austell-Bier vom Faß.

■ **The Union Inn,** Fore Street. Angenehmer Pub mit viel Atmosphäre, früher der Künstlertreff überhaupt, heute unter der einheimischen Bevölkerung sehr beliebt. Freitags abends gelegentlich cornische Folk Musik – live!

■ Des Ambientes wegen ins **Tregenna Castle,** Telefon 79 52 54. Nachmittags zum *cream tea* oder abends zum Dinner mit Hummer, gute Weinkarte. Neben der renovierten Eleganz des Foyers überzeugt nur die »Brunel lounge«, die Schloßzimmer bieten neben ihrer Größe kaum Angemessenes für den Preis (etwa 35 £).

Sehenswertes

■ **Tate Gallery.** Die kleine Schwester der Londoner Kunst-Institution ist das Highlight für jeden Kunstfreund schlechthin. Gezeigt werden Skulpturen und Bilder u.a. cornischer Künstler. April bis Oktober Mo–Sa 11–19 Uhr, So 11–17 Uhr, Di & Do bis 21 Uhr; Eintritt 2,50 £

■ **Barbara Hepworth Museum,** off Fore Street, Tel. 79 62 26. Das Studio der bekannten Künstlerin, Trewyn, in dem sie seit 1949 lebte und arbeitete. Seit 1976 zeigt das Museum (verwaltet von der *Tate Gallery*) ihre Werke – auch nicht vollendete, persönliche Fotografien und andere Erinnerungsstücke. Juli und August Mo–Sa, So 14–18 Uhr, April bis Juni sowie September Mo–Sa 10–17.30 Uhr, sonst Mo–Sa 10–16.30 Uhr; 1 £.

■ **St. Ives Society of Artists:** ausgestellte Freiluftarbeiten der Künstlergruppe; viele entstanden durch die Inspiration der Lage nahe des Hafens. März bis Oktober Mo–Fr 10–12.30 und 14–16.30 Uhr, Sa nur vormittags.

■ **St. Ives Church:** der heiligen *St. Ia* geweiht, die im 6. Jh. von Irland nach Cornwall kam (auf einem Blatt über das Meer, erzählt die Legende). Im Inneren eine Madonna-Skulptur von Barbara Hepworth.

■ **Leach Pottery,** Higher Stennack, an der B 3306. Seit 1920 eine Töpferei, gegründet durch *Bernhard Leach,* ebenfalls Mitglied der »Society of Artists«. Hier auch Verkauf der handgefertigten Waren.

Verschiedenes

■ **Tourist Office,** The Guildhall, Street-an-Poi, Tel. 0736/79 62 97. Im Sommer Mo–Sa 9–18 Uhr, So 10–13 Uhr, sonst, von September bis Mitte Mai, Mo–Do 9–17.30 Uhr, Fr 9–17 Uhr.

■ **Tauchen** bei *St. Ives Scuba Diving,* Harlequins, The Belyars, Tel. 79 33 53. Kurse und Verleih von Gerät, Zertifikat ab 6 Tage. Kurzexkursionen für Nicht-Taucher: erst im Pool, dann im Meer; 39,50 £, etwa 5 Stunden.

■ **Wassersport** jeder Art bei *St. Ives Aqua Sports* am Hafen: Motorbootverleih, Wasserski und -gleiten, Jet Skis...

■ **Surfbretter** bei *Wind an Sea,* Fore Street, Tel. 79 65 60. Hier auch Kälteschutzanzüge.

■ **Golf** im *Tregenna Castle Hotel Gold Club,* Tel. 79 52 54. Auf hochherrschaftlichem Grund, weite Blicke über die St. Ives Bay, etwa 3500 yds.

■ **Reiten** bei *Calloose Riding Stables,* Halsetown, etwa 2 km südwestlich von St. Ives. Tel. 85 07 85.

■ **Segler-Informationen:** Telefon 0736/79 50 18, nur wenige Liegeplätze im Hafen; außerhalb einige vorhanden.

Weiterreise

■ **Park & Ride:** großer Parkplatz an der Lelant Saltings Station, Lelant, etwa 5 km südöstlich der Stadt. Die etwa elfminütige Bahnfahrt zählt zu den reizvollsten in Cornwall. Vom 14. Mai bis zum 1. Oktober etwa halbstündige Verbindungen. Parkgebühren und Bahntickets pro Auto 3,50 £.

■ **Busse:** mehrmals täglich nach Penzance, Hayle, Camborne, Truro. Nach Newquay über St. Agnes und Perranporth. Nach Land's End über Zennor und St. Just 2 x täglich.

■ **Bahn:** über St. Erth Anschluß an die Hauptverbindung Penzance-London. Landschaftlich reizvolle Strecke, zahlreiche Verbindungen täglich, außer So im Winterhalbjahr.

■ **Coastal path:** nach Portreath knapp über 30 km, über die weite St. Ives Bay und am Godrevy Point vorbei, nach Zennor 10 km.

Hayle

Ein leicht vergessenes Dorf; die meisten der Durchreisenden sehen den hochgebauten, granitenen und ein wenig deplaziert wirkenden Viadukt, der die Eisenbahnverbindung von London nach Penzance stützt, und machen sich gleich davon. Hier gibt es nichts zu sehen, meinen sie, und haben eigentlich recht. Hayle besitzt einen der ältesten Häfen Cornwalls. Geschützt durch den schmalen Durchlaß an der St. Ives Bay, in die hier gleich mehrere Flüsse münden, liegt er sicherer als sonst ein anderer – und dies nutzte man bereits in der Bronzezeit, als Gold und Kupfer aus Irland in die Bretagne verschifft wurden. Um die rauhe und gefährliche Umfahrung der Küste bei Land's End zu vermeiden, gelangten die wertvollen Güter auf die »Straße«, von Hayle zum St. Michael's Mount.

In der Zeit der industriellen Revolution, Jahrhunderte später, spielte Hayle eine große Rolle, nicht zuletzt durch das gezielte Engagement von *Harvey's,* in aller Welt bekannt als »Harvey's of Hayle«. Seine Ingenieurbüros und Gießereien lieferten die Bauteile für die Minenausrüstungen, Maschinen und auch die Lokomotiven, konstruiert durch *Richard Trevithick,* einer der technischen Genies im Lande. Eine der ersten Eisenbahnstrecken überhaupt verband Hayle mit Redruth, der Handel blühte.

Eine moderne treibende Kraft für den Ausbau des Hafens von Hayle ist *Peter de Savary,* Millionär und oftmals unbequemer Verhandlungspartner, wenn es um die Verwirklichung seiner Ideen geht. Neben Land's End gehören ihm auch große Teile des Hafens in Hayle sowie das anspruchsvoll designte *White Hart Hotel.* Für die nächsten Jahre plant er mit gewaltigem Aufwand, den historischen Fort touristisch attraktiver zu gestalten. Inwieweit dabei der Hafen selbst zu leiden hat, wird sich herausstellen.

Unterkunft

■ **Poplar Villa Guest House,** Penmare Terrace, am Ende des langgezogenen Ortes, Tel. 0736/75 23 57. Fünf sehr schöne Zimmer; faszinierend ist jedoch das riesige Bad, naturbelassene Steinwand, weicher Teppich; 14 £.

■ **White Hart Hotel,** Foundry Square, Telefon 75 23 33. Eine wahre Alternative zu St. Ives und ein Muß für alle, die nach all der zeitlosen englischen Gemütlichkeit einmal wieder moderner logieren möchten. Die Farben Violett, Schwarz und helles Beige sprechen für sich; außergewöhnliche Sprossenfenster kennzeichnen das weiße Gebäude von 1838. 28 £, Dinner 12 £.

■ **Camping** bei Beachside Leisure Holidays in den Dünen der St. Ives Bay, Tel. 75 30 80, in Hayle der Beschilderung »Sands« folgen. Große gepflegte Anlage.

Verpflegung

■ **The Cornish Arms,** Commercial Road, Tel. 75 32 37. Restaurant und Bar, gemütliche Atmosphäre. Übliches, aber gutes *pub – food*. Vermieten auch Zimmer für 15 £.

Sehenswertes

■ **Paradise Park,** an der A 30 westwärts, ab dem zweiten »Hayle roundabout« beschildert. Vogelpark mit etwa 330 Papageienarten, wovon heute über 100 als bedroht gelten; Eulen, Falken und Adler. Flugveranstaltungen täglich um 12 und 15.50 Uhr. Im Sommer 10–18 Uhr, im Winterhalbjahr nur bis 16 Uhr; 4 £.

Weiterreise

■ **Küstenstraße:** Es gibt kaum einen Grund, von Hayle die direkte Verbindung nach Camborne zu benutzen. Die kleine Küstenstraße B 3301 führt über Gwithian nach Portreath, kleine Buchten und eine faszinierende Klippenlandschaft warten auf Entdeckung. Camborne-Besucher können später über die anschließende B 3300 auf die A 30 zurückkehren.

■ **Busse:** nach Camborne, Truro, St. Ives und Penzance, zahlreiche Verbindungen. Nach Gwithian täglich frühnachmittags.

■ **Bahn:** Hayle liegt an der Hauptlinie Penzance-Plymouth; mehrere Verbindungen täglich.

Gwithian

Das größte an Gwithian ist seine Kirche aus dem 15. Jahrhundert, die mit ihrem flachen Turm inmitten einer Ansammlung von hübschen, strohgedeckten Cottages steht. Der *Pendarves Arms,* ein gemütlicher Pub, der für das leibliche Wohlergehen der wenigen durchreisenden Gäste sorgt, und einige nahe gelegene Farmen runden das harmonische Bild der *tranquillity* ab.

Hinter den weiten Dünen liegt das östliche Ende der St. Ives Bay, mit dem etwa 5 km langen Sandstrand, der an der Hafeneinfahrt von Hayle beginnt. Ein Paradies für Dünenwanderer und Strandliebhaber, die hier in den meisten Wochen des Jahres eine ungestörte Zeit verbringen können. Dort, wo sich der breite Strand im Nordosten hinter der Mündung des *Red River* – die Rotfärbung durch abgespülte Erzreste der Redruth-Minen gab ihm den Namen – zu dichtem Stein verjüngt, liegt *Godrevy Point.* Ein kleiner Parkplatz ist auch über eine schmale Piste zu erreichen, die beim »Sandsifter Hotel« von der Küstenstraße abzweigt.

Der steinigen Küste vorgelagert befindet sich *Godrevy Island,* mit seinem schmucken, weiß getünchten Leuchtturm von 1859, der *Virginia Woolf* als Anregung für ihren 1927 geschriebenen Roman diente: *To the Lighthouse.* So romantisch die Szenerie heute wirkt, so lebensgefährlich war dieser Küstenstreifen in der Vergangenheit. Unzählige Schiffe gerieten durch die Felsen des unter Wasser liegenden Riffs in Bedrängnis, und viele der gefundenen Opfer wurden später auf dem Friedhof von Gwithian beerdigt.

Unterkunft

■ **Orchard Close,** Tel. 0736/75 30 77. Pinkfarbenes, kleines Cottage mitten im Ort, große Gäste-Lounge mit Kamin, schöner Garten. B+B für 12 £. Mrs Eddy vermietet auch ein alleinstehendes Cottage, wenige Kilometer außerhalb von Gwithian. Pro Woche 100-185 £, inkl. Strom.

■ **Sandsifter Hotel,** 1 Godrevy Beach, Tel. 75 33 14. Erinnert ein wenig an ein Motel im amerikanischen Mittelwesten, bietet jedoch saubere und ansprechende Zimmer. Sehr ruhige Lage. Ab 21 £, günstige Wochenpreise, auch mit Dinner (ab 196 £). Dieses dann mit Edelfisch, Krabben, Salaten: reiche Auswahl, auch für Nicht-Gäste. Das Hotel liegt hinter Gwithian an der kleinen Zufahrt zum Strand, gegenüber *Godrevy Island.*

■ **Camping:** St. Ives Bay Holiday Park zwischen Hayle und Gwithian. Mit Blick auf Bucht und Leuchtturm.

Weiterreise

■ **Busse:** täglich morgens nach Hayle und Camborne.

Portreath

Der winzige Ort erinnert ein wenig an eine erst kürzlich entstandene Ferienhaussiedlung: in Reih' und Glied in stumpfem Winkel bedachte Reihenhäuser, als wollten sie dem Hafen Spalier stehen. Nur wenige alte Gebäude erfreuen das ästhetisch-verwöhnte Auge und zeigen deutlich, daß der Hafen im letzten Jahrhundert tätsächlich nur ein Hafen war. Der weite Strand ist trotz seiner Popularität nicht überlaufen, Surffreunde und Strandläufer sind hier in ihrem Element.

Seit dem Ende des 18. Jahrhunderts fungierte der kleine Port als wirtschaftliches Stützbein der umliegenden Zinn- und Kupferminen. Die auf der nahegelegenen »Tehidy Estate« ansässige Familie der *Bassets,* die viele der Minen in der Redruth-Region besaßen, waren die treibenden Kräfte, als es um den Ausbau der kleinen Bucht ging. Das geförderte Erz gelangte über Portreath in die Bestimmungshäfen, und Ladungen walisischer Kohle fanden ihren Weg über den nach und nach ausgebauten Hafen in die Maschinenhäuser der Minen.

1809 entstand die Eisenbahnverbindung nach Poldice, die erste in Cornwall. Pferde zogen damals noch die erzbeladenen Wagen. Eine *inkline railway,* die schräg vom Hafen ansteigt und hinter den Hügeln auf die *Hayle Railway* trifft, wurde 1838 ebenfalls für die Beförderung von Erzen erbaut.

Unterkunft

■ **Suhaili,** 14 Forth-an Nance, Tel. 0209/84 21 10. Der Name weckt Afrika-Assoziationen, steht jedoch für ein cornisch-herzliches Willkommen und zwei gemütliche Zimmer, eines davon mit Himmelbett und Balkon; 13 £

■ **Cliff House,** The Square, Telefon 84 20 08. Vergleichbar mit obigem, die Zimmer sind nicht ganz so behaglich eingerichtet, nette Vermieter. 14,50 £.

■ **Crudgington Hotel,** Glenfeadon Terrace, Tel. 84 26 50. Herrschaftliche georgianische Villa mit Blick auf das etwas weiter entfernt liegende Meer. Große Zimmer für 17 £, inkl. eigenem Bad.

■ **Bassetts Acre,** direkt neben oben genanntem Hotel, die beiden Villen sind durch Seitenflügel miteinander verbunden, Telefon 84 23 67. Pam und Richard Crist vermieten keine Zimmer, sondern haben ihr Refugium in 7 Apartments verwandelt; Wochenpreise von 95 bis 295 £. Großer Garten nach hinten, beheizter Außenpool.

Verpflegung

■ **Portreath Arms,** dem Namen nach das *local public house* im Ort, Restaurant, Bar und Billardzimmer. Telefon 84 22 59. Der gewaltige Anker vor der

Tür stammt von der »Escurial«, die 1895 vor der Küste in einem Wintersturm auf Grund lief. Jede Rettung kam zu spät. Als das von Pferden zu Land gezogene Rettungsboot aus Hayle die Bucht erreichte, waren die Wellen zu hoch, um auslaufen zu können.

Weiterreise

■ **Busse:** mehrmals täglich nach Camborne.

■ **Coastal path:** nach St. Agnes etwa 10 km durch leichtes Terrain, schöne Minen-Landschaft. Nach St. Ives etwa 30 km.

Camborne und Redruth

Die Doppelgemeinde Camborne-Redruth ist so ziemlich die touristisch uninteressanteste Version der cornischen Städtelandschaft. Kaum eine Handvoll Besucher kommen mit Absicht hierher, um länger als einen Tag zu verweilen. Abgesehen von einigen Sehenswürdigkeiten in Redruth, der *St. Euny Church* mit ihrem Turm aus dem 15. Jahrhundert, einigen architektonischen Schönheiten aus der georgianischen und viktorianischen Zeit in den Gassen sowie dem *Carn Brea Castle,* der dramatisch gelegenen Burg über der Stadt (beherbergt heute ein gemütliches Restaurant), liegt über der Region ein Hauch der bewegten industriellen Vergangenheit.

Der Bergbau prägte auch hier das Leben der Menschen, wo sich eines der größten Bergbauzentren Cornwalls befand. Während im Landstrich zwischen St. Just und St. Ives lediglich in den Minen gearbeitet wurde, beschäftigte man sich hier zudem mit dem Bergbau an sich: Die gesamte Industrie blickte hierher, zur *Camborne School of Mines,* deren Erfolgen und Absolventen auch jenseits des Tamar höchste Aufmerksamkeit geschenkt wurde.

Richard Trevithick, einer von ihnen, gilt heute als der Vater der Dampfmaschinen und als liebster Sohn der Stadt. Gegenüber der Stadtbücherei in Camborne ist ihm ein Denkmal gesetzt, und jedes Jahr am 28. April feiert die ganze Region zu seinen Ehren die *Trevithick celebrations.* Sein Cottage in *Penponds,* an der B 3303 südwestlich von Camborne, in dem er das Gros seiner Erfindungen erarbeitete, gehört heute zum National Trust.

Unterkunft

■ **San Paula,** Tolgus Mount, Redruth, Tel. 0209/21 69 86. Hübsches Farmhaus in ruhiger Umgebung. Zimmer ab 14 £. Recht schwierig zu finden, Wegbeschreibung am besten telefonisch einholen.

■ **Aviary Court,** Mary's Well, Illogan, Tel. 84 22 56. Ruhiges Landhotel aus dem 17. Jahrhundert in eigenem großen Garten, in weitem Umkreis bekannt für seine hervorragende Küche. Sechs individuell gestaltete Zimmer im ersten Stock; ab 24 £, Dinner 11 £. Illogan liegt zwischen Redruth und Portreath, zum Hotel den Schildern Richtung Mary's Well folgen.

Sehenswertes

■ **Cornish Engines,** Pool, zwischen Camborne und Redruth, Tel. 21 66 57. Beeindruckende Relikte aus der Glanzzeit der cornischen Zinnminen: so zum Beispiel gigantische dampfgetriebene Balanciermaschinen, die zur Wasser-, Erz- und Arbeiterbeförderung dienten; eine davon mit einem Zylinder von etwa zwei Metern Durchmesser.

■ **Geological Museum & Art Gallery,** Camborne School of Mines, Trevenson Campus, Pool, Tel. 71 48 66. Natur und Kunst, vereint unter dem Aspekt der Geologie: Steine und Mineralien, Gemälde über deren Gewinnung in Minen. Mo–Fr 9–17 Uhr.

■ **Gwennap Pit,** Carharrack, Busveal, östlich von Redruth. Von Minenarbeitern geformte tiefe Mulde, einer Arena gleich, steinern und mit Gras bewachsen. *John Wesley* hatte hier seine besten Auftritte, und noch heute treffen sich die Methodisten jedes Jahr am Whit Monday. Informationen unter Tel. 21 21 04.

Verschiedenes

■ **The Cornish Mining Adventure,** Tel. 31 31 00. Organisierte Minenbesichtigungen (nur äußerlich) unter fachkundiger Führung. Jeden Mi und So um 10 Uhr, Dauer rund 6 Stunden; 14 £.

■ **Autovermietung** bei *Caterhire,* Unit BT 4634 Wilson Way, Redruth, Telefon 21 83 78.

■ **Fahrradverleih** bei *Aldridge Cycles,* 38 Cross Street, Camborne.

Weiterreise

■ **Busse:** nach Penzance, St. Ives, Helston und Truro, mehrmals täglich.

■ **Bahn:** Camborne liegt an der Hauptverbindung Penzance-Plymouth/London. Täglich mehrere Verbindungen in beide Richtungen.

Richard Trevithick

Ein revolutionärer Geist

Auch der 1771 geborene Richard Trevithick war ein Schüler der *Camborne School of Mines* – allerdings kein sonderlich interessierter. Der Sohn eines Bergbau-Ingenieurs hatte schon von früh auf seine eigenen Pläne, denen er meist auch während des Unterrichtes nachging. Seiner Begabung für die Lösung mathematischer und damit auch physikalischer Probleme folgend, weigerte er sich nach erfolgreichem Abschluß der renommierten Schule, bei seinem Vater in die Minenverwaltung einzusteigen. Er ging unter Tage und beschäftigte sich mit den Maschinen und der Ausrüstung, die an allen Enden und Ecken unzulänglich war – wobei ihm seine Erfahrungen als Ringer in der rauhen Welt der Minenarbeiter einige erleichternde Sympathien einbrachten.

Erste öffentliche Erfolge mit seinen Konstruktionen konnte er am Heiligen Abend des Jahres 1801 verbuchen. Er präsentierte seine *puffing devil* dem verschreckten Publikum, ein dampfgetriebenes Unikum auf Rädern. Es transportierte über 10 Personen den nahen Hang hinauf, rollte dann jedoch wieder herunter, als die Kraft des Dampfes nachließ. Der historische Moment ist in dem Song *Going up Camborne Hill, Coming Down* verewigt; ein Lied, das natürlich bei den »Trevithick celebrations« im April in Camborne nicht zu kurz kommt.

Mit einem verbesserten Modell begab er sich zwei Jahre später nach London. Werbewirksam getauft als *Catch-me-who-can,* erreichte die Verbesserung Geschwindigkeiten von knapp 25 km/h. Aus Geldmangel kehrte er jedoch zurück nach Cornwall. Seine dritte Attacke auf die etablierte technische Welt führte ihn 1804 nach Wales, wo er mit seiner rollenden Maschine in demonstrativen Versuchen Gewichte von bis zu einhundert

Tonnen zog – 10 Jahre, bevor *George Stephenson* sich an einer ersten Grubenbahn versuchte; und 21 Jahre, bevor die tatsächlich erste »Stephenson-Lokomotive« von Stockton nach Darlington fuhr.

Doch Trevithick war nicht nur ein kreativer, sondern auch ein vielseitiger Ingenieur, und seine Verdienste um Cornwall lagen sicher nicht bei rollenden Lokomotiven. Seine dampfgetriebenen Erfindungen für die Zinn- und Kupferminen ermöglichten erst einen entsprechend tiefen Vorstoß in die cornische Erde: Aufzüge, Bagger und vor allem Pumpen, die die unterirdischen Minenstollen wasserfrei hielten.

Sein heutiger Ruhm in Cornwall kommt etwa 150 Jahre zu spät; gebrauchen können hätte er ihn zu Lebzeiten: Richard Trevithick verstarb 1833 in Armut.

St. Agnes

St. Agnes selbst liegt am oberen Ende eines recht steil ansteigenden Tales und ist durch ein schmales, etwa 2 km langes, sich windendes Sträßchen von der *Trevaunance Bay,* dem Zugang zum Meer, entfernt.

Im mittleren und späten 19. Jahrhundert bildete das Örtchen St. Agnes das geschäftigste Bergbauzentrum in Cornwall, und man war stolz darauf, wie die damalige örtliche Parole noch zeigt: *Sten Sten Agnes an gwella yn Kernow,* das Zinn von St. Agnes ist das beste in Cornwall. Mehr als zehn Minen im nahen Umkreis, mit Namen wie *Blue Hills, Wheal Kitty und Wheal Friendly* (wheal = Mine), waren in Betrieb. Ihre stolzen Überreste sind an der Küste zu sehen und stehen in reizvollem Kontrast zu der natürlichen und rauhen Schönheit der felsigen Landschaft.

Auf dem Weg den Hügel hinunter liegen linksseitig die terrassenförmig angelegten Häuser der ehemaligen Minenarbeiter, treffend »Stippy Stappy« genannt.

Das abgetragene Erz aus den Minen wurde über die früher geschäftige *Trevaunance Bay* verschifft. Im 18. Jahrhundert errichtete man dafür eigens ein kleines Pier, das jedoch von der Sturmflut 1934 zerstört wurde.

Unterkunft

■ **Old Malthouse,** Tel. 0872/55 33 18. Durch St. Agnes, an der Straße zum Strand vorbei, nächste links, nach etwa 70 m auf der rechten Seite. Das Haus erinnert noch immer stark an seinen Namen. Ruhige Lage, ansprechende Zimmer; 13 £.

■ **Goonlaze,** Quay Road, Tel. 85 32 70. Liegt an dem Weg zum Strand der Trevaunance Cove, linksseitig. Nette Gastgeber. Kleine Zimmer; B+B für 12 £.

■ **Penkerris,** Penwinnick Road, Tel. 55 22 62. Edwardianisches Schmuckstück, erbaut von Sylvanus Trevail, einem bekannten Architekten seiner Zeit. Die Zimmer in »Agathe-Christie-Atmosphäre« kosten zwischen 13 und 18 £, im Sommer auch schon mal 20 £ und mehr für's Einzel. Handeln ist hier durchaus angebracht, günstige Wochenpreise. Die Penwinnick Road ist übrigens die B 3277 Richtung Süd; das Hotel liegt direkt am Ortsrand.

■ **Rose-in-Vale,** Country House Hotel, Mithian, etwa 3 km westlich von St. Agnes, Tel. 55 22 02. Graziöses georgianisches Herrenhaus in einem großen, parkähnlichen Garten, ruhige Lage, beheizter Außenpool. Gelungenes Ambiente in den Zimmern ab 30 £.

■ Ein Refugium der Traumwelt bildet das **Trevaunance Point Hotel** an der gleichnamigen Bucht, Telefon 55 32 35. Auf den Klippen in einem blühenden Garten, mit rustikaler Atmosphäre aus tragenden Holzbalken und gemauertem Kamin aus Naturstein. Besten Gegenwert bietet das »Eckzimmer« mit ebenfalls offener Feuerstelle und Sprossenfenstern nach drei Seiten. Nicht nur im rauhen Winter ein wildromantischer Traum. Übernachtungspreise um 35 £, Dinner mit sechs Gängen 14,25 £.

■ **Camping** im Beacon Touring Park, Beacon Drive, Tel. 55 23 47. Kleine Anlage, zum Strand 700 m.

Verpflegung

■ **Woodlands,** Tel. 89 03 42, eine echte Empfehlung außerhalb von St. Agnes. Das luxuriös eingerichtete Restaurant liegt auf dem Hügel hinter Porthtowan, etwa 7 km südwestlich von St. Agnes. Vom rundangelegten Wintergarten berückend schöne Sicht ins Tal und auf die Küste. Dinner 13-17 £, mit Lachs, Hummer und gutem Wein.

Sehenswertes

■ **St. Agnes Model Village und Leisure Park,** am Rande des Ortes an der B 3277. Cornwall in Miniaturausführung: Minen, Kirchen, Brücken, der Heliport; ein Blick wie aus dem Flugzeug.

■ Die **Kirche** inmitten des Ortes wurde 1846 an der Stelle einer kleineren Kapelle aus dem 14. Jahrhundert erbaut. Im Inneren befindet sich ein Taufbecken des 15. Jahrhunderts.

■ **Harmony Cot:** das Geburtscottage des bekannten cornischen Malers *John Opie*. Nur Fr 10–16 Uhr; Eintritt frei, Spenden willkommen.

Anfahrt über die B 3285 Richtung Perranporth, in Trevallas den Schildern nach Blowinghouse folgen, nach etwa 1 km linksseitig.

■ Befährt man die Straße weiter in Richtung B 3284 – eine kleine Furt muß durchquert werden –, liegt links vor der Eisenbahnbrücke **Ferndale,** eine Rettungsstation für in Not geratene Vögel. Hier neben Möwen und Staren auch seltene Exemplare wie der Papageientaucher. Zu besichtigen.

■ **St. Agnes Beacon** ist eine heidebestandene Hügelregion westlich von St. Agnes. Zahlreichee Reste von Maschinenhäusern ehemaliger Minen und wunderschöne Blicke über die umgebende Landschaft, bei klarem Wetter bis auf die *Tors* im Bodmin Moor. Teilweise verdeckt lauern hier alte Minenschächte, die normalerweise alle umzäunt sind. Trotzdem ist Vorsicht angesagt!

Weiterreise

■ **Busse:** nach Perranporth, Newquay und Truro mehrmals täglich, 2 x täglich nach St. Ives.

■ **Coastal path:** nach Perranporth etwa 6,5 km. Nach Portreath 10 km.

Perranporth

Newquay ist nicht weit – in geographischer Hinsicht zum einen, in atmosphärischer zum anderen. Tatsächlich scheint Perranporth bestrebt, in die bewährten Fußstapfen seines benachbarten Tourismus-Giganten zu steigen, wenn auch noch lange nicht in dessen Dimensionen.

Bei näherer Betrachtung Perranporths wird klar, warum man sich für diesen Weg entschied. Der Ort selbst hat nur wenig cornisch-romantische Atmosphäre zu bieten. Noch in der Zwischensaison wirkt alles eher wie in einem kleinen, modern-geschäftigen Seebad. Das »Kapital« des Ortes, der ganzen Region, liegt in der Bucht.

Mit über 5 km Länge und einer beachtlichen Breite bei Ebbe zählt der feinsandige Strand zu den schönsten in Cornwall. Begrenzt durch die hohe, aber nicht schroffe Klippenlandschaft wirkt er eher einsam und von einer Spur Melancholie durchzogen. Surfer haben die heranbrausenden Brecher des Atlantischen Ozeans längst für sich entdeckt. So werden es Jahr für Jahr mehr, die der berühmten Fistral Bay in Newquay den gebräunten Rücken kehren. Den roten Warnflaggen am Strand sollten allerdings auch passionierte Hobby-Schwimmer Beachtung schenken: Die Flut steigt hier sehr schnell und ebenso hoch...

Unterkunft

■ **Youth Hostel,** Droskyn Point, Tel. 0872/57 38 12. In den Klippen gelegenes, flaches Häuschen. 24 Betten. April bis September Mi–Mo geöffnet. Von Perranporth über Beach Road und Cliff Hill, am »Cellar Cove Hotel« vorbei.

■ **Perrancourt,** 27 Tywarnhayle Road, Tel. 57 21 51. Das Hotel liegt auf dem Westhügel über dem Dorf, vom Zentrum aus nehme man die Beach Road oder St. George's Hill. Große Zimmer für 14–17 £, teils mit *sea view,* Dinner 7 £.

■ **Cellar Cove Hotel,** Ende »Cliff Hill«, auf dem gleichen Hügel wie Perrancourt, Tel. 57 21 10. Kastenförmiges Design, dank seiner Lage hoch über den Klippen weite Aussicht auf den Strand. Zimmer ohne Bad 15–18 £.

■ **Villa Margarita,** Bone Mill Road, Bolingey, Telefon 57 20 63. Schmuckes, bungalowartiges Landhaus mit gemütlichen Zimmern, großem Garten und nierenförmigem Außenpool. Ungezwungene Atmosphäre. Zimmer zwischen 16,50 und 18 £, Dinner mit Ingredienzien aus dem eigenen Garten 9 £. Bolingey liegt zwischen Perranporth und Perranzabuloe.

■ Apartments im **Gull Rock,** direkt neben dem Perrancourt. Tel. 57 32 89. Eher zweckmäßige Einrichtung, schöne Sicht auf Ort und Küste, eine mit Balkon. Fünf Ferienwohnungen 85–233 £. In der Nebensaison auch B+B; 13 £.

■ **Camping** im Silverbow Park, Telefon 57 23 47. Liegt an der A 3075, etwa einen Kilometer südlich von Goonhavern. Ausgezeichnete Anlage mit Pool.

Verpflegung

■ **The Galleon Restaurant,** Telefon 57 20 66. Cornisches Frühstück, Lunch, Cream Teas und Dinner (vorzügliche Steaks); alles hier, in gemütlichen Räumlichkeiten. Kein Ruhetag.

Sehenswertes

■ **St. Piran Church** ist eine kleine Kapelle hinter den Dünen, von der stetigen Dünenwanderung im 16. Jahrhundert »verschluckt«. Erst 1835 wurde sie wieder ausgegraben. Vermutlich handelt es sich um die älteste Kapelle im Südwesten Englands: Der heilige *St. Piran,* ein Schüler des irischen Missionars *St. Patrick,* soll sie angeblich bereits im 6. Jahrhundert erbaut haben. Der Name Perranporth bedeutet ebenfalls »Porth of Piran«, wobei das cornische Porth für »Bucht« steht.

■ **St. Piran's Round,** an der B 3285 nahe Rose. Eine Befestigung aus der Eisenzeit, die zu einem mittelalterlichen Freilichttheater umgebaut wurde – Stätte für die Aufführungen von Schau- oder Mirakelspielen.

Verschiedenes

■ **Tourist Office,** Ponsmere Road, Telefon 0872/57 33 68. Ganzjährig Mo–Fr 9.30–12.30 und 14–16.30 Uhr, Sa nur vormittags.

■ **Golf** im *Perranporth Golf Club,* an der B 3285 nach Goonhavern, etwa 1 km von Perranporth. Meisterschafts-Anlage, 1927 durch *James Braid* angelegt. Schöner Blick auf die Küste.

■ **Surfbretter** und Anzüge vermietet *Piran Surf,* im Ort. Tel. 57 32 42.

Weiterreise

■ **Busse:** nach St. Agnes, Truro und Newquay mehrmals täglich, nach St. Ives 2 x täglich.

■ **Coastal path:** nach Newquay etwa 16 km, kurz vor Newquay die Auswahl zwischen den beiden Crantock-Ferries. Wanderer zum Pentire Point East sollten die erste Fähre nehmen: Sie verkehrt ständig in der Saison, 10–18 Uhr, jedoch nur nach Wasserstand. Nach St. Agnes 6,5 km.

Newquay

Bezeichnet man St. Ives gerne als das pittoreske Künstlerviertel der »Großgemeinde Cornwall«, so bleibt für Newquay wohl nur der Stempel »Vergnügungspark«; ein oftmals leidiger, aber durchaus genossener Teil einer jeden Stadt. Das größte und beliebteste Touristen-Zentrum Cornwalls ist bereits seit der viktorianischen Zeit auf Besucher eingestellt und gleicht im heutigen späten 20. Jahrhundert eher einer Kleinimitation von Las Vegas, als dem Bild des beschaulichen Fischerortes, das es vor 150 Jahren noch war.

Der kleine Hafen Newquay existiert seit der zweiten Hälfte des 15. Jahrhunderts; später, im 18. Jahrhundert brachten der Fang und Export von Sardinenfang Wohlstand für die wenigen Fischer. Man beauftragte dafür eigens einen »Huer« (hue = Zetergeschrei), der von einem (heute weiß gekalkten) runden Häuschen auf dem *headland* eben sein Geschrei losließ, verfärbten Sardinenschwärme das blaue Wasser. Durch ein etwa 1 m langes Horn brüllte er die Worte *Hevva! Hevva!* den am Strand wartenden Fischern zu, die dann mit ihren Netzen die Schwärme einkreisten und unter dem unaufhörlichen Dirigat des »Schreiers« meistens mit beachtlicher Beute zurückkehrten.

Wie in vielen Orten Cornwalls brachte der Bau der Eisenbahn drastische Veränderungen mit sich. In Newquay durch die Verschiffung von Kaolin aus der Region von St. Austell vorangetrieben, dauerte es nicht lange, bis auch die ersten Touristen die makellose Schönheit der Strände für sich entdeckten.

Die Küste bei Newquay zählt zu den aufregendsten und vor allem romantischsten Meilen der cornischen Atlantikküste: Nicht weniger als 11 Strände umwerben die Badegäste, und das Surf-El-Dorado am *Fistral Beach* war über mehrere Jahre hinweg Veranstaltungsort für die *World Surfing Championships.* Die Atmosphäre auch in den Straßen Newquays zehrt davon.

Das moderne Newquay bietet alles, was das geplagte Touristenherz begehren könnte; eine Auswahl der wirklich interessanten Angebote folgt nachstehend. Von der Erkundung der Stadt mit dem eigenen Fahrzeug ist übrigens dringend abzuraten, denn dank des konfusen Einbahnstraßen-Systems fahren ungeübte Newquay-Besucher die meiste Zeit im Kreis.

Unterkunft

Die Touristen-Hochburg Newquay besitzt ein gigantisches Angebot an Hotels und kleineren B+Bs (weit über 500 Einträge, ohne Apartments und Campingplätze). Die Qualität des Angebotenen gehört in solchen Zonen naturgemäß nicht zu den besten, eben wegen der Touristenmassen, die zu beinahe jeder Jahreszeit die glitzernden Straßen Newquays bevölkern. Wer nicht unbedingt in Newquay »wohnen muß«, sollte sich schnell um ein Ausweichquartier in der näheren Umgebung bemühen: auf Farmen oder in den kleinen Hotels in Pentire, Perranporth oder St. Agnes.

■ **Youth Hostel,** Alexandra Court, Narrowcliff, Tel. 0637/87 63 81. Direkt am Ende der Hauptpromenade, 70 Betten. Im Dezember und Januar geschlossen; in der Hochsaison (Mitte Mai bis Ende September), sonst So und Mo geschlossen.

■ Folgende Hotels bieten preiswerte Übernachtungen an, liegen alle um 11–14 £: **Trelyn Hotel,** Berry Road, Telefon 87 28 39. – **Carlton Hotel,** 6 Dane Road, Tel. 87 26 58. – **The Old Bridge House Hotel,** Porth Brean Road, Tel. 87 30 63. – **Pendennis,** 23 Mount Wise, Tel. 87 21 22 (billiger).

■ **Corisande Manor Hotel,** Riverside Avenue, Pentire, Tel. 87 20 42. An der Mündung des *Gannel* gelegenes, verschachteltes Hotel, gepflegte Rasenfläche zum Ufer hin. 19 Zimmer, die meisten mit eigenem Bad; günstige Wochenpreise inkl. Dinner ab 154 £.

■ **Headland Hotel,** Fistral Bay, Telefon 87 22 12. Interessante Architektur in extravaganter Position: auf einer immergrünen, dem Meer trotzenden kleinen Halbinsel. Innen- wie Außenpool, jeglicher erdenklicher Luxus; hier und dort jedoch wären stilistische Überholungen zu begrüßen. Übernachtung, Frühstück und Dinner 35–65 £, je nach Saison. Günstige Wochenarrangements, 28–41 £ pro Tag.

■ **Camping** im Newquay Tourist Park, Tel. 87 11 11. Auf der A 3059, ca. 3 km außerhalb des Zentrums. Luxuriöse Anlage, drei beheizte Pools, Wasserrutsche (70 m), allerdings etwa 3 km zum Strand. Meeresnähe in der Holywell Bay auf dem gleichnamigen Campingplatz, Informationen unter obiger Nummer. In der näheren Umgebung von Newquay finden sich zahlreiche andere *camp grounds,* bei Bedarf einfach herumfahren.

Unterkünfte außerhalb

■ **Primrose Farm,** Rejerrah, Telefon 0872/57 39 06. Kleine Farm an der A 3075, etwa 8 km südlich von Newquay, 200 m hinter der Shell-Tankstelle. Schöne Zimmer, trotz der nahen Lage zur Straße recht ruhig; 13 £.

■ **Degembis Farmhouse,** St. Newlyn East, 0872/51 05 55. Cornisches Bauernhaus aus dem 18. Jahrhundert mit weiten Blicken in das grüne Tal, fünf *cosy rooms* für 12 £. Dinner 6 £. Von Newlyn East (8 km südlich von Newquay) Richtung Degembris (Schild); die Farm liegt recht versteckt. Notfalls im Ort fragen oder Kathy Woodley auf der Farm anrufen.

■ **Trewerry Mill,** Trerice, St. Newlyn East, Tel. 0872/51 03 45. Pittoreske Steinmühle, unweit des Herrenhauses »Trerice«, üppige Gartenpracht, ruhige Lage (sofern das Rauschen des Baches den Gast nicht stört). Zimmer für 14,50 £, Juli und August 16,50 £.

Verpflegung

Kulinarisch und atmosphärisch lädt Newquay nicht unbedingt zum Schmausen ein, denn auch hier sind Etablissements und Pubs in anderen Orten der näheren Umgebung zu bevorzugen. Soll es dennoch Newquay sein, lohnt sich ein Versuch:

■ **Sailor's Arms,** Fore Street, Pub aus dem 17. Jahrhundert, gutes Bier aus cornischen Brauereien, günstige *jacket potatoes.* Hier auch die *Steam Balloon Disco,* die »Nummer 1« in der Stadt.

■ **Red Lion,** North Quay Hill, in der Nähe des Kais.

Sehenswertes

■ **Newquay Zoo and Leisure Park,** Trenance. Typischer Zoo mit zusätzlichen Attraktionen: Bootvermietung, Mini-Eisenbahn, tropisches Schwimmbad, Tennis, Squash, Mini-Golf.

■ **Trerice:** elisabethanisches Herrenhaus von 1571, etwa 5 km südöstlich von Newquay, zu erreichen über die A 392 und A 3058, an der *Kestle Mill* rechts abbiegen. Schöne Stuckarbeiten, Eichen- und Walnußholz-Mobiliar, und im Schuppen befindet sich ein wirklich ungewöhnliches Museum über die Entwicklung der... *lawn mower,* der Rasenmäher(!). Großer, gepflegter Garten. April bis Oktober täglich 11–18 Uhr; 2,80 £.

■ **Trevelgue Head,** kurz hinter Porth, etwa 3 km östlich von Newquay. Wohl die beeindruckendste eisenzeitliche Befestigung in den Klippen Cornwalls. Mit sechs Schutzwällen, von Gräben getrennt.

Verschiedenes

■ **Tourist Office,** Municipal Offices, Marcus Hill, Tel. 0637/87 13 45. Im Sommer Mo–Sa 9–19 Uhr, So 10–17 Uhr; im Winter Mo–Fr 9–17 Uhr, Sa 9–13 Uhr.

■ **Heißluftballon**-Erlebnisse vermittelt das *Headland Hotel,* Tel. 87 22 11. Rund 70 £ pro Tag und Person.

■ **Golf** im *Holywell Bay Golf Club,* Tel. 83 05 31. Kleinere Anlage (etwa 2.800 yds) westlich von Newquay. Mit schöner Sicht über die Küste.

■ **Reiten** bei der *Shire Green Lodge,* 39 Pentire Crescent, Tel. 87 53 94.

■ **Surfing:** Mr. Mansfield, *Offshore Surfing,* 2 Oakleigh Terrace, Tel. 87 70 83.

■ **Segelschule:** *West Winds Yachting,* 30 Dukes Way, Tel. 87 69 96.

■ **Schwimmvergnügen** im *Blue Lagoon Leisure,* Cliff Road. Die Adresse für Wasserrutschen, -fälle und -pools. Panoramasicht auf den Strand, Bar, Restaurant, Night Club und Kegelbahnen.

■ **Fairhope Venture,** Jackie Usher, 5 Rose Terrace, Mitchell, an der A 30 südöstlich von Newquay, Telefon 0872/51 05 51. Ein Vergnügen stiller Art: Kurse in antiker Möbelrestaurierung und -pflege, in Porzellanmalerei und Drechslerarbeit, verschiedene Angebote unter namhaften Lehrern, von 1–5 Tagen, dann auch mit B+B.

■ **Autovermietung:** *Williams Motors,* Globe Garage, Quintrell Downs, Telefon 87 45 08.

■ **Fahrradverleih:** *Silly Cycles,* The Shop, Wesley Yard, Tel. 87 24 55. – Oder in St. Columb Minor: *The Mountain Bike Centre,* 4 School Close Estate, Railton Road, Tel. 87 39 62. Beide um 6 £ pro Tag.

■ **Camping-Ausrüstung:** Zelte, Schlafsäcke, Zubehör, Verkauf und auch Verleih. *Tent Hire,* 9 Gover Lane, Telefon 87 13 68.

■ **Segler-Informationen:** Telefon 0637/ 87 28 09, nur begrenztes Anlegen am Kai möglich.

Weiterreise

■ **Park & Ride:** in keiner Stadt in Cornwall so sinnvoll wie hier, großer Parkplatz an der Gannel Link Road. Von Ende Juli bis Anfang September 10–18 Uhr.

■ **Busse:** mehrmals täglich nach Truro und St. Austell, 3 x täglich nach Padstow und nach St. Mawgan, 2 x täglich über Perranporth und St. Agnes nach St. Ives. Ebenfalls 2 x täglich über St. Columb Major, Wadebridge und Camelford nach Tintagel.

■ **Bahn:** Anschluß an die Hauptlinie Penzance-London in Par, etwa 6 Verbindungen täglich; Oktober bis Mai außer So.

■ **Flugverbindungen** ab *Newquay Civil Airport,* St. Mawgan. Informationen bei »Brymon Airways« Tel. 86 05 51. Nach Heathrow Mo bis Fr 3 x täglich, So 2 x, Sa nur vormittags. Flugzeit 70 Minuten. Einfach 90 £, Spartarife ab 99 £ return. Buslinie 53 ab Newquay East Street.

■ **Coastal path:** nach Padstow etwa 29 km, vorbei an *Trevelgue Head* und der Befestigung am *Griffin's Point,* dort gut erhaltene Wälle und Gräben aus der Eisenzeit. Nach etwa 10 km die *Bedruthan Steps.* Nach Perranporth etwa 16 km.

St. Mawgan

Versteckt in dem überwiegend dicht bewaldeten und ebenso unbekannten *Vale of Lanherne,* liegt St. Mawgan, ein kleines Dorf von berückender Schönheit. Nur einige Häuser, ein Shop mit Postschalter, der *Falcon Inn* und die zentrale Kirche mit ihrem steinernen *lych gate* bilden das romantische Dorf, durch das sich ein Bach schlängelt.

Die Kirche besitzt einen interessant asymetrisch-gestalteten Turm, der an jeder seiner vier Ecken ein kleines Miniatur-Türmchen aufgesetzt bekam. Unterhalb dessen, auf dem Friedhof, befindet sich ein hölzernes Denkmal in der ungewöhnlichen Form eines Bootes: Erinnerung an neun Männer und einen Jungen, die 1846 nach einem Schiffbruch vor der Küste in ihrem Rettungsboot erfroren.

Das Innere der Kirche beherbergt eine der umfangreichsten Sammlungen an Messingwaren in Cornwall, der überwiegende Teil stammt aus dem Besitz der *Arundells,* deren Landsitz *Lanherne* unweit des Dorfes liegt. Seit 1794 dient das Gebäude dem Karmeliter-Orden als geschlossenes Kloster; die Kapelle steht allerdings zur Besichtigung offen.

Unterkunft

■ **Bro-Tref,** Tel. 0637/86 01 65. Rustikale Atmosphäre, sehr nette Besitzer. Zimmer für 14,50 £. Eine Hälfte des Cottages wird auch wochenweise vermietet, 170– 380 £.

■ **Dalswinton Country House Hotel,** Tel. 86 03 85. Auf einer Anhöhe in größerem Garten, mit weiten Blicken über das Tal und die etwa 3 km entfernte Küste, beheizter Außenpool. Zimmer mit eigenem Bad 17 £, von Juni bis September stufenweise Preiserhöhungen bis 21 £.

Verpflegung

■ **Falcon Inn,** gegenüber der Kirche. Ehemals ein uriger und origineller Pub;

leider hat man die Räumlichkeiten renoviert und auf modern getrimmt, was der guten Küche jedoch nicht geschadet hat.

Sehenswertes

■ **Bedruthan Steps,** zwischen *Mawgan Porth* und *Park Head.* Gigantische Felsformationen an einem flachen und sandigen Strand, unterhalb der hohen Klippenküste. Entstanden durch die stetige Einwirkung der wütenden Flut, die bestehende Fugen im Gestein im Laufe der Zeit zu kleineren Höhlen, später dann zu Felsbögen vergrößerte, und sie schließlich zu den heute sichtbaren skurrilen Figuren formte.

Der Zugang zum Strand, eine in den Fels gehauene Steintreppe, ist für die Öffentlichkeit wegen Steinschlaggefahr gesperrt; der National Trust, der dieses Gebiet verwaltet, erwägt eine kostspielige Instandsetzung, die die natürlichen Gegebenheiten freilich verändern würden.

Oberhalb der Bedruthan Steps und am Park Head befinden sich zwei eisenzeitliche Befestigungen und einige etwa 3.500 Jahre alte Hügelgräber aus der Bronzezeit.

Weiterreise

■ **Busse:** 2 x täglich nach Newquay, Mi und Sa mittags nach St. Columb Major und Truro.

St. Columb Major

Der kleine Ort wurde ernsthaft in Betracht gezogen, als es darum ging, die neue Kathedralen-Stadt Cornwalls zu ernennen. Es unterlag letztlich dem zentraler gelegenen und wesentlich größeren Truro, doch läßt dies bereits auf Ausmaß und Grazie der *St. Columba Church* schließen, die mit ihrem schwindelerregend hohen Turm auf die engen Gassen des Ortes herabblickt.

Eine andere Attraktion geschichtlicher Dimension ist *Castle an Dinas,* etwa vier Kilometer südöstlich von St. Columb Major gelegen. Nur auf einem Fußweg über privates Farmland zu erreichen, liegt diese eisenzeitliche Befestigung auf einer breiten, etwa 250 m hohen Hügelkuppe. Allein schon die weite Sicht über das Land entschädigt für den Aufstieg. Drei massive Wälle bildeten einst Schutz nach außen, und eine eigene Quelle versorgte die ansässigen Stämme.

Man machte sich nie die Mühe, die »prähistorische Burg« gänzlich freizulegen und archäologisch zu untersuchen, dementsprechend wenig ist zu erkennen und zu begreifen. Ein stiller Morgen jedoch, wenn sich die Sonne langsam über den Horizont der weiten Landschaft schiebt, bleibt dem Besucher in unvergeßlicher Erinnerung: Die Atmosphäre dieser Stätte aus Mystik und Schönheit ist schlichtweg einzigartig.

Unterkunft, Verpflegung

■ **Red Lion,** Tel. 0637/88 04 08. Stadtbekannter Pub aus dem späten 17. Jahrhundert. Fünf gemütliche Zimmer für 11 £.

■ **Not Just Pizza,** aber dafür sehr schmackhafte in der West Street. Natürlich auch das sonst übliche Snack-Sortiment. Täglich bis 22 Uhr geöffnet.

Weiterreise

■ **Busse:** nach Truro, 2 x täglich außer Do nach Wadebridge.

Padstow

Padstow ist nach St. Ives und Newquay der nächste Touristenmagnet an der Nordküste, wenn auch die mittelalterliche Struktur der schmalen, verwinkelten Gassen und schieferbedachten Steincottages dem Besuchersturm deutliche Grenzen setzen. Die unsympathisch großangelegten Parkplätze am Hafen und vor der Stadt sprechen selbst in der ruhigeren Nebensaison Bände.

Aufgrund seiner geschützten Lage in der bis zu knapp einem Kilometer breiten Camel-Mündung, entwickelte sich der Hafen von Padstow zu einem der wichtigsten an der Nordküste Cornwalls. Auch Werften siedelten sich hier an; einige davon sind unverändert in Betrieb. Die in der hiesigen Seefahrt recht unbeliebte *Doom Bar* verhinderte allerdings einen größeren Ausbau des Hafens, da größere Schiffe nicht unbeschadet in die *estuary* einfahren konnten. Die Sandbank entstand, der Legende nach, durch den Fluch einer Meerjungfrau, die bis dato den Hafen beschützt und das Wasser klar und tief gehalten hatte. Eines Tages wurde sie im Hafen schwimmend von einem jungen Mann beschossen und tödlich verletzt; die ihr gebliebene Zeit reichte noch gerade, um den Hafen zu verfluchen.

Der erste Mai ist der Tag in Padstow, an dem das vermutlich älteste Tanzfest Englands stattfindet: das *'Obby'Oss festival.* Eigentlich »hobby horse«, Steckenpferd also, denn das »h« wird dabei nicht ausgesprochen. Ähnlich dem »Flora Dance« in Helston wird nun dem Winter endgültig der Garaus gemacht und der angehende Sommer willkommen geheißen. Schwarzgekleidet und furchterregend maskiert wird das Monster Winter pünktlich um 10.30 Uhr aus dem Schuppen geführt, zum grausigen Vergnügen der wartenden Zuschauermassen. Jeder kann danach an dem Tanz um den reich geschmückten Maibaum teilnehmen.

Unterkunft

Padstow präsentiert sich generell teuer, sowohl in Zimmer- als auch in Essensfragen. Man orientiert sich vermutlich an den Vorbildern in Newquay und Falmouth; auch hier Schwierigkeiten bei der Zimmersuche im Sommer. Vorzügliche Alternativen in dem kleinen Ort *Little Petherick,* Richtung Wadebridge.

■ **Youth Hostel,** Tregonnan, Treyarnon, Tel. 0841/52 03 22. Etwa 8 km westlich von Padstow, mit Blick auf Bucht. 45 Betten. Geöffnet April bis Oktober, bis September Fr geschlossen, im Oktober auch Do. Busse regelmäßig ab Newquay und Padstow.

■ **The London Inn,** Lanadwell Street, Tel. 53 25 54. Im urigen Fachwerk-Pub Zimmer für 15 £, inkl. Dinner im Winter für 22 £. Teilweise hektischer Betrieb in den traditionellen Gasträumen. Die Zimmer liegen ruhig und vorwiegend nach hinten raus.

■ **Cross House,** Church Street, Telefon 53 23 91. Drei junge Frauen sorgen in dem schmucken georgianischen Stadthaus für eine wohnliche Atmosphäre. Sechs Zimmer á 15 £ ohne Bad, mit Bad 18 £. In der Hochsaison 2 £ Zuschlag.

■ **The Seafood Restaurant,** Riverside, Tel. 53 24 85. Exzellentes und weit über Cornwalls Grenzen hinaus bekanntes »Restaurant mit Zimmern«. So erlesen und extravagant die Menüs (siehe unten), so individuell und interessant die 10 Zimmer, jedes mit anderem Format und Design. Außergewöhnlich sind die

Suiten 5 und 6, jeweils mit Balkon über dem Hafen, einem Dachgarten ähnlich: Suzie Wong auf cornisch... Jedes Zimmer hat demgemäß seinen eigenen Preis, von 19 £ für Gartenblick und Außenbad (9 und 10) bis zu 45 £ für die oben genannten Suiten. Wochenpreise stark reduziert, reichhaltiges Frühstück.

■ **Camping** im Treyarnon Bay Caravan Park in gleichnamiger Bucht, ca. 6 km westl von Padstow, Telefon 52 06 81. In der näheren Umgebung weitere *camp grounds.*

Unterkünfte außerhalb

Little Petherick liegt an der Verbindung Padstow-Wadebridge.

■ **Higher Mellingey,** Little Petherick, Tel. 54 05 08. Vier Zimmer mit üppiger und warmer Ausstattung; 14,50 £. Die Alternative zum überteuerten Angebot in Padstow, gewissermaßen die kleinere Schwester des folgenden Extrems an Komfort und Preis.

Anfahrt: hinter dem »Molesworth Manor« die erste Straße rechts abbiegen, nach etwa 1 km auf der rechten Seite, alleinstehende Villa.

■ **Molesworth Manor,** Little Petherick, Tel. 54 02 92. Gäbe es einen »Oscar« für die beste Unterkunft in Cornwall, so würde dieses Manor zweifellos nominiert: Eleganz, Komfort, Größe und Herzlichkeit, kombiniert und verwoben in dem im frühen 18. Jahrhundert erbauten, granitenen Herrenhaus der Molesworth-Familie, nehmen die wenigen Gäste gefangen. Nur wenige (sechs) Zimmer, die maximal dreizehn Gäste teilen sich die gesamte Wohnfläche: die riesige Lounge, die noch größere Bibliothek, den Fernsehraum etc. Die Atmosphäre ist warm und unkompliziert, denn die Besitzer sind keine Hotelprofis, sondern stammen aus Oxford und haben sich hier zur Ruhe gesetzt und das Anwesen in jahrelanger Arbeit selbst renoviert. Bei routinierten Hoteliers würde die Rechnung etwa doppelt so hoch ausfallen; man vermeidet dies bewußt, um die »richtigen«, die interessanten Reisenden anzuziehen Was nicht heißt, das sich niemals ein Rolls Royce hierher verirrt. Übernachtung 16–22,50 £.

Verpflegung

■ **Shipwrights,** North Quay, gutes St. Austell-Bier und schmackhafte Kleinigkeiten. – Oder im »London Inn«, siehe »Unterkunft«.

■ **The Seafood Restaurant,** Telefon 53 24 85. Erstes Gebot ist die Reservierung des Tisches, denn sein delikat zubereiteter Fisch macht dieses Restaurant zu einer der kulinarischen Größen innerhalb der Britischen Inseln. Man reist von weit her, um sich an den gegrillten Sardinen, den Muscheln in Aquavit oder den Filets vom Hechtdorsch neben Fenchel und in Buttersauce zu laben. Doch auch der Käse und die frisch hergestellten Backwaren verdienen Anerkennung. Dinner 21 £. Mo bis Sa geöffnet, nur abends.

Der Besitzer, *Richard Stein,* kocht selbst und schreibt auch über seine Leidenschaft: Sein Buch »English Seafood Cookery« ist im Restaurant erhältlich.

■ **Treglos Restaurant,** Constantine Bay, St. Merryn, Tel. 52 07 27. Kleines und gemütliches Restaurant mit Blick aufs Meer, natürlich vor allem Fisch und Meeresfrüchte. Lunch ab 7 £, Dinner 12 £. Nov. bis Mitte März geschlossen.

Sehenswertes

■ **Prideaux Place,** am Rande von Padstow. Trutziges elisabethanisches Anwesen, noch immer im Besitz der Familie der Prideaux-Brunes, für deren Vorfahren das Gebäude errichtet wurde. Eichengetäfeltes Eßzimmer, feines Porzellan und Original-Familienporträts. Vom Park schöne Aussicht auf die *Camel Estuary*. April bis September So–Do 13.30–17 Uhr. Nur Gartenbesichtigung 60 p, mit Führung durch das Haus 2,50 £.

■ **St. Petroc Church,** im Ort. Der cornische Heilige St. Petroc machte in Padstow im 6. Jahrhundert seine erste Station; die Kirche aus dem 15. Jahrhundert ist ihm geweiht. Unweit der Kirche locken zwei frühe keltische Kreuze.

■ Die **Erkundung der Halbinsel** nördlich von Padstow lohnt einen Wandertag. Man folge dem Küstenweg, am Kriegsdenkmal und der *Doom Bar* vorbei bis zur äußersten Spitze, dem *Stepper Point*. Dort fallen die Klippen mit etwa 80 m ins Meer: schöne Ausblicke auf Camel-Mündung und Klippenlandschaft.

Verschiedenes

■ **Golf** im *Trevose Golf & Country Club*, Constantine Bay, Tel. 52 02 08. Direkt am Meer, sandiger Untergrund und dichter Rasen.

■ **Fallschirmspringen** bei Linda Grant, *Cornwall Parachute Centre*, Frans Ranch, St. Ervan, südwestlich von Padstow. Informationen unter Telefon 54 06 91.

■ **Segelzubehör** auf der gegenüberliegenden Seite der Flußmündung, bei *Rock Watersports & Marine Services*, Rock, Tel. 86 31 55.

■ **Segler-Informationen:** Telefon 0841/ 53 22 39.

Weiterreise

■ **Busse:** nach Newquay und Wadebridge mehrmals täglich, nach Truro nur Sa mittags.

■ **Fähre nach Rock:** zahlreiche Verbindungen, im Winter nur Mo–Sa, sonst täglich. Dauer der Überfahrt 10 Minuten. Letzte Fähre um 16.50 Uhr im Winter, um 18.50 Uhr im Sommer und in der Hochsaison, Mitte Juli bis Ende August, um 19.50 Uhr.

■ **Coastal path:** nach Polzeath über die Fähre nach Rock, etwa 5 km, vorbei an St. Enodoc, einfaches Terrein.

The Saints' Way

Die Spuren der Heiligen des 4. bis 7. Jahrhunderts zeigt der Saints' Way auf etwa 50 Kilometern Länge von Padstow nach Fowey, Cornwall so bei der Taille packend. Der Weg ist durch die »Saints'-Zeichen« gut markiert und führt durch etwa ein Dutzend kleine Gemeinden, mit Relikten aus der Zeit der »Heiligen« am Wegesrand: normannische Kirchen und neolithische Grabkammern ebenso wie auch Stätten, an den *John Wesley* weilte und seine Mengen begeisterte.

Die walisischen und irischen Missionare und Händler wählten diesen Landweg, um die Umrundung von Land's End zu vermeiden – zu jenen Zeiten hatten die Klippen vor Land's End vermutlich einen ebensolchen Ruf, wie heute noch Kap Hoorn.

Der Weg beginnt natürlich am Südtor der Kirche von Padstow, wo *St. Petroc* ein kleineres Kloster gründete. Von hier führt er nach *Little Petherick* und *St. Issey*, dann weiter über *Withiel* nach *Lanlivery*. Am *Helman Tor* ist der Höhepunkt des Weges erreicht: Weite Ausblicke über die moorige Landschaft entschädigen für eventuelle Strapazen.

In Lanlivery teilt sich der Weg. Je nach Geschmack kann der Wanderer über *Luxulyan, St. Blazey* und *Tywardreath* nach Fowey. Oder er nähert sich dem Hafenstädtchen durch das grüne und lauschige Tal des Flusses *Fowey.*

Das Ende beider Wege ist die *St. Finbar Church* in Fowey. Der irische Heilige *St. Finbar* reiste über Cornwall nach Frankreich und Italien und gründete in Fowey eine kleine christliche Gemeinde.

■ **Informationen** zum Saints' Way sind im Tourist Office in Truro erhältlich.

Wadebridge

Das Wahrzeichen des kleinen Hafens am oberen Camel ist die langgestreckte Steinbrücke, die in 13 Bögen den breiten Fluß überspannt, die längste in Cornwall.

Die Brücke aus dem 15. Jahrhundert ist als *The Bridge on Wool* bekannt – eine Brücke auf wollenen Fundamenten also? In der Tat ist gepreßte Wolle zwar außerordentlich fest, doch naheliegender ist, daß wohlhabende Wollhändler und Schafzüchter, hauptsächlich aus dem Bodmin Moor, den Bau der Brücke finanzierten, um den Fluß gefahrloser überqueren zu können.

Der Bau der Eisenbahnlinie von Bodmin (1834) und später nach Padstow brachte neue Handelsverbindungen und Wohlstand in den geschäftigen Ort. Seit 1967 liegt die Strecke brach und bildet ein kleines El Dorado für Freunde der Natur und historischer Eisenbahnen. Der *Camel Trail,* so wird der Wanderweg genannt, führt über etwa 24 km von Padstow nach Bodmin, zum großen Teil entlang von Fluß und Schienen. Auch Fahrräder sind hier erlaubt, Informationen und Verleih siehe unten.

Unterkunft

■ **Molesworth Arms Hotel,** Telefon 0208/81 20 55. Traditioneller Pub aus dem 16. Jahrhundert mit viel Original-Atmosphäre – auch in den Zimmern, teils mit Himmelbetten. Mit 29,50 £ nicht billig, bietet jedoch im Vergleich mit den anderen Häusern den besten Gegenwert.

■ **Camping** im Little Bodieve Holiday Park, Tel. 81 23 23. Etwa 2 km nordöstlich von Wadebridge, an der B 3314. Beheizter Pool.

Verpflegung

■ **Bridge on Wool,** alter Pub mit interessantem Schild, das die Brücke in ihren alten Tagen zeigt, schmackhafte vegetarische Gerichte.

■ Chinesisch im **The Dragonara,** 2 Polmorla Road, Tel. 81 37 57. Preiswert und gut, vorzügliches malaysisches *Satay,* gegrillte Fleischspießchen in Erdnußbutter, für 3 £. Täglich bis 23.30 Uhr.

■ **The Swan Hotel,** Tel. 81 25 26. Kürzlich umgebaute Räumlichkeiten, schöne Verbindung von alter Tradition und neuen Akzenten. Das übliche Snack-Angebot im Pub, aber auch gehobenere Küche im Restaurant.

Sehenswertes

■ **St. Breock Gallery,** im gleichnamigen Ort, westlich von Wadebridge. Ästhetische Sammlung von Möbeln, antikem Silber und echten Aquarellen, überwiegend aus dem 19. und 20. Jahrhundert. Ausstellung und Verkauf, Mo–Sa 10–17 Uhr.

Verschiedenes

■ **Tourist Office** Town Hall, Telefon 0208/81 37 25.

■ **Fahrradverleih** bei *Bridge Bike Hire*, Eddystone Road, Tel. 81 30 50. Hier auch eine Informationsbroschüre mit Wegbeschreibungen und ausreichenden Karten über den *Camel Trail*. Touren-Fahrräder 3 £, Mountain Bikes 4–6 £ pro Tag, wöchentlich billiger.

■ **Angelzubehör** im *North Cornwall Angling Centre*, Regency Arcade, Molesworth Street, Tel. 81 30 28.

Weiterreise

■ **Busse:** nach Padstow, St. Columb Major, Truro, Bodmin, Port Issac, Tintagel und Camelford mehrmals täglich. 2 x täglich nach Newquay.

Polzeath

Die Attraktion von Polzeath ist die weite, geschwungene Bucht mit ihrem einladenden Sandstrand, der nach Newquay die wohl besten Möglichkeiten bietet, sich dem Vergnügen des Surfens hinzugeben. Dementsprechend ist der ansonsten eher unscheinbare Ort in der Surfsaison gut besucht.

Ein hübscher Spaziergang führt an Trebetherick vorbei zum *Brea Hill*, oberhalb der *Daymer Bay*, die ebenfalls mit einem beeindruckenden Sandstrand lockt. An der gegenüberliegenden Seite der Camel-Mündung befindet sich die *Doom Bar*, eine nur selten sichtbare, breite Sandbank, die vorbeiziehenden Schiffen schon oft Schmerz und Kummer bereitete.

Kurz zuvor, hinter einem Hügel, liegt die *St. Enodoc Church* neben dem gleichnamigen Golfplatz. Die kleine Kirche aus dem frühen 15. Jahrhundert wurde aufgrund ihrer Lage bereits mehrere Male von Treibsand verschüttet und mußte wieder ausgegraben werden. Man erzählt die Geschichte, daß nach einer dieser Sandfluten der Pfarrer und seine Gemeinde durch ein Loch im Kirchendach den Innenraum betreten mußten, um die sonntägliche Messe zu zelebrieren.

Einer der beliebtesten cornischen Poeten, *Sir John Betjeman*, der in seiner Jugend regelmäßig seinen Familienurlaub in Polzeath verbrachte, war sein ganzes Leben lang von dieser Region angetan; vor allem vom Küstenabschnitt zwischen Padstow und *Port Isaac*. In der Kirche von St. Enodoc hat er nun sein Ende gefunden, nur ein Hügelbreit entfernt von seiner geliebten *estuary*.

Unterkunft

■ **Meadow Garth,** Trewint Lane, Trebetherick, Tel. 0208/86 28 37. Sehr privates B+B, Cathy Sloggett vermietet drei Zimmer für 12 £. Ruhige Lage, schöner Garten. Mike fährt ein »Kawa-Bike«; Motorradfahrer sind also herzlich willkommen.

■ **White Lodge,** Old Polzeath, Telefon 86 23 70. Hübsche, weiße Villa an der Straße nach Trebetherick, großer Garten. Zimmer für 24 £.

■ **Camping** im Valley Caravan Park, Trebetherick, Tel. 86 23 91. Mittelgroße Anlage, 250 m bis zum Strand.

Sehenswertes

■ **The Rumps,** Pentire Point: Reste einer eisenzeitlichen Befestigung auf den Klippen. Archäologische Funde von Tonscherben wurden auf etwa das 1.(!) Jahrhundert datiert. Die gesamte Halbinsel gehört zum National Trust.

Verschiedenes

■ **Golf** im *St. Enodoc Golf Club,* Rock, Tel. 86 32 16. Reizvolle Anlage in unmittelbarer Nähe der Camel-Mündung.

Weiterreise

■ **Busse:** mehrmals täglich nach Wadebridge, Mi morgens über Wadebridge, Bodmin und Liskeard nach Plymouth.

■ **Fähre nach Padstow:** siehe unter Padstow.

■ **Coastal path:** nach Port Isaac 11 km, vorbei am Rumps Point mit seiner Klippenbefestigung. Nach Padstow etwa 5 km.

Port Isaac

Einer der schönsten Fischerorte an der Nordküste Cornwalls, der bereits seit dem Mittelalter aktiv ist. Über lange Jahre hinweg diente der Hafen der Verschiffung des *Delabole slate,* des Schiefers aus dem nahegelegenen Bruch in Delabole.

Die Gassen zwischen den kleinen Fischercottages, hier *drangs* genannt, zählen zu den engsten und schönsten in Cornwall: In der *Squeeze Belly Alley,* der vermutlich allerengsten, findet gerade noch ein Maultierbauch Platz. An dem Miniatur-Strand befindet sich der Parkplatz, in der Saison Treffpunkt des Besucherstroms, der hier jedoch noch lange nicht unangenehm wirkt. Die Atmosphäre erinnert dann erstaunlicherweise ein wenig an die Riviera: Die Sonne scheint, ein belebender Wind weht und junge Künstler garnieren das Bild.

Die kleine Bucht des Nachbardorfes *Port Gaverne* befindet sich heute im Besitz des National Trust. Die wenigen Familien lebten auch hier vom Sardinenfang und der Verschiffung des Schiefers der Delabole Slate Quarry.

Port Quin, über eine kleine landeinwärts führende Straße nach Südwesten zu erreichen, birgt ein trauriges Geheimnis. Lebhaftes Treiben prägte im letzten Jahrhundert die Atmosphäre an der kleinen Bucht. Die Bewohner verdingten sich als Fischer oder arbeiteten in der Antimonit-Mine der angesehenen Familie der Doydens. Diese ging jedoch Bankrott, und so wanderten die meisten Minenarbeiter nach Kanada aus. Wenige Zeit später fuhren die verbliebenen Männer zum Sardinenfang aus – und gerieten vor der rauhen Küste in einen Sturm. Niemand kehrte zurück.

Der National Trust hat sich des Ortes angenommen, der noch heute eine gewisse Traurigkeit und Melancholie ausstrahlt. Das Schloß der Doydens ist vom Küstenweg aus sichtbar; das kleine Anwesen wird als Ferien-Domizil vermietet. Informationen beim National Trust in Lanhydrock bei Bodmin; Tel. 0208/42 31.

Unterkunft

Auch Port Isaac bleibt nicht von Problemen bei der Zimmersuche im Sommer verschont. Falls untenstehende empfehlenswerte Adressen ausgebucht sein sollten: an und um *The Terrace,* auf dem Weg nach Port Gaverne, tummeln sich die kleinen Hotels, hier Zimmer zwischen 13 und 17 £.

■ **Bodannon Farm,** Trewetha, Tel. 0208/88 03 81. An der B 3267, Ortseingang. Einfache Zimmer für 12 £, in der Hochsaison 14 £.

■ **Fairholme,** 30 Trewetha Lane, Tel. 88 03 97. Für 14–17,50 £ sehr schöne und wohnliche Zimmer, inkl. eigenem Bad 16 £. Liegt ebenfalls an der B 3267.

■ **Valencia House,** Mrs. Walton, Trewetha Lane, Telefon 88 06 77. Zwei Zimmer in gemütlicher Atmosphäre für 13,50 £.

■ **Hathaway Guest House,** Roscarrock Hill, Tel. 88 04 16. Traumhafte Position hoch über Port Isaac, mit Blick auf Ort und Küste, der Coastal path führt am Garten vorbei. Fünf behagliche Zimmer für 12,50 £, die kleine Wohnung in der oberen Etage für 110–155 £ wöchentlich. Gleich nebenan noch andere B+Bs, ähnliche Preise.

■ **Old School Hotel,** Telefon 88 07 21. Dem Namen nach eine ehemalige Schule, direkt am Hafen. Ungewöhnliche Zimmer mit individuellen Noten, extravagante Fenster, die schmal und in Bögen teilweise bis zum Boden reichen. Interessante Balkenkonstruktionen, einige Suiten haben eigene Dachgärten. Einfache Zimmer in der Nebensaison ab 14 £, Suiten von 20 bis 24 £. In der Hochsaison steigen die Preise auf 25–45 £, letzteres nur an Weihnachten.

■ **The Bark House,** Cottage aus dem 19. Jhd. in der Dolphin Street, zwei Schlafzimmer, Dez. bis März 75 £, in der Saison bis 165 £. Informationen bei Peter Pearce im Molesworth Manor, Little Petherick, Tel. 0841/54 02 92.

Unterkünfte außerhalb

■ **Trewint,** Tel. 88 02 00. Zwischen Trelights und Port Quin, direkt hinter den Long Cross Victoria Gardens. Freie Lage, nette Besitzer. Sehr schöne und empfehlenswerte Zimmer bei Angela Williams für 14 £.

■ **Long Cross Victorian Hotel,** Trelights, Telefon 88 02 43. Zehn viktorianische Zimmer mit üppigem Inventar: gelungen der »Churchill Room« mit seinem antiken Himmelbett aus dunklem Holz, fast schon übertrieben behaglich. Eine Oase der Ruhe. Zimmer ab 22 £, günstige Wochenpreise inkl. Dinner ab 220 £.

Verpflegung

■ **Golden Lion,** uriger Pub von 1715, gute pasties.

■ **Slipway,** am Hafen, Tel. 88 02 64. Hausgemachte Speisen in der Atmosphäre des 16. Jahrhunderts.

Sehenswertes

■ **Long Cross Victorian Gardens,** Trelights. Der Name stammt von einem der ältesten Steinkreuze Cornwalls (6. Jahrhundert), gegenüber des Nordost-Tores des Besitzes. Kleiner viktorianischer Garten mit viel Flair aus alten Tagen; Eintritt 1 £.

Weiterreise

■ **Busse:** täglich 4 x über Polzeath nach Wadebridge, 1 x nachmittags nach Camelford.

■ **Coastal path:** nach Tintagel 13 km, nach etwa 6 km ein Ausblick der *coast guard*. Nach Polzeath über Port Quin (dort keine Verpflegungsmöglichkeiten), etwa 11 km.

Camelford

Ob sich der Name des kleinen Ortes an der geschäftigen A 39 tatsächlich auf eine nahegelegene mittelalterliche Furt über den *Camel* bezieht, ist nicht eindeutig geklärt. Mit Kamelen jedoch hat die Namensgebung nichts zu tun, obwohl die Wetterfahne am Rathaus und das Stadtwappen den Besucher dies vielleicht glauben lassen könnten.

Früher war Camelford ein geschäftiges, eigenständiges Marktfleckchen, dem vor allem der Handel mit Wolle und feinem Tuch zu Wohlstand verhalf. Im Einzugsgebiet des Ortes wurde Schafzucht betrieben, und auch heute sind noch Schäfer mit ihren Herden unterwegs, wenn auch weitaus seltener als in jenen Tagen.

Das ruhige Leben des heutigen Camelford wurde vor einigen Jahren durch einen tragischen Zwischenfall getrübt, dessen Auswirkungen sich bis heute bemerkbar machen. Zu später Stunde erreichte ein Tankwagen die Stadt, gefüllt mit einer Aluminiumsulfat-Verbindung zur Reinigung des Stadtwassers in der Kläranlage. Diese war jedoch zu dieser Zeit menschenleer; die Arbeiter hatten längst ihren Dienst beendet. So wurde die gefährliche Chemikalie versehentlich in falsche Kanäle und somit direkt ins Trinkwasser eingespeist. Fatal, da das Leitungswasser in Cornwall gewöhnlich von außerordentlicher Reinheit ist, niemand also Vorsicht beim Gebrauch walten läßt. Wie bei Katastrophen jeglicher Art üblich, versuchte man zunächst, das Dilemma zu vertuschen und informierte die Öffentlichkeit erst sechs Tage danach. Unmittelbar daran gestorben ist bis heute niemand, inwieweit auftretende Krankheiten darauf zurückzuführen sind, wird erst die Zukunft zeigen. Die Untersuchungen und Prozesse sind noch lange nicht abgeschlossen.

Unterkunft

■ **The Darlington Hotel,** Tel. 21 33 14. Uriger *coaching inn* aus dem 13. Jahrhundert. Gutes Essen zu zivilen Preisen. Hier auch Zimmer zu 13 £.

■ **Aldermoor Farm,** Advent, Telefon 21 33 66. Ländliche, kleine Farm am Rande des Bodmin Moores. Drei wohnliche Zimmer für 10–12 £. Hier auch Vermietung von Cottages, zauberhaft ist das neuere »The Barn«, nicht groß, aber urgemütlich; 100–250 £.

Anfahrt: Ab Camelford Richtung Wadebridge, nach 1,5 km links (vor der Camelot Garage), Richtung Advent, über die Brücke des Camel, dann links halten, den kleinen Hohlweg hinauf. Die Farm liegt am Ende des Weges.

■ **Trethin Manor,** Advent, Telefon 21 35 22. In dem stolzen Herrenhaus von 1066, der »neue« Flügel stammt von 1655, große und behagliche Zimmer mit eigenem Bad für 12–16 £; das größte mit eigener offenen Feuerstelle. Stein-Cottages, je nach Größe und Saison, 55–360 £.

■ **Camping** im Juliot's Well Holiday Park, an der B 3266, etwa 2 km südwestlich von Camelford, Tel. 21 33 02. Renommierte Anlage, Schwimmbad und Tennisplatz, 8 *acre*.

Sehenswertes

■ **North Cornwall Museum & Gallery,** Tel. 21 29 54. Gewinner des *Pilgrim Trust Award*: bestes kleines Museum in England. Alles über das Leben in Nord-Cornwall, Abteilungen über Landbestellung, Herstellung von Apfelwein, Kupfer- und Schiefergewinnung usw. Dazu wechselnde Ausstellungen von Gemälden. April bis September Mo–Sa 10.30–17 Uhr.

■ **Delabole Slate Quarry,** in gleichnamigem Ort an der B 3314. Der etwa 140 m tiefe Schieferbruch ist »das tiefste, durch Menschenhand entstandene Loch in England«. Seit rund 600 Jahren wird in dieser Region Schiefer abgebaut. Für Parkette, Fensterbänke, Hausbedeckungen und Kamineinfassungen wird das Schichtgestein in alle Welt exportiert. Auf der Plattform über dem schwindelnden Abgrund sind Besucher willkommen, und man denkt daran, ein Informationszentrum zu errichten. Ein öffentlicher Fußweg mit interessanten Ausblicken führt um den Rand des Bruchs.

Verschiedenes

■ **Tourist Office,** im North Cornwall Museum, Tel. 21 29 54.

■ **Golf** im *Bowood Park Golf Club,* Lanteglos, Tel. 21 32 16. Interessante, naturbelassene Anlage mit nicht weniger als 26 Seen.

Weiterreise

■ **Busse:** nach Delabole, Tintagel und Camelford mehrmals täglich, morgens 1 x nach Port Isaac und spätnachmittags nach Boscastle.

Tintagel

Das kleine »Ein-Straßen-Dorf« Tintagel hat sich seit langem schon zum hauptsächlichen Ziel des cornischen Fremdenverkehrsstroms entwickelt. Sogar im November, wenn die übrigen Orte Cornwalls sich bereits in den Winterschlaf wiegen, gibt es noch mehr als genug Arbeit und Geld für die ansässigen Hoteliers und Souvenirverkäufer, und die großangelegten Parkplätze sind zumindest halb gefüllt.

Verantwortlich dafür ist der Hof-Chronist *Geoffrey of Monmouth,* der 1136 in seiner »Historia Regum Britanniae« seinem Held *King Arthur* die Burg von Tintagel als Residenz zusprach: hoch über den Klippen, auf einer schroffen Felseninsel, uneinnehmbar von Mann und Meer.

So sind also die Überreste der Festung bei Tintagel der Grund für den zentrierten Artus-Kult; ausgerechnet die Burg, die nun wirklich nichts mehr mit dem legendären Herrscher zu tun haben kann. Die heute zuhauf bestiegen und berührte Ruine stammt nach archäologischer Ansicht aus dem 12. Jahrhundert; aus einer Zeit gut 600 Jahre nach Arthurs Tod.

Die heutige Burgruine hat also nachweislich nichts damit zu tun, die Mystik und die geheimnisvolle Atmosphäre hingegen bleibt, und der können sich auch die Archäologen nicht entziehen. Noch immer werden neue Erkenntnisse über die frühe Vergangenheit dieses Felsens gewonnen, oftmals einfach durch erstaunliche Zufälle. Funde von rotbraunen Tonscherben aus dem Mittelmeergebiet (Tunesien, Libyen und Syrien) verleiteten zu der Annahme, daß im 5.–9. Jahrhundert eine recht wohlhabende keltische Klostergemeinde auf dem Felsen existiert haben müsse, die den Inhalt der Tonkrüge (Oliven, Öl, Parfüme, Wein) mit cornischem Zinn bezahlten.

Seit 1985 ist diese Theorie revidiert: Ein Feuer hatte 1983 die Hälfte des grasbestandenen Plateaus niedergebrannt, und als der schwere Regen im Jahr danach die ungeschützte Erde davongespült hatte, waren Grundmauern zum Vorschein gekommen. Man hatte Fundamente von mehr als 50 kleinen Gebäuden entdeckt. Vor dem keltischen Kloster mußte hier eine ganze Stadt gestanden haben: die Tonscherben lassen auf eine wohlhabende, kultivierte Gesellschaft schließen, die durch ihren hohen Lebensstandard Kontakte mit entfernten Ländern pflegen konnte.

Daß längst nicht sämtliche Geheimnisse des stolzen, trutzigen Felsens geklärt sind, ist klar. So bleibt dem Reisenden das Träumen und der Genuß, die einzigartige Atmosphäre dieser Stätte zu erleben; selbst wenn die meisten »nur wegen Artus« kommen...

Das übrige Tintagel erweist sich als recht gewöhnlich, nicht zuletzt, da die Bewohner um die Jahrhundertwende viele der alten Häuser abrissen, um der wachsenden Artus-Industrie Platz zu machen. Das *Old Post Office* und die normannische Kirche *St. Materiana* entschädigen jedoch, neben der Burgruine selbst, für das kommerzielle Gerangel.

Unterkunft

Trotz der Massen, die sich Tag für Tag durch die Straßen Tintagels bewegen, finden sich zahlreiche billige private B+B und kleinere Hotels. Die angebotenen Zimmer bieten eigentlich durchweg Schönes für ihr Geld. Vermutlich ist die Konkurrenz so groß, daß sie tatsächlich das Geschäft belebt...

Doch auch in Tintagel sind die reizvollsten Unterkünfte außerhalb des Zentrums zu finden: in Trebarwith Strand oder Bossiney.

■ **Youth Hostel,** Dunderhole Point, Tel. 0840/77 03 34. Eine der schönsten Jugendherbergen in Cornwall: eine ehemalige 150 Jahre alte, schiefergedeckte Fischerkate, die sich an den nackten Fels krallt, unweit der Tintagel Church. Der Blick reicht über die Küste bis nach Port Isaac, etwa 30 km entfernt. 27 Betten. März bis Oktober Mo geschlossen, im März und Oktober auch Mi. Die Kate gehört heute dem National Trust. Sie liegt etwa 500 m hinter der Kirche, ist aber von dieser nicht einzusehen. Vorsicht im Dunkeln, die Felsen der Abkürzung sind steil.

■ **Castle Villa,** im Ort an der Straße nach Trebarwith, Tel. 77 03 73. Gemütliches Haus aus dem frühen 18. Jahrhundert mit sehr gutem Gegenwert: Zimmer ab 14,50 £, behagliche Einrichtung.

■ **Castle View,** 2 King Arthur's Terrace, Telefon 77 04 21. 13 £. Blick auf Kirche und Burg, sympathische Atmosphäre. Nebenan noch andere, preislich verwandte B+Bs.

■ **The Old Malthouse,** zwischen Zentrum und Burg, Tel. 77 04 61. Obwohl nur geringfügig teurer, bereits die nächste Klasse. Acht Zimmer mit »Uralt-Flair«, davon fünf mit eigenem Bad; 13,50–18 £.

■ **Camping** auf der Bossiney Farm, ca 1 km nördlich von Tintagel an der B 3263. Kleinere Anlage, zum Strand 800 m. – Oder 1 km weiter: Trewethett Farm Camping, Tel. 77 05 33.

Unterkünfte außerhalb

■ **The Old Millfloor,** Trebarwith Strand, Tel. 77 02 34. Verschwiegen in einem eigenen kleinen Tal gelegene Mühle von 1820, ca. 3 km südlich von Tintagel; ein steiler Weg führt von der schmalen Straße hinunter zum Mühlbach. Die drei Zimmer sind liebevoll und persönlich eingerichtet. Für 16 £ ein gefundenes Paradies für verträumte Individualisten; Wochenpreis 100 £.

■ **Trevillett Mill,** Rocky Valley, Bossiney, zwischen Tintagel und Boscastle, Tel. 77 05 64. Bis zur Jahrhundertwende noch eine »arbeitende Mühle«, die Gebäude stammen von 1472. Schöne und helle Zimmer, ruhige Lage, nur wenige hundert Meter von der Küste entfernt. Übernachtung 14–16 £.

■ **The Old Borough House,** Bossiney, Tel. 77 04 75. Steinhaus an der B 3263, frühes 17. Jh. Fünf Zimmer von unglaublichem Charme zu einem unglaublichen Preis: englische Wohn-Gemütlichkeit der edlen Art für 13,50–18 £, inklusive eigenem Bad 3 £ Aufschlag.

■ **Willapark Manor Hotel,** Bossiney, Tel. 77 07 82. In einzigartiger Umgebung, direkt am Coastal path, eine traumhafte Alternative zu den Angeboten der gehobenen Kategorie, sowohl in Tintagel als auch in Boscastle. Großer Park (14 acre), wunderschöne Sicht auf die rauhe, grüne Küstenlandschaft. Zimmer mit Bad und Blick 23 £, inkl. Dinner (vier Gänge) 33 £ oder 203 £ wöchentlich.

Verpflegung

■ **Sonnencafé für Küstenwanderer:** Trevillet Mill, Rocky Valley. Nicht nur *cream teas* und Gebäck am rauschenden Bach. Etwa 2,5 km von Tintagel Richtung Boscastle, dem zweiten Fluß folgen (vor- und nachher Steinstufen).

Sehenswertes

■ **The Old Post Office** ist eines der schiefsten, urigsten und sympathischsten Gebäude in Cornwall. Die Geschichte reicht bis ins 14. Jh. zurück, was auch die oberen Räume mit einer Stehhöhe von weniger als 1,80 m dokumentieren. Im letzten Jahrhundert fungierte es tatsächlich für etwa 50 Jahre als Postamt; heute erneut, im Auftrag des National Trustes. Interessant ist die Miniatur-Nachbildung des Gebäudes im Garten. April bis Ende Okt. 11–18 Uhr; 1,40 £.

■ **St. Merteriana:** normannische Pfarrkirche südlich über dem Dorf, faszinierende Aussicht; sächsisches Portal, normannisches Taufbecken.

Verschiedenes

■ **Markttag** ist jeder Donnerstag im Sommer: alles von Eis und Süßigkeiten bis zu Uhren und Kleidung. Big Fun!

■ **Tintagel Castle:** April bis Sept. 10–18 Uhr; Okt. bis März Di–So 10–16 Uhr; 1,40 £. Die Burg wird heute von der *English Heritage* unterhalten.

Weiterreise

■ **Busse:** nach Boscastle, Camelford und Launceston mehrmals täglich, 3 x täglich nach Wadebridge, mittags einmal nach Bude.

■ **Coastal path:** nach Boscastle etwa 6 km; etwa 1,5 km außerhalb Tintagels in den Klippen eine eisenzeitliche Befestigung, nach etwa 3 km *Ladies Window,* eine bekannte Felsformation. Nach Port Isaac etwa 13 km.

Boscastle

Der pittoreske Ort mit seiner Handvoll Häuser über dem Hafen liegt ein wenig zu nahe an Tintagel und bekommt daher seinen nicht geringen Teil der Besuchermassen ab. Doch hier kehrt gewöhnlich, nach dem Sturm im Sommer, die cornische Ruhe recht schnell wieder ein.

Betrachtet man heute den winzigen Hafen dieses kleinen Ortes, ist es nur schwer zu glauben, daß über diesen die Getreide- und Schieferladungen aus dem bedeutenden Launceston verschifft wurden. *Sir Richard Grenville* erbaute den Hafen 1584; mitsamt der umliegenden Klippen gehört der heute dem National Trust.

Eine andere wohlbekannte Persönlichkeit verliebte sich knapp drei Jahrhunderte später in Boscastle: *Thomas Hardy,* Schriftsteller und Architekt. Im März 1870 kam er hierher, um sich der Restauration der unweit gelegenen *St.*

Juliot Church im Valency Valley anzunehmen. Er kam, sah und verliebte sich – sowohl in Boscastle selbst als auch »in« Boscastle, als er seiner zukünftigen ersten Frau *Emma Lavinia Gifford* begegnete. Sie war die Schwägerin des Pfarrers, und so versteht es sich von selbst, daß die Kirche den Weg lohnt. Die Öllampen aus Messing, die Hardy für das Innere der Kirchenschiffe vorsah, sind heute jedoch im »Wellington Hotel« in Boscastle zu finden. Er schrieb viele seiner Werke in der Klippenwelt dieser Küste: Inspirieren ließ er sich vor allem am *Beeny Cliff, Pentargon* und *Penally;* sein zweiter Roman, »A Pair of Blue Eyes«, erzählt davon.

Unterkunft

■ **Youth Hostel,** Palace Stables, Tel. 08405/287. Direkt am winzigen Hafen in schönster Klischee-Umgebung, die von den Shops auf Ansichtskarten verkauft wird. 24 Betten. Nur April bis September, Mi–Mo.

■ **The Old Coach House,** Tintagel Road, Tel. 398. Moderne Zimmer in Kiefer und Beige. Übernachtung 15 £ mit kontinentalem Frühstück, 17 £ mit cornisch-englischem.

■ **Tolcarne Hotel,** neben obigem, Tel. 654. Neun Zimmer in teils altmodischem Stil, wirkt jedoch sympathisch und warm; 16–19 £, Dinner für 8 £.

Verpflegung

■ **Napoleon Inn:** Der Pub trägt seinen Namen seit 1807, als für den Napoleanischen Krieg hier Soldaten rekrutiert wurden. Das Gebäude stammt jedoch aus dem 16. Jahrhundert.

■ **The Riverside Hotel,** Tel. 216, gegenüber vom Hafen. »Candle-Dinner« für etwa 9 £, dabei »Trivialitäten« wie vorzügliches Cordon-Bleu, aber auch vegetarische Kost aus frischem Gemüse. An kalten Abenden wärmt der offene Kamin – auch die Seele.

Sehenswertes

■ **The Cave,** Gifts & Exhibition, am Hafen. Interessante Sammlung an optisch veräppelnden und belehrenden Gegenständen: Hologramme in vielen Ausführungen, »Schwarze Löcher«, *plasmosperes* und *kaleidosperes.* April bis Oktober 10–18 Uhr, im Sommer bis 21 Uhr; 1,25 £. Hologramme 5–60 £.

■ **Witch Museum:** beeindruckende Sammlung von Gegenständen des Hexenkultes in Cornwall. Ostern bis Oktober täglich 9–17.30 Uhr, Juni bis August 9–21 Uhr; 1,20 £.

Weiterreise

■ **Busse:** mehrmals täglich nach Tintagel und Bude, 2 x täglich nach Crackington Haven, jeden Morgen nach Camelford.

■ **Coastal path:** nach Crackington Haven etwa 10 km, nach 6,5 km hinter *High Cliff,* der höchsten Klippe Cornwalls, die Trevigue-Farm des National Trust.

Crackington Haven

Die kleine Bucht gehört zu dem weiten National-Trust-Gebiet, das sich über mehr als 5 km die Küste hinauf erstreckt. Ein weltvergessenes Örtchen mit einem Hotel, einem modernen Pub, wenigen Häusern und einem kleinen Essensstand am hellen Strand (im Sommer).

Im 18. und 19. Jahrhundert fungierte die Bucht als Hafen für Kohlenschiffe aus Wales und den Export des in der Nähe abgetragenen Schiefers. Noch heute fordern die Ein- und Ausfahrt den Kapitänen einiges an navigatorischen Fähigkeiten ab. Seetang und Sand für die Felder wurden in jenen Tagen noch von Eseln das Tal hinauf getragen.

Der Reiz dieses Landstriches liegt zweifellos in der grandiosen, oftmals unwirklich scheinenden Küsten- und Klippenlandschaft, die ihren rekordverdächtigen Höhepunkt am *High Cliff* erreicht. 730 Feet senkrechter Fall, darüber wölbt sich die weite Graslandschaft bis hin zum Horizont. Ideal zum Wandern, es geht auch schon mal steil hinab: zum *Strangles Beach* beispielsweise, einer Strandvariation in Schwarz, nur gelegentlich aufgelockert durch das flackernde Weiß der heranpreschenden Gischt.

Unterkunft

■ **Bleeden Cottage,** Telefon 08403/223, an der Straße Crackington Haven-Wainhouse Corner. Schmuckes, weißes Haus mit sympathischen Zimmern für 13,50 £, je nach Größe.

■ **Trevigue Farm,** Tregather, Tel. 418. Eine der schönsten Farmen Cornwalls, etwa 300 m von der Küste mit ihrem High Cliff entfernt. Die Gebäude aus dem frühen 16. Jahrhundert, heute zum National Trust gehörend, bilden einen trutzigen Innenhof, in dem Werkzeuge und Agrargeräte aus vergangenen Jahrhunderten zu besichtigen sind. Nur wenige Zimmer, jedoch alle in einer faszinierenden Verbindung von »Leben in der Natur« und englisch-traditioneller Gemütlichkeit, nach der sich viele Hotels noch lange werden recken müssen. 16–23 £, mit eigenem Badezimmer.

Preiswertere, aber einfachere Zimmer (13 £) vermietet die Farm zuvor – die ganze Gegend ist von den *Crockers* gepachtet worden. Auf beiden Farmen auch Cottages: das kleinere »Trevigue« für 95–180 £, das »Woodgate« mit allem Luxus für 170–300 £.

■ **Camping** im Hentervene Camping Park, Tel. 3 65. Kleinere Anlage, etwa 2 km bis zum Strand.

Weiterreise

■ **Busse:** 2 x täglich nach Boscastle und Bude, Di morgens nach Launceston, Sa morgens über Camelford nach Bodmin.

■ **Coastal path:** nach Bude 13 km, zunächst recht anstrengend, der Weg verflacht sich aber später, kurz vor Bude ein Ausblick der *coast guard.* Nach Boscastle etwa 10 km, vorbei an der National-Trust-Farm Trevigue, dort Shop und Information.

Bude

Bereits zu viktorianischen Zeiten war Bude als *seaside-resort* bekannt, und es erfreut sich seitdem ungebrochener Beliebtheit. Trotz seiner Stellung als größte »Stadt« im Nordwesten Cornwalls ist echte Hektik bis jetzt noch nicht bis hierher vorgedrungen. Die Atmosphäre in der Stadt ist weit und luftig, beinahe uncornisch; wohl nicht zuletzt durch die schier unendlichen Strände der *Bude Bay,* in der sich die sonst steilen Klippen der Atlantikküste für einige Kilometer zum Meer hinabbeugen.

Ungewöhnliches Wahrzeichen Budes ist neben seinen Stränden der *Bude Canal.* Seit 1774 bereits im Gespräch, begann man jedoch erst vierzig Jahre später mit dem Bau; unter der Leitung von *Sir Thomas Acland,* dem größten Landbesitzer in dieser Region. Der Kanal brachte Wohlstand unter die Bewohner

Victorianische und ökologische Architektur ►

Budes, indem er als Hafen zur Verschiffung der regional produzierten Güter sowie der Verteilung der südwalisischen Kohle, die über den Seeweg hier angeliefert wurde, diente. Geplant und gebaut wurde er jedoch für einen ganz anderen Zweck, und der macht diesen Kanal einzigartig in Großbritannien: Mit Hilfe großer Mengen Muschelsand aus der Bucht wurden die stark angesäuerten Böden des Hinterlandes für die Agrarwirtschaft nutzbar gemacht.

Mit dem Ausbau des Eisenbahnnetzes verlor der Kanal allerdings nach und nach seine wirtschaftliche Bedeutung und ergab sich Ende der 30er Jahre schließlich dem Fortschritt der modernen Zeit.

Unterkunft

■ **Travellers Friend,** 8 Downs View, Tel. 0288/35 50 59. B+B 12–13 £. Schöne Zimmer, Blick auf den Golfplatz. Üppiges Frühstück nach der Devise: »No one leaves our table hungry...«.

■ Entlang der Straße noch weitere kleine *guest houses,* z.B. **Seagulls,** Telefon 35 20 59.

■ **Beulah,** Poughill Road, Tel. 35 33 38. Vermutlich die beste private Unterkunft in Bude, leider nur im Sommer geöffnet. Drei große Zimmer mit weichen Teppichen und zarten Dekors; 12 £. Liegt linksseitig der Straße Bude-Poughill.

■ **The Tree Inn,** Stratton, Telefon 35 20 38. *Der* Pub in Stratton, 2 km östlich von Bude. Original 13. Jahrhundert, nicht nur im »Galleon Restaurant«. Auch in den Zimmern im ersten Stock heißt es: Kopf einziehen. Für 15 £ schiefe und wohnliche Zimmer aus alten Zeiten.

■ **Stamford Hill Hotel,** Stratton, Telefon 35 27 09. Schlichte georgianische Villa mit Außenpool auf einer Anhöhe, an der Straße Stratton-Poughill gelegen. Lohnenswert vor allem die alten Zimmer, die neueren wurden vielleicht ein wenig zu »schnell« eingerichtet. Übernachtung 17–21 £, inklusive Dinner 23,50–27,50 £, per Woche geringfügig billiger.

■ **Camping** im Bude Meadows, an der südlichen A 39, Tel. 36 16 46. 10 *acres,* sauberes und freundliches Gelände, etwa 1,5 km bis zum Meer. – Oder im Upper Lynstone Camping Site, an der Küstenstraße Bude-Widemouth Bay, Telefon 35 20 17. Kleinere Anlage, Strand 800 m.

Verpflegung

■ **Red Post Inn & Restaurant,** im gleichnamigen Ort an der Kreuzung A 3072/B 3254, etwa 6 km östlich von Bude. Ehemaliger *coaching inn* aus dem 16. Jahrhundert, in den traditionsreichen Räumen serviert man heute *breakfast, cream teas and dinner,* die cornisch-kulinarische Dreieinigkeit.

■ **The Tree Inn,** Stratton. Bar und »Galleon Restaurant« in Mauern des 13. Jahrhunderts; die Decke des Restaurants wurde aus Schiffsholz gezimmert. Vorzugsweise Variationen in Fisch und Gemüse. Menü etwa 10 £.

Sehenswertes

■ **Bude-Stratton Historical und Folk Exhibition,** Lower Wharf. Bemerkenswerte Ausstellung über die Geschichte Budes und seiner Muttergemeinde Stratton. Kanalbau und Schiffswracks auf Fotos, als Zeichnungen und Modellen.

■ **Launcell's Church,** etwa 4 km östlich von Bude. Die Kirche liegt, ohne Wegweisung, recht versteckt in einem bewaldeten Tal. Nach *Sir John Betjeman* »The least spoilt church in Cornwall« – dies trifft unverändert zu. Ursprünglicher Standort einer normannischen Kirche, das heutige Gebäude stammt aus dem 15. Jahrhundert. Perpendicular-Fenster aus Klarglas, normannisches Taufbecken, vermutlich das älteste in Cornwall.

Verschiedenes

■ **Tourist Office,** The Crescent Car Park, Telefon 0288/35 42 40. Kleiner Bungalow auf dem Hauptparkplatz in Bude.

■ **Schwimmen,** aber einmal nicht im atlantischen Meer: *The Splash,* Stratton Road, Tel. 35 61 91. Tropische Atmosphäre das ganze Jahr, diverse Pools, Wasserrutschen, die üblichen Snacks-Schnick-Schnacks...

■ **Golf** im *Bude & North Cornwall Golf Club,* Burn View, Tel. 35 20 06. Anlage von 1891, im unmittelbaren Stadtgebiet.

Weiterreise

■ **Busse:** mehrmals täglich nach Stratton und Kilkhampton, 3 x täglich nach Boscastle, 2 x täglich nach Crackington Haven, täglich mittags nach Launceston, Mi und Fr morgens nach Morwenstow.

■ **Coastal path:** nach Morwenstow etwa 8 abwechslungsreiche Kilometer; zunächst einfach zu begehen, später erhebt sich die Küste. Nach Crackington Haven 13 km.

Kilkhampton

Kleines Durchgangsdorf an der A 39, am Nordwestzipfel Cornwalls. Überragend ist im wahrsten Sinne des Wortes die Kirche, auch hier mit einem traditionellen *lych gate* »garniert«, dem giebelförmig überdachten Friedhofstor.

Die Kirche gibt sich typisch cornisch: Ein hoher, viereckiger Turm steht über dem schweren normannischen Südportal und den drei Schiffen, deren konfus wirkende Balkenkonstruktionen aus hartem Eichenholz den Besucher in Staunen versetzen. Die Enden der etwa 150 Kirchenbänke sind reich verziert und stammen aus dem 15. und 16. Jahrhundert. Allein der Sitzbänke und der Orgel wegen lohnt es sich, hier einer Messe beizuwohnen. Die Akustik des Raumes scheint maßgeschneidert.

Unterkunft

■ **London Inn,** Tel. 0288/82 205. Der örtliche Pub neben der Kirche. Hübsche Zimmer für 14 £, gutes Essen und viele Sorten Bier in den *public rooms.*

Weiterreise

■ **Busse:** mehrmals täglich nach Bude, Mi und Fr morgens nach Morwenstow.

Morwenstow

Vermutlich die kleinste Gemeinde Cornwalls: eine Kirche ohne Dorf, nur durch weite, grüne Wiesen vom Meer getrennt, umgeben von einem einsamen Friedhof mit flachen, aufrecht stehenden Grabplatten aus Granit. Eine viktorianische *vicarage* im Tal unterhalb der Kirche, eine kleine Farm und ein uralter Pub – so hat es schon immer ausgesehen, und so wird es wohl auch noch lange bleiben.

Die Vergangenheit Morwenstows ist eng mit einer Persönlichkeit des 19. Jahrhunderts verbunden: *Robert Stephen Hawker,* gottesfürchtiger Vikar von Morwenstow und Exzentriker ohnegleichen. Von 1834 bis 1874 lebte er in dieser

Abgeschiedenheit, diente Gott und dichtete sich hinauf zu einer der bekanntesten Figuren der cornischen Lyrik.

Vorzugsweise schrieb er in einer kleinen Hütte in den Klippen; *Hawker's Hut,* die er sich aus Treibholz gezimmert hatte. Dabei ging er auch der praktischen Seite seines Berufes nach, indem er Ausschau nach den Schiffbrüchigen gestrandeter Wracks hielt: arme Seelen, denen er in den meisten Fällen nur noch zu einer christlichen Beerdigung verhelfen konnte. Der Friedhof zeugt davon. Das Grab der Mannschaft der »Caledonia« ziert die Galionsfigur ihres Schiffes.

Die Küste bei Morwenstow nimmt den Wanderer durch ihre Verbindung von aufgebrachten Meeresgewalten, steilen Klippen und weiten, beschaulichen Wiesenlandschaften gefangen. An klaren Tagen erkennt man in nord-nordwestlicher Richtung *Lundy,* eine längliche Insel des National Trust.

Architektonisch interessant ist das normannische Säulenportal und die ebenfalls normannische Nordarkade der *Morwenstow Church;* die Beleuchtung des recht dunklen Altars erfolgt per Münzeinwurf. Ungewöhnlich, und ebenso exzentrisch wie ihr Erbauer, sind die Kamine auf dem Dach der *vicarage,* die allesamt den Türmen der Kirchen nachgebaut sind, in denen Hawker zuvor als Vikar gedient hatte. Eine Betrachtung durch die Baumwipfel hindurch muß jedoch genügen – das herrschaftliche Gebäude befindet sich in Privatbesitz.

Verpflegung

■ **Bush Inn:** einer der ältesten Pubs Cornwalls (12. Jh.), ehemals eine Kapelle mit einem keltischen Kreuz an der Hintertür; wie könnte es auch anders sein – im Lande Robert Stephen Hawkers. Mo Ruhetag, zum Verderben der hungrigen Küstenwanderer vom Hartland Point in Devon oder aus Bude kommend. Die müssen dann zurück zu den

■ **Rectory Tearooms and Restaurant,** direkt gegenüber der Kirche: recht preiswerte und gute pasties und andere warme, vollwertige Kleinigkeiten. Gemütliche Räumlichkeiten. Täglich bis 18 Uhr, Mo, Mi und Fr Dinner 7.30–9.30 Uhr. Reservierung erbeten unter 028883/251.

Ausflug nach Lundy

■ Nur 17 Menschen wohnen auf dem zum Vogelschutzgebiet erklärten Eiland. Tagesausflüge mit der »MS Oldenburg« beginnen allerdings in *Bideford,* drüben in Devon: Ticket 17,50 £, Informationen unter Tel. 0237/47 04 22.

Weiterreise

■ **Busse:** Mi und Fr morgens über Kilkhampton nach Bude.

■ **Coastal path:** etwa 3 km zur Grenze nach Devon. Nach Bude 8 km.

Bodmin Moor

Die weite und rauhe Moorlandschaft zwischen Bodmin und Launceston, Camelford und Liskeard ist deutlich kleiner als das »nebenan« liegende Dartmoor in Devon. Das etwa 400 Quadratkilometer umfassende Gebiet wird durch die mittlerweile stark befahrene A 30 diagonal geteilt, auf deren Mitte *Bolventor* mit seinem bekannten »Jamaica Inn« das geographische Zentrum des Moores bildet.

Mit dem Ausbau der A 30 haben die Verkehrsplaner zwar einen sinnvollen Weg gefunden, nun auch den Mittelteil Cornwalls an Devon anzubinden. Den Preis dafür bezahlte jedoch die Atmosphäre der Mystik und Abgeschiedenheit, die seit jeher über den geschwungenen Flächen zwischen den *Tors,* den steinigen Hügeln, schwebte. Doch keine Sorge: das Moor ist noch immer groß genug, um sich zumindest für einen Tag darin zu verlaufen...

Die oberhalb der A 30 gelegene Hälfte des Moores entspricht den Vorstellungen und Erwartungen der Reisenden: *Lower Moor, West Moor, Roughtor Moor* und *High Moor* – weite, melancholische Landschaft bis zum Horizont, grünes und weiches Grasland, von vereinzelten, fußhohen Steinwällen verziert, Überreste vorgeschichtlicher Behausungen aus der Bronzezeit.

Und natürlich die sich weithin sichtbaren *Tors,* Aussichtspunkte von geradezu magischer Anziehungskraft. Am bekanntesten und wohl auch faszinierendsten ist *Rough Tor*, am Nordrand des Moores, unweit der höchsten Erhebung Cornwalls: *Brown Willy* mit seinen 420 Metern. Gerade auch die Flächen um diese beiden Größen, bis hin nach Bolventor zum »Jamaica Inn« bilden ein Wanderparadies für Ruhesuchende, sofern man nicht ein Wochenende in der Hochsaison wählt.

Obwohl im Nordteil des Bodmin-Moores auch vereinzelte archäologische Sehenswürdigkeiten den Weg des Wanderers belohnen, ist es gerade sein südlicher Teil, der mit einer kleinen, megalithischen Flut an Relikten aufwartet. Die Stimmung ist hier nicht ganz so weit und rauh, über dem großen Wasserspeicher *Colliford Lake* und seinem verbrüderten *Dozmary Pool* liegt jedoch ein Hauch von Magie und Melancholie, vor allem in den oftmals nebligen Morgenstunden. So haben sich der Dozmary Pool sowie auch die *Hurlers* zu modernen Kultstätten des New Age entwickelt. Das ganze Jahr über finden sich die neuzeitlichen Pilger hier ein: In umgebauten Bussen und Wohnmobilen leben sie dann im Moor, Zigeunern gleich.

Erholung von all den anregenden archäologischen Entdeckungen bieten *The Golitha Falls,* zwischen St. Cleer und St. Neot: ein wahrer Bilderbuch-Wasserfall. Der hier noch schmale Fowey fließt geruhsam über moosbewachsene, rundgeschliffene Steine; in dem dichten Wald locken verschwiegene Plätze für ein Picknick, nun einmal ohne Weite und vorzeitliche Vergangenheit.

Unterkunft

Das Gros der Übernachtungsmöglichkeiten ist nicht direkt im Moor, sondern in kleineren Ortschaften am Rande zu finden (Ausnahme: »Jamaica Inn« und

»Mennabroom«). Aufgrund der recht kleinen Fläche des Bodmin-Moores sollten bei Schwierigkeiten vielleicht auch die Adressen in Bodmin, Camelford, Launceston und sogar Liskeard in Betracht gezogen werden.

■ **Jamaica Inn,** Bolventor, Tel. 0566/862 90. Im Zentrum des Ganzen und daher hier an erster Stelle. Traditionsreicher Pub im ehemals weiten Nichts, jetzt leider an der vielbefahrenen A 30 gelegen. Das heutige Gebäude stammt aus georgianischer Zeit, die Räumlichkeiten sind jedoch auf »Tudor« getrimmt. Sehr gemütliche Zimmer ab 20 £, Schlafen im Himmelbett 27 £.

■ **Mill Park House,** Cardinham, im Westen des Moores, Tel. 0208/823 97. Einsame Lage am Ende eines Weges. außerhalb des kleinen Ortes. Einfache, aber persönliche Zimmer für 11 £, in der Hochsaison 13 £. Alles wirkt ein wenig unaufgeräumt, die einnehmende Persönlichkeit Helen Sheppards läßt dies jedoch schnell nebensächlich werden.

■ **Mennabroom,** Warleggan, Telefon 822 72. Geschütztes Tudor-Bauernhaus aus dem frühen 16. Jahrhundert, und lediglich das schwarze Dach wurde vor einigen Jahren erneuert. Es ist angeblich das älteste Haus im Bodmin Moor und vermutlich die einzige Unterkunft, von der man berichten darf, sie liege nun wirklich inmitten des Moores. Drei verwinkelt-gemütliche Zimmer für 13 £, Dinner 7 £. Daneben werden noch drei Stein-Cottages mit offenen Kaminen vermietet, je nach Größe und Saison 120–315 £.

■ **Tregenna Farm,** Blisland, Telefon 85 03 76. Hübsche Farm, schöne Lounge für die Gäste. Zwei Zimmer für 12 £.

■ **Coombe Mill,** St. Breward, Telefon 85 03 44. Cottages aus Stein vom Feinsten: Himmelbetten, offene Kamine, teils mit Blick auf den Fluß; je nach Saison und Größe 120–440 £.

■ **Glynn Barton Farm Cottages,** Diana Mindel, Cardinham, Tel. 0208/823 75. Stein-Cottages in ruhiger Lage mit wunderbaren Blicken ins Tal, Pool anbei. 105–395 £.

■ **Camping** im Trenant Caravan Park, etwa 2,5 km von St. Neot, Telefon 0579/208 96. Kleiner Platz an einem Nebenfluß des Fowey.

Verpflegung

■ **The London,** St. Neot: uriger Pub aus der alten Zeit, offenes Kaminfeuer, von 19.30 bis 21.30 Uhr schmackhafte Snacks.

■ **Jamaica Inn:** ein wahres Muß für alle Touristen, in der Saison daher vor lauter Besuchern kaum zu sehen (doch das einsame Moor ist nicht weit). Wilde Vergangenheit der Schmuggler und zwielichtigen Gestalten im Nebel des Moores, der gleichnamige Roman Daphne du Mauriers erzählt davon. Im Restaurant schmackhafte Menüs für etwa 8 £, So geschlossen. Pub und Souvenir-Shop ohne Ruhetag.

■ **Oak House,** Altarnun, Telefon 0566/862 06. Gute *cream teas* und Dinner in diesem Pub, früher bekannt als »The Old Rectory«.

Sehenswertes

Im nördlichen Moor

■ **Rough Tor Memorial:** An diesem ungewöhnlichen Ort in luftiger Höhe sind Gedenkplatten aus Bronze für die Gefallenen der 43. Division (Wessex) im Zweiten Weltkrieg zu sehen. Die Zufahrt zum Parkplatz wurde ursprünglich als Flughafen-Startbahn gebaut, wobei das Phänomen des Nebels erst nach der Fertigstellung Beachtung fand: Die tatsächlich gestarteten Flugzeuge kann man an den Fingern zweier Hände abzählen.

■ **Charlotte Dymond Memorial,** zwischen Rough Tor und Parkplatz. Übermannshoher Obelisk, zum Gedenken an die 18jährige Charlotte Dymond, die 1844 an dieser Stelle ermordet wurde. Der Täter, ihr Liebhaber, wurde dafür in Bodmin gehängt.

■ **King Arthur's Hall,** über einen Fußweg erreichbar, der oberhalb der Kirche in St. Breward beginnt. Keine richtige Halle, eher eine ca. 10 x 20 m große und 1 m tiefe Grube, die mit Granitplatten ausgelegt ist. Sinn und Zweck dieser Stätte sind bis heute nicht geklärt.

Hier können Sie übrigens in einen herrlichen Moor-Wandertag einsteigen, der über das Garrow Tor zum Rough Tor führt.

■ **Altarnun Church,** bekannt als *The Cathedral of the Moor*, gegenüber einer runden Steinbrücke aus dem 15. Jahrhundert. Im geräumigen Inneren 70 kunstvoll geschnitzte Bänke (16. Jh.), die gelungene Arbeit von Robert Daye; ebenfalls geschnitzter Lettner, normannisches Taufbecken.

Im südlichen Moor

■ **Dozmary Pool,** mystischer kleiner See mit reicher Legendenbildung. Wie der Loe Pool bei Helston ist auch der Dozmary Pool Mittelpunkt einer Geschichte, die den Verbleib des Schwertes Excalibur zu erklären versucht, und ganz ähnlich tauchte auch hier eine Hand aus den seichten Wogen auf, um die magische Waffe King Arthur's in Empfang zu nehmen. Über lange Zeit hinweg hielt sich die Annahme, der See sei bodenlos, konnte man doch keinen direkten Zulauf erkennen. Diese weit verbreitete Ansicht wurde 1859 widerlegt, als der See bis auf sein schlammiges Bett austrocknete.

■ **The Hurlers,** in der Nähe von Minions. Drei megalithische Steinkreise aus dem Neolithikum oder der frühen Bronzezeit. Es sind in Stein verwandelte junge Menschen, die sich hier am Sonntag mit dem Hurlingspiel vergnügten – erklärt die Legende. In reizvollem Kontrast dazu stehen die Überreste der Phoenix-Mine, der größten in Cornwall, inzwischen längst mit Gras bewachsen. Bis zu 4000 Arbeiter waren hier Mitte des 19. Jhs. beschäftigt.

■ **Cheesewring,** unweit der Hurlers. Obwohl in dieser mythengetränkten Umgebung die Vermutung naheliegt, es handle sich ebenfalls um ein Werk vorgeschichtlicher Bewohner Cornwalls, war es »lediglich« die Natur mit ihren Werkzeugen Wind und Wasser, die diese Kreation schuf. Formationen ähnlicher Art finden sich an noch anderen Stellen im Moor, so zum Beispiel auch auf dem Nachbarhügel des Rough Tor.

■ **Trethevy Quoit,** in der Nähe von St. Cleer. Eine etwa 2 m lange und 3 m hohe Steinkonstruktion aus 5 aufrecht stehenden, flachen Steinen und einer als Dach dienenden Granitplatte. Vermutlich entstand sie vor etwa 4.000 Jahren in der Bronzezeit und diente als Grabkammer für die Angehörigen der hier lebenden Stämme. Wie bei den ägyptischen Pyramiden ist auch hier bis heute nicht geklärt, wie die tonnenschweren Gewichte mit jenen simplen Werkzeugen bewegt wurden.

■ **Olde Cider Press Gallery,** Yolland Farm, Downgate, Upton Cross, Telefon

0579/622 80. Bauernmuseum mit der Hauptattraktion: eine 200 Jahre alte *cider press*. Ebenfalls Gemälde ansässiger Künstler und kunstgewerbliche Gegenstände. Von Upton Cross etwa 1 km Richtung Liskeard, in Downgate links zur Farm.

Weiterreise

■ **Busse:** von Bolventor 3 x täglich über Altanun nach Launceston. Von St. Neot und St. Cleer täglich mehrmals nach Liskeard; von Minions Di, Mi und Fr mittags nach Liskeard.

Bodmin

Als der Sitz des königlichen Gerichtshofes nach Truro übersiedelte, verlor das zentralere Bodmin auch den Titel der Hauptstadt Cornwalls an seinen Konkurrenten.

Mit heute etwa 14000 Einwohnern zählt Bodmin zu den größten cornischen Städten und hat wohl auch deswegen ein wenig von seinem ehemaligen Charme eingebüßt. Nicht zuletzt die modernen Verkehrsverbindungen – gerade auch die A 30, die seit 1976 die Stadt an England bindet – kratzen im Bodmin des 20. Jahrhunderts an den Resten der Vergangenheit.

Der Name »Bodmin« stammt von dem cornischen »Bos-venegh« (*sanctuary of the monks*). Er stützt sich auf den walisischen Mönch *St. Petroc,* der im 6. Jahrhundert nach Bodmin kam. Im Laufe der Jahrhunderte formten seine Nachzügler die ersten Konturen der künftigen Stadtbildes, und bereits 1086 erschien Bodmin als erste Marktstadt Cornwalls im *Domesday Book.* Die mächtige *St. Petroc's Church* aus dem 15. Jahrhundert ist heute die größte Kirche in Cornwall und beherbergt die Reliquien des Heiligen.

Unterkunft

Die Unterkunftsmöglichkeiten in Bodmin sind zwar vielseitig, doch überwiegend enttäuschend. Daher hier vor allem Empfehlungen in der näheren Umgebung der Stadt. Gute Alternativen siehe auch oben, unter »Bodmin Moor«.

■ **Yewberry,** 5 Berry Lane, Tel. 0208/760 75. Kleines Guesthouse mit günstigen und schönen Zimmern für 12 £.

■ **Treffry Farm,** Lanhydrock, Telefon 744 05. Georgianisches Bauernhaus von 1720, großer Garten, der an den Park von Lanhydrock grenzt. Mit 17 £ keine billige Unterkunft auf dem Lande, die Zimmer sind jedoch uneingeschränkt empfehlenswert. Ruhige Lage, teils mit romantischem Himmelbett und die meisten *en suite,* mit eigenem Bad.

■ **Tredethy Country Hotel,** Helland Bridge, ca. 6 km nördlich von Bodmin, Telefon 842 62. Schmuckes Landhaus in 9 *acre* großem, üppigem Garten mit beheiztem Pool. Bester Gegenwert im »Principal Bedroom« im ersten Stock, mit weiter Sicht über das Tal, inkl. Dinner 40 £. Die anderen Zimmer liegen zwischen 30 und 38 £, günstige Wochenpreise mit etwa 20 % Ermäßigung.

■ **St. Benets Abbey,** Lanivet, Telefon 83 13 52. Architektonisch interessantes Gebäude aus grob gehauenen Steinblöcken, frühes 14.(!) Jh. Leider recht nah an der Straße gelegen. Die charmanten Zimmer nach hinten sind jedoch ruhig. Altenglische Atmosphäre. Übernachtung 32 £, jeder erdenkliche Luxus.

■ **Camping** im schön angelegten St. Mabyn Holiday Park, etwa 8 km nördlich von Bodmin, Tel. 842 36. Große Parzellen, beheizter Außenpool. – Oder bei Ruthern Valley Holidays, Ruthernbridge, Tel. 83 13 95, ca. 6 km westlich von Bodmin.

Sehenswertes

■ **Lanhydrock House,** etwa 4 km südöstlich von Bodmin, Richtung Lostwithiel. Mächtiges Anwesen in vermeintlichem Tudor-Stil, große Teile des Gebäudes des 17. Jhs. wurden 1881 Opfer eines Feuers und später wiederaufgebaut. Das *gatehouse* von 1641 und der Nordflügel mit seiner 116 feet langen *gallery* blieben nahezu unversehrt; letztere nur unter dem gezielten Einsatz von Dynamit, das ein Übergreifen des Feuers vom *drawing room* verhinderte. 36 Zimmer sind zur Besichtigung frei, reizvoll vor allem die reich verzierte Stuckdecke in der Galerie; Familienportäts aus den letzten drei Jahrhunderten.

April bis Oktober Di–So 10–18 Uhr; der Garten ganzjährig, im Winter solange Tageslicht. Garten und Haus 5 £, nur Garten 2,50 £.

■ **Pencarrow House and Garden,** etwa 6 km nordwestlich von Bodmin, nahe Washaway. Schlichter, aber überzeugender georgianischer Landsitz der *Molesworth-St. Aubyns,* großer Garten und Privatwald. In den gut erhaltenen Räumlichkeiten hängen Originalgemälde aus dem 18. Jahrhundert, im Laufe der Jahrhunderte zusammengetragenes Mobiliar aus England, Frankreich und dem Orient sowie feines Porzellan.

Von Ostern bis Mitte Oktober So–Do 13.30–17.30 Uhr, Juni bis 10. September bereits ab 11 Uhr; der Garten öffnet täglich seine Pforten. Garten 1,50 £, mit Hausbesichtigung 3 £.

■ **The Candle Shop,** Dunmere Road, Tel. 32 58. Einzigartige Sammlung und Zurschaustellung von Kerzen: runde, kleine, hohe, skurrile, duftende. Mo–Fr 10–18 Uhr, im Sommer auch am Wochenende. Liegt an der A 389, Bodmin-Wadebridge.

■ **Bodmin Steam Railway,** etwa 400 m südlich des Zentrums, an der B 3269 nach Lostwithiel. Fahren mit der Dampfeisenbahn, Spaß und Besichtigung. Ostern bis Ende September. An besonderen Tagen im Jahr auch Fahrten auf stillgelegten Gleisen, Informationen im Tourist Office oder unter Tel. 736 66.

Verschiedenes

■ **Tourist Office,** Shire House, Mount Folly Square, Tel. 0208/766 16. Mo–Sa 10–18 Uhr, So 10–13 Uhr.

■ **Fahrradverleih** bei der *Bodmin Trading Company,* Church Square, Telefon 725 57.

■ **Golf** im *Bodmin Golf & Country Club,* Lostwithiel Road, Tel. 736 00. Herausfordernde Anlage, teils Park- teils Heidelandschaft.

Weiterreise

■ **Bahn:** Anschluß an die Hauptverbindung Penzance-Playmouth ab Bodmin Parkway.

■ **Busse:** mehrmals täglich nach Wadebridge, Truro, St. Austell und Liskeard, täglich nachmittags nach Launceston.

Launceston

Eine hübsche, kleine Marktstadt an der Grenze zu Devon, im Volksmund »Launsen« genannt. Vor der Bodmin-Zeit repräsentierte Launceston als Landeshauptstadt das cornische Bewußtsein, und noch heute liegt über dem Hügelstädtchen ein gewisses Flair von repräsentativer Eleganz.

Besucher mit Interesse an gelungenen Exemplaren vergangener Baustilepochen kommen hier auf ihre Kosten: Die Vielseitigkeit der cornischen Architekturlandschaft zeigt sich in und über den schmalen Gassen dieser Stadt.

Aus der normannischen Eroberung stammt das *Launceston Castle,* trutzige Überreste aus Stein, eingerahmt und teils bedeckt vom zarten Grün englischen Rasens (täglich im Sommer 10– 18 Uhr, im Winter Di–So 10–16 Uhr; 85 p). Die ungewöhnliche Kirche *St. Mary Magdalene* (1511–24) ist ein äußerlich pompöses Gebäude aus schweren Granitquadern, mit reichem Ornamentalwerk versehen. Die Verzierungen erreichen ihren Höhepunkt im Inneren: an der hölzernen Kanzel Filigranschnitzwerk in Vollendung. Im architektonischen Gegensatz dazu stehen die Kreationen in der Castle Street, die etwa zweihundert Jahre später entstanden. Einige georgianische Prachtexemplare sind hier versammelt; auch von innen zu besehen ist das *Lawrence House,* zu bewohnen sogar das *Eagle House Hotel.*

Unterkunft

■ **Old House,** 11 Exeter Street, Tel. 0566/77 30 24. Geschütztes georgianisches Haus mit großem Garten. Zimmer mit Dusche 12 £.

■ **Fleardon Farm,** Lezant, Tel. 0579/370 64. Schön gelegene »Vorzeige-Farm«, weiter Garten; nur zwei Zimmer, eines mit eigenem Bad für 16 £, das andere ist geringfügig billiger. Ruhige und friedliche Lage. Lezant liegt etwa 6 km südlich von Launceston. Die Galerie *Lakeside* gehört dem Sohn der Familie, siehe unter »Sehenswertes«.

■ **Eagle House Hotel,** Castle Street, Tel. 0566/77 20 36. Romantischer Traum in georgianischer Stadthaus-Version, ohne Stilbruch locken die ansprechend möblierten Zimmer und Suiten, viel Stuck und edles Holz. Ab 20 £, Bridal Suite 30 £. Das Haus liegt unweit der Burgruine.

Verpflegung

■ **BJ's Wine Bar,** Church Street, Tel. 25 58. Bistro-Snacks und Restaurant.

■ **White Hart Hotel,** The Square, Tel. 77 20 13. Restaurant der mittleren Preiskategorie. Interessanter normannischer Eingang an dem georgianischen Haus; er stammt vermutlich von der *St. Thomas Priory.*

Sehenswertes

■ **Lawrence House Museum,** 9 Castle Street. Georgianisches Schmuckstück, 1753 durch Humphrey Lawrence erbaut, seines Zeichens vierfacher Bürgermeister und politischer Berater des Duke of Northumberland. Seit 1964 in den Händen des National Trust, interessantes kleines Museum mit hübscher Sammlung von cornischem Hausrat, vor allem aus der viktorianischen und der georgianischen Zeit.

■ **Lakeside Gallery,** Fleardon Farm, Lezant, Tel. 37 07 60. Interessante und ungewöhnliche Galerie von *Roger* and *Linda Garland* mit Exemplaren ihrer Buchillustrationen: Prominentester Abnehmer dürfte wohl der Autor *Tolkien* gewesen sein (sein Sohn kümmert sich nun um die Verlagsrechte). Neben Drucken von »Gandalf«, »Gollum«, »der Hobbit« oder »der Herr der Ringe« sind aber auch ureigene Schöpfungen des Ehepaares Garland zu sehen – und zu erstehen. Täglich 10–17 Uhr.

■ **The Tamar Otter Park,** Wild Wood, in North Petherwin, etwa 8 km nordwestlich von Launceston, über die B 3254 zu erreichen. Netter kleiner Tierpark mit überwiegend Ottern, aber auch anderem Getier. April bis Ende Oktober 10.30–18 Uhr.

Verschiedenes

■ **Tourist Office,** Market House Arcade, Market Street, Telefon 0566/23 21. Mo–Fr 9–17 Uhr.

■ **Autovermietung** bei *Launceston Car Hire Service,* The Garage, Hurdon Way, Tel. 48 48.

■ **Angelzubehör** und Vermittlung von Angellizenzen in Mike Summers *Angling Centre,* Unit 1, Southern Court, Newport Industrial Estate, Tel. 65 32. Größtes Angebot an Fliegen in Devon und Cornwall.

Weiterreise

■ **Busse:** mehrmals täglich nach Callington, Saltash und Bodmin, täglich mittags nach Bude.

Register

Wales

selbst entdecken

Regenbogen Reiseführer Stromer

Antigua (Bossung)	19,80
Bali (Möbius/Ster)	24,80
Cornwall (Schmidt/Stromer)	19,80
Irland West und Süd	19,80
Kopenhagen (Geh)	24,80
Luxembourg (Schmidt-Burk)	29,80
Mallorca (Stromer/Last)	16,80
Menorca (Last)	16,80
Mykonos (Schneider)	19,80
Neuseeland on the Road	44,00
Zum Nordkap mit Wohnmobil	24,80
Norwegen on the Road/Auto	44,00
Prag (Sorges)	24,80
Südschweden (Schulte)	44,00
Südwestschweden (Schulte)	29,80
Südthailand (Möbius/Ster)	24,80
Südwestfrankreich (Klemm)	39,80
Texel (Schneider)	19,80

LIEFERBARE TITEL

STÄDTE

Amsterdam (Schneider) 5	24,80
Barcelona (Igramhan) 1	24,80
London (Igramhan) 6	24,80
Madrid (Igramhan) 2	24,80
New York (Igramhan) 5	32,80
Paris (Igramhan) 6	24,80
Rio de Janeiro (Allemann) 0	22,80
Rom (Sorges) 2	24,80
St. Petersburg (Sorges) 3	34,80

GLOBETROTTER-HANDBÜCHER

Frankreich/Aquitanien (Klemm) 5	19,80
Frankreich/Bretagne (Klemm) 4	32,80
Chile (Möbius) 6	32,80
Equador, Peru, Bolivien 9	36,80
Indonesien (Möbius) 7	36,80
Kanarische Inseln (Stromer) 6	36,80
Madagaskar (Schneider) 6	29,80
Malaysia (Möbius) 6	29,80
Malta (Sorges) 3	29,80
Neuseelands Nordinsel (Möbius) 7	34,80
Neuseelands Südinsel (Möbius) 7	34,80
Patagonien (Möbius) 6	26,80
Portugal (Möbius) 4	29,80
Südchile/Feuerland (Möbius) 6	24,80
Südflorida (Igramhan) 4	26,80
Südindien/Goa (Schneider) 4	32,80
Südspanien (Möbius) 4	29,80
Südostasien (Möbius/Treichler) 3	36,80
Frankreich/Midi Pyrenees 4	26,80
Thailand (Möbius) 7	32,80

INSELN / LANDSCHAFTEN

(„kleine Reihe“)

Antigua (Bossung) 7	19,80
Cornwall (Schmidt) 7	22,80
Dominica (Bossung) 4	19,80
Fuerteventura (Stromer) 4	19,80
Goa (Schneider) 4	19,80
Gomera/Hierro (Stromer) 4	19,80
Gran Canaria (Stromer) 7	16,80
Guadeloupe (Bossung) 4	19,80
Irland/West & Süd (Schmidt) 7	19,80
Kreta (Sperlich/Stromer) 6	19,80
Lanzarote (Stromer) 6	16,80
La Palma (Stromer) 3	19,80
Mallorca (Stahel) 7	16,80
Menorca (Last) 7	16,80
Mykonos (Sperlich) 7	19,80
Niederlande/Wattinseln 6	22,80
Peloponnes (Sperlich) 4	19,80
Sizilien (Sorges) 0	22,80
Südthailand (Möbius) 5	19,80
Teneriffa (Stromer) 7	19,80
Umbrien (Stromer) 7	19,80
Wales (Schmidt) 6	22,80

SKANDINAVIEN-REIHE

NORWEGEN

Norwegen (Geh) 5	36,80
Westnorwegen/Fjordland (Geh) 6	34,80
Lofoten (Möbius) 5	32,80
Autoreiseführer Norwegen 5	34,80
Südnorwegen/Oslo (Geh) 6	29,80

SCHWEDEN

Schweden (Schulte) 5	34,80
Südostschweden (Schulte) 6	26,80
Nordschweden (Schulte)	29,80

DÄNEMARK

Dänemark (Geh) 3	32,80
Dänische Inseln (Geh) 4	22,80
Jütland (Geh) 4	22,80

FINNLAND

Finnland (Kreuzenbeck) 1	29,80
Autoreiseführer Finnland 1	24,80
Kanuwandern in Nordfinnland	22,80
Kanuwandern in Südfinnland	22,80

WEITERES

Autoreiseführer Skandinavien 1	36,80
Campingführer Skandinavien 1	29,80
Wandern auf Grönland	26,80